科学的に証明された自分を動かす方法

なぜか目標を達成できてしまう、とてつもなく強力なモチベーションサイエンス

GET IT DONE
SURPRISING LESSONS FROM THE SCIENCE OF MOTIVATION

アイエレット・フィッシュバック
Ayelet Fishbach
上原裕美子［訳］

東洋経済新報社

アロン、マヤ、シラ、トメルへ

科学的に証明された
自分を動かす方法

目　次

はじめに　1

自分で自分を引っ張り上げる　1
人生の舵を切る　2
シチュエーションを変えることでモチベーションを高める　4
行動の変化を導くための四つの基本要素　6

第1部　目標を選ぶ　9

なぜエベレスト山の頂を目指すのか　10
目標設定の四つの条件　11

第1章　目標はタスクではない　14

目標設定の三つの罠　14
目標を定める——手段を定めるのではなく　16
概念的な目標を立てる——具体的な目標ではなく　18
設定すべきなのは「する」目標か、「しない」目標か　21
気持ちや感情を重視せよ　27
自分を動かすためのヒント　28

第2章 目標に数字を入れる　30
「1日1万歩」という目標がもたらした効果　30
「損失回避」の法則を利用する　32
優れた指標の条件①――やや手ごわい指標　35
優れた指標の条件②――測定可能な指標　40
優れた指標の条件③――行動に移せる指標　41
優れた指標の条件④――自主設定の指標　44
悪質な指標に気づく　45
自分を動かすためのヒント　49

第3章 インセンティブの仕組みを知る　51
「ご褒美」の力　51
インセンティブの研究　53
正しいことに報酬を出すべし　55
インセンティブが多すぎることの問題　59
希薄化の法則――目指す目標が多すぎることの問題　64
インセンティブが裏目に出るとき　67
インセンティブのせいで行動のインパクトがかすむ　71

不確定インセンティブのすすめ 73
自分を動かすためのヒント 77

第4章 楽しみと内発的モチベーション……79

仕事か、遊びか 79
楽しいことは苦にならない 80
内発的モチベーションとは何か 83
内発的モチベーションに関する勘違い 85
内発的モチベーションを抱いているときの二つのサイン 87
内発的モチベーションをもたらすもの 88
内発的モチベーションを高める三つの戦略 92
自分の内発的モチベーションは平均より強いと思い込みがち 97
他人の内発的モチベーションを尊重する 99
未来の自分の内発的モチベーションを軽視してはならない 100
自分を動かすためのヒント 103

第2部 モチベーションを持続する 105

進捗を監視することでモチベーションを保つ 106

第5章 進捗とモチベーションの関係 110

スタンプカードに秘められた「目標勾配効果」 110
進捗がインパクトを大きくする 112
進捗がコミットメントを強める 116
進捗不足がモチベーションを高めるとき 123
感情が進捗の手掛かりになる 126
自分を動かすためのヒント 130

第6章 進捗実績と進捗不足のどちらで動機づけするか 132

コップに水は半分も入っているのか、半分しか入っていないのか 132
目標追求のモチベーションダイナミクス 134
野心のレベル（要求水準）と進捗状況に対する評価 139

行動は決意のあらわれか、進捗を示すシグナルか 143
決意表明か進捗表明かはどのように決まるのか 146
自分を動かすためのヒント 149

第7章 中だるみ問題を解決する 151
モチベーションが薄れるとき 151
不正や手抜きをせずにものごとを正しく行なうモチベーション 153
人は半ばで手を抜きがちになる 157
やり遂げるのに役立つ「小範囲の法則」 161
自分を動かすためのヒント 166

第8章 ネガティブなフィードバックから学ぶ――失敗にこそ価値がある 168
なぜ失敗から学ぶのは難しいのか 168
失敗からの学習を妨げる二つの障壁 171
ネガティブなフィードバックから「学習してしまった」場合 181
「成長型マインドセット」と「固定型マインドセット」 184

コミットメントの強さや専門知識の多さと、ネガティブなフィードバックへの反応 185
レベルに応じたフィードバックを求め、与える 188
ネガティブなフィードバック後もモチベーションを保つための四つの対策 190
失敗は隠されがちである 194
なぜ失敗は隠れてしまうのか 196
ネガティブなフィードバックが有益である二つの理由 198
自分を動かすためのヒント 203

第3部

目標と目標がぶつかるとき

目標と目標がぶつかるとき 205
複数の目標を整理する 206

第9章 目標の皿回し

目標の皿回し 210
「成果最大化の法則」のもとでの妥協と優先順位づけ 210
多目的型の手段と等結果性の手段 212
目標達成の手段として正しいと思えるか 216
目標のトレードオフ 221
妥協を選ぶか、優先順位をつけることを選ぶか 226

自分を動かすためのヒント 231

第10章 誘惑とセルフコントロール 234

自制心とは何か 234
自制心の発達 237
自分を抑えるための2ステップのプロセス 239
自制のステップ①——誘惑を察知する 240
自制のステップ②——誘惑と戦う 254
自制心を無意識に行使する 265
自分を動かすためのヒント 270

第11章 忍耐力を発揮する 272

我慢強さが成果をもたらす 272
待つのはなぜつらいのか 275
なぜ辛抱できないのか 277
忍耐力不足は必ずしも悪ではない 285
どうすれば忍耐力を高められるのか 286
自分を動かすためのヒント 293

第4部 ソーシャルサポート …… 297

人間は社会的動物《ソーシャルアニマル》である 298

第12章 他人の存在のもとで目標を追求する …… 303

自分と他人の境界線 303
他人に同調する 305
あいまいな自他の境界線 309
同調が相補関係に転じるとき 310
ロールモデルと反面教師 314
社会的促進——他人が見ていると一生懸命になる 317
自分を動かすためのヒント 320

第13章 他人とともに目標を追求する …… 322

集団で取り組むと手抜きやタダ乗りをしがち 322
社会的手抜きとタダ乗り問題への対策 324
集団内の連携のための手抜き 328

自分を動かすためのヒント 342

第14章 目標が幸せな人間関係を作る …… 345

同じ目標を共有する 345
目標の変化と人間関係の遷移 349
目標を通じた絆の形成 352
平凡な目標を通じた絆の形成 358
「知ってもらっている」という気持ちが人間関係の満足度を左右する 360
他人を人間性のない「空の器」と見てしまうことの危険性 365
自分を動かすためのヒント 369

謝辞 372
原注
索引

はじめに

自分で自分を引っ張り上げる

1785年にルドルフ・ラスペが世に知らしめた『ミュンヒハウゼン物語』で、主人公の男爵は、みずからがたぐいまれなる才知を発揮した数多くの活躍を語っている。たとえば、投げた手斧がたまたま月に刺さってしまったので、成長の早い豆を植え、伸びたつるをよじのぼって月まで斧を取りにいった話。ワニ1匹とライオン1頭に襲われた男爵が、突進してくるライオンをひらりとかわし、ライオンがワニの口の中に突っ込んだおかげで助かったという話。男爵自身が腕をオオカミの喉に突っ込み、内側からオオカミのしっぽをつかんで、手袋を裏返すように裏表ひっくり返してやったという話もあった。

おそらく一番有名なのは、乗っていた馬が大きな沼にはまり込んでしまったというエピソードだ。馬は少しずつ泥に沈んでいく。幾多の危機を乗り越えてきた男爵は、あたりを見回し、なんとか脱出する方法を考えた。ひらめいたのは少々変わった解決手段だ。当時の男性は長く伸ばした髪を後ろで一つに結ぶスタイルがめずらしくなかったのだが、男爵もそうして結んだ自分の髪をぎゅっとつかみ、馬ごと沼から引っ張り上げたのである。

自分で自分の髪をつかんで引っ張り上げるだなんて、比喩とはいえ、ありえない話に思える。だが、男爵が物理の法則にさからっている点は別として、私たちは誰でも似たようなシチュエーションに陥った経験があるはずだ。今朝だってベッドから無理やり自分を引っ張り出したことだろう。仕事で議論がヒートアップしたとき、前のめりになった自分をぐいと引き戻し、落ち着かせたりもするだろう。パーティで少々飲み過ぎたと自覚して、自主的に抜ける判断をしたことはないだろうか。

これまでの人生で、あなたはきっと何度となく自分自身を引っ張り、数々の変化を通り抜けてきた。なじみのない街に引っ越したとき、仕事を始めたとき、交際が始まったとき、終わったとき……。泥沼から自分を引っ張り出す男爵のエピソードは、人が自分で自分を動かさなければならない多くの場面をたとえた寓話となっている。

人生の舵を切る

あなたと同じく、私自身も、そんなふうに自分を引っ張る場面をいくつも経験してきた。私が育ったのはイスラエルのキブツ。キブツというのは一種の共同体で、財産の私有を否定し、お金は汚いものだと考える。見知らぬ大勢の人間が触ったから、という理由だけではなく、そういうイデオロギーなのだ。その常識のもと、キブツにいた頃の私は持ち物をほかの子と共有していた。自分の部屋や玩具や衣服などを、家族ではない同い年くらいの子どもと一緒に使うのだ。

一方、今の私が教授として籍を置くシカゴ大学ブース・スクール・オブ・ビジネスは、資本主義のイデオロギーを誇らしく掲げる場所であり、財産の私有は基本的な価値とみなしている。大学で働き始めた最初の週に、私が別の教授に本を貸してほしいと頼んだところ、相手は丁重に断りの言葉を述べ、教授ならば本は借りたりせずに自分で手元にそろえるべきだ、と配慮をもって私を諭した。衝撃的だった。自分が育った場所では当たり前だった思考回路《マインドセット》から、新しい国で新しい仲間が尊重する思考回路へ、大きく舵を切る必要があると悟った瞬間だった。

とはいえ、教授となってシカゴ大学に来るということ自体、すでに大きく自分の舵を切る経験だったのだ。私が育ったコミュニティでは、教育よりも農業と肉体労働を大切にしていた。とりわけ秀才の男性が有意義な学びのために大学に行くというのなら、それは正しい判断ということになるけれど、あいにく私は男性ではないし、秀才だったわけでもない。私が学びたかった心理学も、キブツでは有意義とはみなされていなかった。トラクターの運転を覚えたほうがいいと言われ（私は頑として抵抗した）、どうしても勉強したいなら工学か建築学にしなさい、とも言われた。

キブツでは基本的に、1年間コミュニティに奉仕すれば学費を出してもらえることになっていたけれど、コミュニティで推奨される仕事に関心がもてなかった私は、都会に引っ越すことにした。パン店で働き、清掃の仕事もして、お金を貯めてテルアビブ大学で心理学を学んだ。自力で引越をして、毎日何時間も過酷な労働をして、さらに大学でしっかり勉強していくために、自分で自分を強く引っ張っていく必要があった。

そこから時間を早送りすると、今の私がいる。夫となった人と出会ってからは、二人で舵を握ってさまざまな局面を体験してきた。アメリカに移住したのも、市民権を取得したのも、かわいい子ども三人に恵まれたのも、そうした重要な局面だ。今も、キッチンを掃除する、犬の散歩に行く、幼い息子の勉強を見るなど、もう少しささやかな目標のための舵取りを続けている。

どこかを目指したいときも、人生で大切なものを守りたいときも、人は自分で決めた方向に向けて自分自身を力強く引っ張る必要がある。その力がなければ何一つ達成できないと言ってもいい。私は今、2020年のパンデミックのさなかでこの本を書いている。多くの人と同じく、つねに不安で、気持ちが落ち着かず、やる気を維持するのが難しい。この数カ月間で、健康も仕事も、子どもたちの教育も、そして友人と会ってコーヒーを飲んだりするようなことも、当たり前に確保できるものではなくなった。仕事が大好きな私でさえ、モチベーションを保つのが困難だと感じる。セルフモチベーションについて書くために、まず自分が執筆意欲をかきたてなければならないほどだ。

シチュエーションを変えることでモチベーションを高める

モチベーションはどうすれば出せるのだろう？　一言で言うなら、答えは「環境を変えること」だ。

心理学者と社会学者と経済学者を一部屋に集めて議論させたとき、たった一つ彼らの意見が一致する真実があるとすれば、それはこの基本原理――行動を変えるためには、その行動が起きるシチュエーションを調整するほうがいい――ではないだろうか（それ以外はすべてのことについて徹底的に意見がぶつかるに違いない）。この原理こそが行動科学の基盤であり、モチベーションサイエンスにおける多くの発見を支えている。

モチベーションサイエンス（動機づけ研究）は比較的新しく、ここ数十年間で台頭してきた学問分野だ。しかし、環境が人の成長に与える影響について世間の関心が高まり、近年では急速な勢いで拡大している。モチベーションサイエンスで得られる知見を活用するのは、ほとんどの場合、他者を動かすという狙いがある。企業なら組織目標を掲げて、社員の勤労意欲をかきたてようとする。教師なら、生徒の学習状況についてコメントをすることで、いっそう勉強に励むよう促す。医師や看護師なら、患者が医療アドバイスをきちんと守るような声かけをする。環境問題を考えるエネルギー会社なら、たとえば電力消費を抑える事例について情報共有をして、利用者に節電への意欲を抱かせる。対象が生徒でも、同僚でも、顧客でも、市民でも、とにかく他者を動機づけするプロセスとして、モチベーションサイエンスという学問は有意義な理論を広めている。

だが、モチベーションサイエンスの使い道はそれだけではない。この理論は、自分自身を動かすことにも利用できるのだ。

置かれた状況を調整すれば、その状況で起きる自分の行動を変えられる。たとえば、空腹のときに視界に入るものをすべて食べ尽くさずにいられないのだとしたら、食生活を改善する方法として、冷蔵庫を新鮮なフルーツや野菜で満たしておくのが有効かもしれない。または、健康的な食生活をしたいと家族に宣言し、ドーナツに手を伸ばしたら家族に苦しい釈明をせねばならない状況にしておく。あるいは、クリームたっぷりのドーナツの認識を「おいしいもの」から「体に悪いもの」に切り替える。これらはばらばらの作戦のように見えるが（くわしくはこのあとの章で解説する）一つ共通点がある。自分を変えるのではなくシチュエーションのほうを変えているという点だ。冷蔵庫を野菜でいっぱいにすることで、何かつまみたいと思ったときの選択肢を変える。食生活を改善したいと家族に伝えておくことで、行動の言い訳をする相手を変える。「ドーナツは体に悪い」と認識することで、やわらかい揚げ菓子のイメージを変える。

行動の変化を導くための四つの基本要素

他人から動機づけをされるのではなく、自分の欲望や希望を自分で舵取りしていくために、モチベーションサイエンスをどう活用できるか。それが本書のテーマだ。行動の変化を導くためには、欠かせない基本要素が四つある。

第1に、目標を選ぶこと。恋人を見つけたい場合でも、逆立ちに挑戦する場合でも、ベテランでも初心者でも、まずは目指す方向を決めることから始めなくてはならない。第2に、現状から目標到達まで、モチベーションを維持すること。パフォーマンスに対する肯定的・否定的フィードバックの両方を求め、ここまでに積み上げた実績と、ここから対応すべき積み残しの課題を把握し、進捗状況をつねにチェックする必要がある。そして第3に、複数の目標を同時にさばく方法も学ばなくてはならない。ほかの目標やほかの願望が入ってきて、正反対の方向に引っ張られることもあるだろう。整理して優先順位を設定し、適切なバランスをとっていく。最後に第4の要素として、周囲のサポートをうまく利用することも考えておきたい。一人で目標を達成するのは難しいし、邪魔が入ればいっそう道は険しくなる。逆に言えば、周囲の人々に背中を押してもらえるなら、道のりはぐっと楽になるはずだ。

こうした基本要素が必要だと理解するのが、まずは第一歩。次に、自分の目標実現に向けてどの要素が欠けているのか特定する。コショウをかけるべき料理に塩をかけても意味がないように、すでに支援があるのに周囲の支援を求めてもモチベーションは高まらない（ソーシャルサポートについては第4部で考察する）。目標に対する思い入れの薄さが原因なのだとしたら、内発的なモチベーションがわきあがるような取り組み方を探す必要がある（この点については第1部の第4章で考えたい）。

本書の第1部から第4部で、それぞれの要素についてくわしく見ていく。第1部では、自分を引っ張るパワフルかつ具体的な（しかし具体的すぎない）目標の立て方を説明する。第2部では、正しい道を順調に進んでいけるよう、進捗をチェックしつつ「中だるみ問題」を回避する方法に焦点を置く。第3部では、複数の目標をさばく方法について、優先順位の立て方やタイミングを論じていく。第4部では、目標を目指すにあたって周囲の力を活用したり、サポートを得たりするにはどうしたらいいか考えていきたい。

問題や課題は人によってさまざまなので、たった一つの戦略で何もかも解決するわけではない。本書では、あなた自身が自分の道をデザインし、状況にふさわしい戦略を選べるようになることを期待している。各章の末尾で、自分なりに変化を導くためのヒントを載せた。質問に答えることで、機会と課題の両方を視野に入れて状況を整理し、目指す方向について考えを深めてみてほしい。

モチベーションサイエンスの原理を、あなたが、あなた自身に対して活用してみよう。頭の中にある「ゴールシステム（目標体系）」を理解し、目標の違いによってアプローチも違ってくることを学び、つまずきやすいポイントやタイミングも把握しよう。自分で自分の髪をつかんで泥の中から引っ張り出す方法も、きっと見えてくるに違いない。

第1部

目標を選ぶ

なぜエベレスト山の頂を目指すのか

1996年5月10日、23人の登山家がエベレスト山の頂に到達した。100マイル先までぐるりと見晴らせる景色を前に、文字どおりの意味でも比喩的な意味でも、世界の頂点に立ったという感覚を味わったに違いない。だが、彼らの高揚感は長く続かなかった。パーティを率いるガイドたちは、登頂に時間がかかりすぎたことに不安を感じていた。

安全に下山するためには午後2時までに下り始めるべきだとわかっていたのに、全員が山頂に着いて景色を楽しんでいた時点で、すでに4時。それでもなんとか行けるだろうと判断したが、下山を開始した直後に天候が変化した。空が暗くなり、風が勢いを増し、雪が降り始める。登山隊の歩みは、いまや極度にリスクが高いものとなっていた。氷点下の山中で一夜を過ごすことになるかもしれない。それどころか、酸素の予備が尽きてしまうかもしれない。海抜9000メートル近いエベレスト山頂の高度では、呼吸をするのもひどく難しいのだ。

猛吹雪がホワイトアウトに変わった午後9時、一行は下山をやめてその場で夜明かしをすることにした。身を寄せ合って嵐の切れ目を待つ。風速冷却度計がマイナス100度を指し、まぶたすら凍ってくっつきそうだ。メンバーの多くが、生きてキャンプに戻れるという希望を捨てていた。

嵐が去り、救助隊が探索に出ると、登山隊のうち5人が死亡もしくは下山できないほどの重傷で発見された。別のパーティでも死者が出て、嵐が来たときに山頂付近にいた合計8人が命を落とした。この1996年5月10日夜のできごとは、現在においても、エベレストで起きた最大の悲劇に数えられる事件だ。そして、目標をもつことの威力――場合によっては害となる威力――をまざまざと描き出すエピソードでもある。

登頂は登山家たちの究極の目標だった。山頂を目前に、もう動けないほど疲弊しきっていたパーティからも、二人が引き返さずに登山を続行した。この目標はいったいなぜ、人に命を懸けさせるほどの強いパワーを発揮したのだろうか。

目標設定の四つの条件

エベレスト登頂という目標には、人に強いモチベーションを抱かせる目標設定の条件がすべてそろっている。第1に、エベレスト山は別の目標達成の代理ではないし、手段でもない。登山家たちはあくまでエベレストの頂だけに到達したかった。到達することで別の挑戦への資格が得られるのでもない。エベレスト登頂自体が最終目的であって、その先の何かを見据えていたわけではなかったので、これを単なるタスクの一つと考えることはできなかった。第2に、登頂というのは具体的な目標であり、なおかつ成功が確約されていない。登頂したかしないかはわかるが、これから登頂できるかできないかは未確定だ。失敗する可能性も充分にあるが、挑戦してみなければ結果はわからない。このことが目標をいっそう魅力的にする。そして第3に、てっぺんに立つという成果には絶大なインセンティブ（誘因）がある。生還して体験談を語れば、きっとみんなが聞きたがるに違いない。その一方で第4の条件として、内発的なモチベーションもある。たとえ他人から評価されないとしても、この登頂に成功すれば永遠に自分を誇らしく思い続けることができるからだ。

私たちが自分自身のためのパワフルな目標設定をするときにも、この四つの条件が役に立つ。同時に、このエベレスト登山の悲劇が教える別の教訓も忘れてはならない——目標は賢く選ぶ必要があるのだ。状況や能力を考慮せずに設定した目標が、自分の命を危険にさらすこともある。自分自身を間違った方向へ引っ張り、心身の健康を高めるどころか、その道で待ち構える危険を見えなくさせる。過激なダイエット、けがを誘発するスポーツ、不健全な人間関係に固執するのも、誤った目標設定の例と言えるだろう。目標はパワフルなツールになるからこそ、慎重に扱う必要がある。自分を強く引っ張る目標を設定したいのはもちろんだが、それが自分にとって本当に正しいものかどうか、よく考えなくてはならない。

パワフルな目標は、実現のための努力にエネルギーを与えてくれる。本書の第1部では、そうした目標の特徴を明らかにしていきたい。胸が躍り、単なるタスクとは思えず（第1章で説明する)、具体的かつ定量化可能で(量や期間をカウントできる。第2章で説明する)、関心がずっと持続するようなインセンティブがあり(第3章)、内発的モチベーションを活かせるものであるとき(第4章)、その目標は私たちを究極の夢に向けて力強く引っ張ってくれるだろう。

第1章　目標はタスクではない

目標設定の三つの罠

「お願いします、教えてください。ここからどっちの道を行けばいいの？」

アリスが尋ねると、チェシャ猫は答えました。「それは、おまえさんがどこへ行きたいか、それしだいだよ」

ルイス・キャロルの有名な児童文学『不思議の国のアリス』に出てくるやりとりは、私の経営学講義で行なうエクササイズを思い出させる。[1] 毎年の講義で、学生たちをチームに分け、こんな指示を出す――「みなさんは水上飛行機に乗っています、途中で飛行機が墜落したと想像してください」。大自然で生き延びるためにどんな道具を持ち出すか、各チームで決めるという趣向だ。

アプローチは2種類に分かれる。たとえばマッチと斧のように、その場で安全を確保して救助を待つための道具を選ぶアプローチ。あるいは、コンパスや水上機の操縦マニュアルのように、その場を離れて助けを求めに行くための道具を選ぶアプローチ。ほとんどの場合、学生たちはとにかく道具探しから始めようとする。残るのか離れるのか、方針を決めることを優先しようとしないのだ。目的が決まっていないので、互いに食い違う判断をして、使い道の合わないちぐはぐな道具を集めることになる。そして何の解決策にも至らずに終わってしまう。

アリスと学生たちのつまずきは、はために見れば明白かもしれないが、私たちの多くが実際に同じ間違いをする。具体的な方向を決めなければ、迷走するのがオチなのだ。何か思い浮かんだら、たとえそれが直前の動作と矛盾する内容だったとしても、とりあえず飛びついてしまう。ダイエットの決心をした日に、マカロニ料理教室に登録するとか。貯蓄用の口座を開きつつ、新車を買うためのローンを組むとか。

目標はパワフルなモチベーションツールになる。方向を示すだけでなく、その方向に向けて本人を引っ張る力を発揮する。目標が決まると、その目標自体が、あなたのもつさまざまなリソースを達成に向けて動かすのだ。あなたは自分の精神的努力、身体的努力、お金、時間、社会関係資本《ソーシャルキャピタル》〔訳注　協調しあう人間関係のこと〕を、目標達成のために使うことになる。

たとえば、子どもをもつ、転職をすると決めたなら、長期にわたる持続的な努力が必要だ。身体によいものを食べる、運動を増やすという目標を掲げたなら、意志力と自制心が必要だ。子犬を飼ったら楽しいよね、といった単純な決断でも、長い目で見ればかなりのお金がかかるだろう。

どんな目標でも何かしらコストはかかるのだが、ひとたび目標が定まれば、あなたはリソースを投じてそのコストを払おうという意欲を抱く。

パワフルな目標は、対価を払うに見合うという気持ちを抱かせる——あなたの大事な夢へと、あなたをぐいと引っ張るのだ。そのためには、目標が単なる一つのタスクではなく、大きな志だと感じられなくてはならない。たとえば、エベレスト登頂を目指すのは大きな志だ。登山の訓練は、そのためのタスクと言えるだろう。同様に、法律を学びたいと思うのは志だが、司法試験に向けて勉強するのは、志のためのタスクの部分だ。子どもをもちたいと願うのは志だが、子どものいない人生を後悔するのが怖いから子どもを作るのであれば、子どもをもつのはタスクであると言える。

今挙げた例は、目標の設定と枠組み作りで間違えやすい三つの罠を浮き彫りにしている。本当は別のことのための手段なのに、それ自体が目標だと思い込んでいないか。概念的な目標のかわりとして、具体的に絞りすぎた目的を掲げていないか。そして、叶えたいことではなく避けたいことを想定して目標を決めてはいないか。こうした罠のいずれかに引っかかっていると、目標が自分を引っ張るパワーは薄れてしまう。

目標を定める——手段を定めるのではなく

タスクではなく志と感じられる目標を設定するにあたっては、「賞品から目を離すな」という古いことわざ〔訳注「目標に集中せよ」という意味で使われる〕が、まさにぴたりと言い表している。パワフルな目標によって定まるのは、獲得のための手段ではない。獲得したい対象だ。

外食をしに行くと考えてみてほしい。レストランで12ドルのカクテルを頼むのは躊躇しないのに、レストランまで乗っていく車の駐車料金に同じ金額を払うのはいやで、無料の駐車場が空くまで近所を何周か回ってくることまでするかもしれない。駐車は手段だ――レストランに到着し、食べてみたい料理を堪能するための手段にすぎない。手段にお金を払うのは気が進まないというわけだ。同じように、品物の配送やラッピングの料金は、友達にぴったりの誕生日プレゼントを贈るという目的の手段にすぎないので、私たちはこうした料金を払うのをいやがる。配送料を払うくらいなら、何かを買い足して送料無料の枠を満たすほうを選ぶのだ。

一般的に、人は手段ではなく目標に対して自分のリソースを投じたいと考える。企業は消費者が手段にお金を払いたがらないと知っているので、ネットストアではたいてい商品価格に配送料を含めることで、配送無料という印象を与えている。

手段への投資を忌避する傾向が、驚くほど大きな影響をもたらすことがある。手段に対する負担をこうむらないためなら（多くの人が送料の負担を避けるように）全体として損をしてもかまわない、とすら考えるのだ。

私はフランクリン・シャディとの共著論文で、ＭＢＡコースの学生を対象とした実験について考察している。この実験では、著名な経済学者リチャード・セイラーのサイン入り書籍をオークションにかけた。[2] ＭＢＡの学生にとってはぜひ手に入れたいお宝だ。平均入札価格は23ドルだった。次はトートバッグを出品した。中には先ほどと同じサイン入りの書籍が入っている。入札するのは別の学生グループだが、書籍に対する熱意は最初のグループと同等だ。名目としてはトートバッグに対して入札することになるが、最高額を入れれば書籍とバッグの両方が手に入るのだから、最初のオークションよりも経済的にお得な取引と言える。ところが驚いたことに、トートバッグへの平均入札額はたった12ドル。書籍だけの出品に対する入札よりも大幅に低い。経済学的にはトートバッグは負の価値がある、つまり書籍をバッグに入れると価値が下がるという意味になる。こんなおかしな結果になった理由は、無料の書籍を運ぶ役目しかないバッグに大金を払いたくない、という気持ちがあったからだった。手段にお金を払うのがいやなのだ[3]。

あなたが目標を立てるときには、この考察を思い出し、コストよりもベネフィット（得られるもの）に視点を置いて目標を決定してほしい。「求職活動をする」ことではなく、「仕事を見つける」ことが目標だ。住宅を買うなら、「頭金を貯める」ことが目標ではない。「家を所有する」ことが目標だ。仕事を見つける、家を所有するというのが、望んでいる結果である。履歴書に記入したり、頭金を用意したりするのは、結果を導くためのコストを伴う手段だ。目標を満たすのは心が躍ることだが、手段を完了するのはタスクにすぎない。

概念的な目標を立てる——具体的な目標ではなく

仕事探しをしているなら、目標は「キャリアの機会を開拓する」と表現することもできるし、

「求人情報を読んで応募書類を提出する」と表現することもできる。二つは同じ目標の説明だ。「求人情報を読む」のほうは、新しいキャリアをつかむ方法を具体的に述べており、「キャリアの機会を開拓する」のほうは、求人情報を読む理由を概念的に述べている。だが、同じ目標について語っているとはいえ、モチベーションを抱かせる効果には差がある。具体的な説明のほうは行動に主眼があり、タスクの達成を想定している。概念的な説明は、そうした行動をする意味に主眼を置いている。

概念的な目標は、行動の背景にある究極的な意図《パーパス》をとらえ、何をするかではなく、何を目指すかを語る。その一方で具体的な目標は、目標に至るまでの道のり、つまりは手段を特定しているにすぎない。

概念的にものごとを考えられる思考回路を育てていけば、目標追求にあたって単なるタスク達成を目指してしまうことにはなりにくい。自分の行動の究極的な意図や意味を考え、日常生活で概念的に思考する癖がついていると、目標を概念として広くとらえることができるのだ。

心理学者のフジタ・ケンタロウらがこの法則を実験している。[4] まず、被験者に「なぜ」を問う質問（概念的）か、「どのように」を問う質問（具体的）か、どちらかを与えて答えさせた。概念的な思考回路または具体的な思考回路に慣れさせるのだ。たとえば前者の被験者は、「あなたはなぜ身体的健康を維持しているのですか」という問いに答える。後者の被験者は、「あなたは身体的健康の維持のために何をしていますか」という問いに答える。一連の質問が終わった頃には、前者の被験者は目標に対して概念的な考え方をするようになった。後者の被験者は具体的な考え方をするようになった。そして、「なぜ」に答え続けていた前者の被験者のほうが、目標のために努力することについて、より意欲的になった。たとえば握力計を持たせると、彼らは一生懸命に力をこめた。

もちろん概念的な目標にも欠点がある。概念的すぎる目標は曖昧になるからだ。具体的な行動と結びつかず、それゆえに追求していくことが難しい。たとえば、単に「成功者になる」よりも、「キャリアの機会を開拓する」のほうがいい。同様に、「道徳的に汚れのない人間になる」よりも、「教会に通う」のほうがいい。成功者になりたい、道徳的に汚れのない人間になりたい、と言うだけでは、それを実現させる明確な方法や具体的な手段がないので、これらの目標を掲げることに何の効力も生じない。A地点からB地点に到達するはっきりした道のりがなければ、到達に向けて歩き出すこともなく、ただただ目的地をぼんやり夢想するだけだ。

人は夢想のなかで、目標を達成したら人生はどんなふうになるだろう、と思い描く。見事な成績で卒業したら、大会で優勝したら、結婚式の日を迎えたら、どんなにすてきな気持ちがするだろう、と。だが、夢想は行動を引き出さない。首席で卒業することを夢想しても、いっそう勉強に熱を入れたりはしない。5キロマラソンの1位入賞を夢想しても、練習の回数は増えない。結婚式を夢想したとしても、じゃあデートの回数を増やすかというと、そんな様子もない。

心理学者ガブリエル・エッティンゲンとトーマス・ワッデンが、実際にこれを調べる研究をしている。[5] 減量プログラムの開始時点で、被験者には何キロ痩せると考えられるか尋ね（予測）、何キロ痩せたらいいなと思っているかも尋ねた（夢想）。予測の数字が大きかった被験者は、予測の数字が小さかった被験者と比べて1年後には大幅に減量できていたのに対し、夢想の数字が大きかった被験者は、そうではなかったことが確認された。たくさん痩せたいな、と願望に浸っていた被験者は、むしろ減量できていなかった。

夢想は心地よいかもしれないが、モチベーションツールとしては、ほとんど役に立たない。目標が抽象的すぎると、それは夢想になってしまい、行動を伴いにくくなるのだ。だが、ちょうどよい抽象度で考えることができれば、到達のために必要な行動を見失うことなく、目指す意図を明確にできる（「幸せな気分になる」ではなく、「メンタルヘルスを整える」）。何から着手すべきか判断もできる（たとえば、セラピーを受け始める）。現在の自分の状態と、なりたい自分の状態を比較できるので、行動計画を立てて現在から目標までの線を引きやすくなる。

設定すべきなのは「する」目標か、「しない」目標か

外食をするという場面で目標を語るなら、「健康的な食事をする」と「不健康な食事をしない」では、どちらが好ましいだろうか。スポーツをする場面なら、目標は「勝つ」がよいだろうか、それとも「負けない」がよいだろうか。「する」ことを語る目標は、近づくべき望ましい状態を特定しているので、接近型目標と言われる。身体によい食事や勝てるプレーへと引っ張る目標だ。一方、「しない」ことを語るのは回避型目標で、避けたいと願う状況から当人を引き離す。そこにあるのは厳密に言えば目標《ゴール》ではなく、「反目標《アンチ・ゴール》」だ。

目標を接近型で定めるというのは、目標に近づこうとすることだ（現状と望む結果のあいだにある距離を縮める）。そして回避型で定めるというのは、反目標から離れようとすることを意味する（現状と避けたい結果のあいだにある距離を広げる）。

手段の完了を目指してしまったり、具体的すぎる内容を求めたりする場合と同じく、反目標を掲げていると、単なるタスクを追いかけることになりやすい。学校のバスケ大会で優勝したいなら、勝利への接近を目指すほうが、敗北の回避を目指すよりも心が浮き立つはずだ。

目標は回避型にしないほうがいいと考える最大の根拠として、思考抑制に関する研究がある。ためしに、何かの考えを心から追い出そうと決意してみてほしい。職場で不愉快な口論をした記憶を切り捨てる、元恋人に執着するのをやめる、頭の中でずっと響いているしつこいメロディを追い払う……。私の息子はここのところ昼も夜もバイオリンの練習をしている。バイオリンの先生が選んだ練習曲は、鈴木鎮一という日本の作曲家兼音楽教育家の作品で、とてつもなく陽気な曲だ。息子の演奏スキルが上達していく様子を耳にするのは嬉しいけれど、練習が終わる頃には、明るいメロディが私の頭の中をぐるぐる回って離れなくなっている。

このもどかしさは、社会心理学者ダニエル・ウェグナーの古典的実験を思い出させる。[6] ウェグナーの実験はきわめてシンプルだ。被験者グループに「シロクマのことは考えないでください」と求めた。すると当然ながら、ウェグナーにシロクマのことを想起させられた被験者たちは、シロクマのことを考えずにはいられなくなった（あなただって、考えずにいられるだろうか）。考えたくない対象が同僚でも、元恋人でも、シロクマでも、思考を抑制しようと試みるのは、回避型目標だ。不愉快な記憶や考えてはいけないことを考えるという反目標からの離脱を目指している。

思考抑制は本当に難しい。絶対に考えないぞ、と決意すればするほど、そのことに固執している自分に気づく。何らかの考えを抑えようと意識すれば、いっそうその考えが思考の表面に浮上してくる。そうなってしまう理由の一つは、ちゃんと思考を抑制できているか確認するために、そのことをまだ考えていないかどうか自問する必要が生じるからだ。自問するたび、確認行動のせいで、考えてはいけない内容が脳内再生される。この現象が「メンタルコントロールの皮肉なプロセス（皮肉過程理論）」と呼ばれる理由はおわかりいただけるだろう。さらに言うなら、抑制が難しい理由は、ただただ楽しくないからでもある。抑えるというのは単なるタスクだ。

回避型目標はもともとタスクに近いのだ。それゆえに引っ張る力が弱い。だが、だからといって行動の動機づけとして効力を発揮しないとは限らない。状況によって、そして人によっては、回避型目標のほうがうまくいく場合がある。

接近型目標に反応しやすい人を、ここでは「接近タイプ」と呼んでみよう。試合をするなら勝つことを望むタイプだ。心理学用語で言えば、彼らの頭には強い「行動接近システム（Behavioral Approach System：ＢＡＳ）」が備わっている。反対に、回避型目標への耐性が強く、目標を回避することに熱心に取り組む人を、「回避タイプ」と呼ぼう。試合をするときには負けないことを望む。心理学用語で言えば、彼らの頭には強い「行動抑制（回避）システム（Behavioral Inhibition（avoidance）System：ＢＩＳ）」が備わっている。自分が接近タイプか回避タイプか知りたいなら、次に挙げる2種類の文に対して、どちらに強く賛同できるか考えてみてほしい。

「私は、何かが欲しくなったら、たいてい手に入れるために全力を出します」「好ましいチャンスに出会うとわくわくします」

「私は、失敗することを心配します」「批判や叱責を受けると、かなり傷つきます」

全力で入手するというのなら、あなたは接近タイプ。失敗や批判が気になるなら、回避タイプだ。[7]

シチュエーションが人のタイプを決めることもある。権力を握る立場だという自覚があると、接近型目標で意欲を抱きやすい。[8] たとえばあなたが上司なら、部下に支持されるボスになろうという目標を抱くかもしれない。これは接近型の目標だ。しかしあなたがインターンで、嫌われないことを目指すのだとすれば、こちらは回避型の目標だ。

回避タイプの人、または回避型に傾かせるシチュエーションに置かれた人にとって、回避型目標は行動の動機づけとしてきちんと作用する。ネズミやハトを使った行動分析の研究では、反目標からの離脱が動機になる理由として、「負の強化」(ここで言う負とは罰のことではない)の存在が指摘されている。マイナスの結果を取り除くために行動を起こす気になるという意味だ。

心理学者B・F・スキナーは1940年代に、「スキナー箱」と呼ばれる装置で、ラット(ネズミ)を使って回避行動を調べる実験をした。箱の床には電線が格子状にめぐらせてあり、ラットがどの位置にいても電気ショックが与えられる。箱の内側に電気をオフにするレバーがあり、ラットは電気ショックから逃げようと動き回るとき、偶然レバーを押し込む。やがてラットは学習し、電気ショックを止めるために直接レバーに向かうことができるようになる。

こうした学習をするのはラットだけではない。私たちも、日焼けで痛い思いをしたら、次にビーチに行くときは日焼け止めを使おうと学習する。たとえ車やバイクで事故に遭った経験はないとしても、けがをすることへの恐怖から、車ではシートベルトを装着し、バイクではヘルメットをかぶる。こうした行動は回避型目標によって動機づけられ、「日焼けをしない」「けがをしない」という方向で強化される。目標達成によっていやな結果を回避することを学ぶのである。

被害を防止したり、危険から逃れたりする場面では、とりわけ回避型目標がパワーを発揮する。日焼け止めを塗る動機づけをするときは、健康な皮膚を手に入れるという目標よりも、過度な日焼けを避けるという目標のほうが説得力がある。ヘルメットをかぶるという動機づけをするときは、頭蓋骨の形をきれいに保ちたいと思うよりも、けがをしたくないと思うほうが説得力がある。

目標の型をどちらにするか迷ったときは、「適合性」（目標と志向性が合っているかどうか）を検討するといいだろう。安全確保が目標なら、危険から逃げるという姿勢（志向性）は適合する。反対に、恋人探しをするのなら、お断りを回避することを目指すのではなく、恋愛関係に発展させることを目指す姿勢のほうが適合している。

心理学者トーリー・ヒギンズは、接近型よりも回避型のほうが適合する状況を説明するにあたり、「義務」の目標と「理想」の目標を区別した。[9] 義務の目標は、ドアを施錠して安全を守る、家族の世話をして扶養責任を果たすなど、しなければならないものごとを指す。一方、理想の目標とは、必須ではないが希望・切望するものごとを指す。この本を読む、経営学の学位をとるといった目標は、こちらに当てはまる。義務目標を追求するときは、失敗や損失を回避する姿勢が適合する。理想目標を追求するときは、獲得しようと接近する姿勢のほうが適合する。たとえば、身の安全を守らなければと思うなら（義務）、自分や自分の財産に対する損害を受けないという回避型目標のほうが、モチベーションがわくだろう。合唱団に加わりたいと思うなら（合唱団が苦痛でないなら、理想）、ある程度の音域で歌えるようになるという接近型目標のほうが、強いモチベーションになるだろう。

接近型目標のほうがたいていはわくわくするものだが、回避型目標のほうが、より緊急性をおびるという利点もある。例として、次の二つの文章を埋めてみてほしい。

A 「　　　」を阻止しなければならない」

B 「　　　」を達成したい」

AとBを比べてみよう。Aの義務目標のほうが切迫感があり、楽しそうではない。Bの理想目標のほうは楽しそうで、長期的に努力を続けていくことも比較的容易だと感じられる。つまり「損をしない」という目標を掲げたほうが、「獲得する」という目標を掲げるよりも、「これは緊急だ」という思いにつながりやすい。損をしないためなら、あなたは迅速に行動を起こす。何かを獲得するためなら、あなたは腰を据えてふんばる我慢強さを発揮する。

気持ちや感情を重視せよ

最後にもう一つ、接近型目標と回避型目標の区別として、追い求めていくときの気持ちにも違いがある。[10] 接近型目標に向けて順調に進んだなら、嬉しく、誇らしく、待ちきれない思いを抱くだろう。叶えられないときは悲しくなり、気持ちが沈む。たとえば私が職場で昇進したのなら、誇らしい気分になる。それとは対照的に、回避型目標を首尾よく達成できたときに抱くのは、安心、落ち着き、解放感だ。叶えられないときには不安、恐怖、罪悪感にかられる。私が今年の乳癌検診を受けに行ったなら（乳癌で苦しまない、という回避型の義務目標）、異状なしという所見にほっと安堵の気持ちを抱く。

モチベーションサイエンスでは、人の気持ちや感情の有用性を重視する。感情は進捗に関する情報をもたらし、モチベーションを喚起する役割を担うことがあるからだ。気分がよいなら、目標に向かって順調に進んでいるとわかる。胸騒ぎがするなら、順調ではないとわかる。この情報は瞬間的なフィードバックとして入って来るし、理解もしやすい。

さらに感情は、追加の動機づけ要因として役に立つ。小目標になるといってもいい。嬉しい気持ち、ほっとした気持ちは、いわば報酬だ。反対に、不安や罪悪感のようなネガティブな感情を抱くのは、当人にとって罰を受けるに等しい。そのため、目標を達成したいからという理由が目標追求の動機になるだけでなく、達成すれば――進歩するだけでも――嬉しいから、そして達成・進歩しなければ悲しいから、という理由も、目標を追求する強い動機になる。感情をインセンティブとして利用することも可能だ。報酬である嬉しい気持ちを、「正しい」タイミングでのみ味わってよい、と決める。仕事の内定がとれそうなら、それが正式決定するまで、幸せな気持ちになるのは抑える。ぬかよろこびしてツキが落ちたら困るからと言いながら、喜ぶべき「正しい」タイミングまで、自分を待たせるのだ（インセンティブについては第3章でくわしく考察する）。

ここまでのまとめとして、接近／回避の細かい区別を知っておくことによって、自分にはどちらの型が合うのか、今のシチュエーションならどちらの型のほうが効果的なのか判断し、最善の目標設定につなげることができるだろう。一般論としては、望ましい成功や健康状態に接近する目標を定義したほうが、失敗や病気を回避する目標を定義するよりも、意欲がわきやすい。回避（しない）という観点ではなく、接近（する）という観点からひとまず目標を設定し、そこから微調整をしていくのがよいだろう。

自分を動かすためのヒント

目標にはパワーがある。目標を設定すれば、それを実現したいという強い意欲が生じる。

目標はふさわしい行動を定め、あなたを引っ張る。目標設定をおろそかにしてはいけないが、設定の仕方によって、目標の威力も変わってくるだろう。心が躍らず、単なるタスクとしか思えないとすれば、目標を定めたことの効力は薄れる。タスクにならない目標を立てるために、次の問いを考えてみよう。

1　目標はもう決まっているだろうか。設定済みだとしたら、その目標は自分に適合しているだろうか。もしくは、なりたいと思う人物像に照らして、適合しているだろうか。目標の中身をふさわしいものにしよう。

2　その目標をどのように定義しているか。手段ではなく達成したい対象にフォーカスすれば、もっと心躍る目標になるのではないか。

3　目標をちょうどよい抽象度で語っているか。目指す方向を見失わず、同時に、具体的な達成方法も見えるようになっているか。

4　好ましくない不快な状態を回避するという観点ではなく、心身にとって快適な状態に接近するという観点から、目標を定義できないか。切迫感をもちたいなら反目標の回避型目標のほうがよいが、接近型目標のほうが強い意欲を抱きやすい。

第2章　目標に数字を入れる

「1日1万歩」という目標がもたらした効果

フィットビットを装着すると、この活動量計が運動目標を設定してくれる——1日1万歩がんばって歩きましょう、と。健康のためのベストな目安として特に違和感はないが、考えてみれば1万という数字は不思議だ。いったいどこから出てきた数字なのだろう。

数十年間の厳密な研究で健康維持に適した歩数が判明したのだと思うかもしれないが、そんなに科学的なものではない。1日の歩数目安が1万歩になったのは、もともとは日本の歩数計の広告がきっかけだ。

1964年の東京オリンピック開催が決まった頃の日本では、世界中からトップアスリートが東京に集まるという興奮もあり、市民が運動について話題にしたり考えたりすることが多くなっていた。高血圧、糖尿病、心臓発作、そのほかにも当時の日本で話題になっていたあらゆる健康問題に対して、運動が優れた予防措置になることも理解されるようになった。ウォーキングなら特別な器具も要らないし、友人や家族と一緒にできる。これが一番簡単な運動方法なので、市民のあいだで遊歩会の結成が流行になった。

同じ頃、健康科学を専門とする日本人の医師が、1日1万歩の運動が理想的であろうと判断し、一般市民が歩数を確認できる装置が考案された。これは「万歩メーター」と名付けられた。こうして売り出された歩数計の広告が「1日1万歩、歩きましょう!」と楽し気に呼びかけたのである。

50年以上経った今、日本は世界でもっとも健康な国のランキング上位に入る。そして世界中の人々が、1万歩を毎日の運動目安にしている。

ウォーキングを始めるという目標はもちろん重要なのだが、目標に数字を入れるという教授の判断が、日本の健康にとって、そして歩数計の売上にとって、おそらく最大の役割を果たした。目標というのは原則として料理レシピと同じだ。厳密な量を示したほうが利用価値が高い。「たくさん歩きましょう」よりも「1日1万歩は歩きましょう」のほうが優れている。ランニングを始めたい場合でも、「シカゴマラソンを5時間以内で走る」といったふうに、数字を入れたほうが良い指標になる。

「損失回避」の法則を利用する

目標に入れる数字には基本的に二つの形式がある。量を定める数字（たとえば「1万ドル貯める」）と、期限を定める数字（「1年以内に」）だ。数字の効果はモチベーションサイエンスで以前から研究されているだけでなく――数字が生み出すもっぱらポジティブな影響の研究に、私たち研究者はとりつかれていると言ってもいい――目標に関する日常会話でも、当たり前のように数字の話が出てくる。しょっちゅう口に出すので、目標（ゴール）と指標（ターゲット）の違いを意識することもないかもしれない。たとえば「私の目標は1万ドル貯めることです」という言い方をするが、厳密には、その場合の目標（ゴール）はお金を貯めることで、1万ドルというのは指標（ターゲット）にすぎない。

指標を強調したくなる理由ははっきりしている。役に立つのだ。最終的な目標に向けて引っ張る力を発揮するし、進捗を把握しやすい。がんばりをやめるタイミング、減速していいタイミングもわかる。そして指標が意欲をかきたてる理由は、目指すべき数字が決まると、人はその正確な指標に合致することを重視するようになるからだ。

1万ドル貯めると決めたなら、「たった」9900ドルしか貯められなかったときには、失望感を味わう。そして1万100ドル貯められた場合には、きっかり1万ドル貯められた場合と比べて、とりわけ余計に嬉しい気持ちにはならない。目標をクリアしていないときには、足りない

100ドルは大問題なのだが、クリアしているなら、はみ出た100ドルはたいして重要ではないのだ。一般的に、指標が定まると、それ以下の数字は損失と感じられ、絶対に避けたい事態と思えてくる。[1] 反対に、設定した指標からはみ出す数字はボーナスのようなもので、あれば嬉しいが、心の平穏を獲得するにあたって必須というわけではない。

心理学者ダニエル・カーネマンとエイモス・トヴェルスキーは、この法則を「損失回避」と呼んだ。[2] 人間は、何かを取り逃がしたと感じるとひどく失望し、ときには怒りすら感じるが、期待よりも多めに獲得したときには、さほど気持ちが動かない。この損失回避の法則があるせいで、指標を超えることよりも、ぴったり合致することのほうに、がんばろうという気持ちがわく。

マラソンを例に考えてみよう。マラソン出場の目標は、究極的には、できるだけ速く完走することだ。しかし、実際に走るときにはたいてい特定のタイムをターゲットとして設定し、たとえば4時間以内に走ることが真の達成だと考える。マラソンランナー1000万人のデータを分析した研究では、大多数のランナーがキリのいいタイムをわずかに下回る時間で走っていることが確認された(たとえば4時間1分で走ったランナーよりも、3時間59分で走ったランナーのほうが多かった)。[3] ゴールラインが近づき、目指すタイムを破れそうだとわかると、そこから急に力を振り絞ってスピードを出す。最後の最後で、指標を確実にクリアしようと最大限の努力をするので、多くのランナーがキリのいいタイムよりもわずかに速く走り終える。

賢いマーケターはこの心理を知っている。だから、設定したターゲットをクリアしたい気持ちに乗じたポイントプログラムを作るのだ。ある研究で、航空会社のマイレージ・プログラムの会員があと少しで上級ステイタスを獲得するときの行動を調べたところ、最上級ランクに近づくと飛行機の利用が増えることが確認された。[4] ところが、最上級ランクに必要な年間10万マイルという数字をクリアすると、その後の利用頻度は下がる。ターゲットをいったんクリアしたら、そこで「リセットした」という感覚を抱くからだ。目指すステイタスに近づくために距離を稼ぐのは重要に感じるのだが、あとは翌年のステイタス維持のために貯めるだけとなると、さほど重要なこととは感じられなくなる。マラソンでも、大会で無事に4時間切りのタイムを出せたなら、次の大会が近づいてくるまでは、日々の練習を必死にやろうという気は起きなくなる。

指標は人を引っ張るだけでなく、進捗を評価させることによって、目標への意欲をかきたてる。1960年代に開発された目標追求モデルでは、目標を目指すことを、掲げた数字との不一致を埋める作業だと考えた。認知心理学の創始者の一人、ジョージ・ミラーは、「TOTE」と名付けたモデルを提案している。[5] ある意味で機械的にモチベーションを管理するモデルだ。目標値を設定したら、第1にその目標値までの距離を「調べる（Test）」。第2に、その目標に向けて「操作する（Operate）」。第3に、ふたたび目標値までの距離を「調べる（Test）」。この「調べる」「操作する」「調べる」のループを繰り返し、最終的に目標値に到達したら、目指す努力から「退出する（Exit）」（四つの頭文字をつなげてTOTEとなる）。

数十年が経つ現在でも、TOTEは目標追求モデルとして人気だ（第5章でも述べる）。何しろ要点がシンプルに整理されている。指標を決めたら、どれくらい遠い道のりであるか把握し、それから実際に努力をして、道のりを縮めていくというわけだ。

指標にパワーがあることを納得したら、次に知りたいのは、指標を賢く設定する方法だ。モチベーションサイエンスの研究が、優れた指標の条件四つを特定している。やや手ごわいものであること、測定可能であること、行動に移せるものであること、自分で設定したものであることだ。

優れた指標の条件①――やや手ごわい指標

効果的な指標を設定するための第1の要素は、楽観的に、少し強気で考えることだ。自己裁量に任せると、人は自然と楽観的な目標を立てる。たいていは昨日のノルマ（もしくは先月のノルマ）を今日やるはめになるというのに、「それくらいできるだろう」という気持ちで計画を立ててしまう。これは必ずしも悪いことではない。

現実的に可能な量や速度を上回れると信じてしまう理由は、大きく分けて二つある。一つは、計画を立てることが下手だからだ。かかる時間やリソースを少なく見積もる傾向を「計画錯誤」と言う。今年こそは税金申告を早めにやろうと計画しても、自宅の改装を予算内でやろうと計画しても、現実としてはそのとおりにはいかないものだ。

自宅改装ではなく、ちゃんとした大型の建設計画なら慎重なプランニングをすると思うかもしれないが、それも同様の錯誤に陥ることが少なくない。デンマークの建築家ヨーン・ウツソンは1959年に、今では有名となったシドニーのオペラハウスの建築に着手したとき、建設期間は4年以内、費用は700万ドルと見ていた。しかし1966年の時点で建設はすでに何年もの遅れを生じ、予算も超過して、労働者に賃金を払えなくなったため、ウッソンは腹立ちまぎれにプロジェクトから身を引いた。新しい建築家が指揮を執ったが、やはり建設は遅々として進まなかった。ようやく完成したのは１９７３年。当初の予定より10年超過し、費用は総額１億２００万ドルだった。

興味深いことに、過去の失敗を思い出した場合でさえ、人は計画錯誤にとらわれ続ける。だめだと思い知ったじゃないか、と自分に言い聞かせても、またもや税金支払いを先延ばしにし、次の自宅改装費も安く見積もってしまう。

計画錯誤のせいで強気になるのは間違いだ。この癖は修正しなければならない。時間や費用を見積もるとき、リソース全体に生じるすべての必要事項を考えようとせず、ただ目先の作業だけを凝視するせいで、判断を誤る。来年の2月に税金申告をしよう、という計画はもちろん達成できる――もしも、2月にするべきことがほかに何もないのだとしたら。だが、その他のあらゆる用事――誕生日のパーティ、サッカーの試合、ダンスの発表会、夕食会、診察の予約――が積みあがってくれば、余裕があると思えていた時間はあっというまに埋まっていく。

強気になるもう一つの理由として、戦略的な狙いで、あえて大胆な指標を定めることもある。他人に印象づけるため、もしくは取引を成約させるため、あるいは（本書の議論にとって重大なポイントとして）自分自身の動機づけのために、意図的に過大な数字を掲げる場合だ。

強気の予測をすることで、人は行動しようという誓いを立てている（これを「プリコミットする」と言う）。前述したような指標のパワーをたいてい本能的に理解して、自分で自分の尻を叩くために、あえて大胆な指標を掲げるのだ。

行動経済学者ダン・アリエリーがＭＩＴの講義で学生に異例の自由を与えたときも、この現象が起きた。[6] 学生が学期中に書く論文には教授が厳しい提出期限を課すのがふつうだが、アリエリーの講義では、受講生が自分で提出期限を設定してよいことになっていた。単位をとるためには学期末までに3本の小論文を提出しなければならない。あらかじめ1本ごとに提出期限を決めてもよいし、期限を決めずに好きなときに提出してもよい。期限を決めた場合は、提出が遅れると成績に響いてしまうのだが、大半の学生が事前に期限を設定するほうを選んだ。彼らは愚かな判断をしたわけではない。あらかじめ期限を掲げたことで、提出が遅れることへの不安が生じ、早めに着手する動機づけになったのだ。期限を設定しなかった学生には、そうした動機づけが生じなかった。この学生たちの例は、一般の私たちにも参考になる。期限が迫っていると感じると、人はすみやかに作業に取り組もうとするのだ（事前に決意を固めて自分を拘束する「プリコミットメント」については、第10章でくわしく述べる）。

自分自身の能力に挑戦する数値を掲げるのも、同じ理由だ。たとえばマラソンで4時間を切るという計画を立てるとしよう。目下のところそのタイムで走るのは無理だとわかっている。だが、いつか4時間で走ってみせるという約束が、一生懸命に練習をする動機づけになる。自分の能力を過大評価していることは自覚しているのだが、現状より低い方向で逸脱するのではなく、現状より高い方向で強気に逸脱するほうを選ぶのだ。矢が的の手前に落ちるより、的を飛び越すくらいを狙うことで、自分を駆り立てるのである。

厳しい期限を誓わなくても、過大な予想をすることで、戦略的に自分自身を動かす場合がある。私と张影《チャン・イン》の共著論文で考察した実験でも、アリエリーの講義で自主的に期限を課した学生と同じ行動が見られた。[7] 私たちの実験では、学生に対し、論文の締切設定をやんわりと求めた。提出期限を誓うのではなく、課題の完成までにかかる時間を想定するだけでいい。あくまで本人の希望的予想なので、間に合わなくてもペナルティはつかない。ただし、被験者となった学生は2グループに分けていた。どちらにも同じ課題を与えたのだが、片方のグループには難しい内容だと告げ、もう片方のグループには簡単な内容だと告げた。そして、学生がやる気を出すために早めの期限を設定するかどうか調べるにあたり、「難しい」課題で申告した提出日と、「簡単な」課題で申告した提出日を比較した。すると、前者のほうが早めに終えると予想していた。意外に思えるかもしれない——難しい課題だと思っているほうが、なぜ早く終えられると思うのだろう?——が、これ自体は予想どおりの結果だった。難しい課題だと考えた学生は、早めに着手する動機づけが必要なので、早めに提出することを想定したのである。

さらにこの実験では、実際の課題提出までにかかった期間も記録した。課題は難しいという見積もりが、期限の設定だけでなくパフォーマンスにも影響するかどうかを見たかったのだ。すると、難しい課題だと考えて早めの提出を予想した学生は、早めに課題を終えていることが確認された。簡単な課題だと想定した学生はそうではなかった。一般的には計画錯誤が根深く、期限を早めに設定しようが、遅めに設定しようが、結局は計画倒れになることが多い。ところが課題が難しいと想定するだけで、早めに着手して早めに終えている。つまり、難しさを過大に見積もるというのは、ベストを尽くす後押し、即座に着手する後押しになったというわけだ。

ただし、提出期限に遅れることによる結果が、作業の質が下がることの結果よりも深刻ならば、当然ながら最優先事項はベストを尽くすことではない。期限に間に合わせることだ。私たちの別の実験では、学生に作業を指示するにあたり、提出予定日までに必ず出さなければならないと強調した。すると、難しい課題だと想定した学生は、提出予定を遅めに設定していた。早めの期限で意欲を出すことを重視するのではなく、期限に遅れないことを重視して、難しい課題のために長めの時間を確保したのである。

要するに、指標に到達しなかったときの被害が深刻ではない状況では、期限のような数字を設定することで自分自身に動機を与え、ベストを尽くそうという意欲を高めやすい。やや手ごわい指標を決めて、それを叶えたいと思うだけでも効果的だ。

そうした指標があると、厄介な作業に取り組まなければならない場面でも、チャレンジのためにリソースをかき集めたり、力を振り絞ったりする。直面した作業が難しい——だが不可能ではない——と認識して、なんとかやってのけようと、心身のエネルギーをいっそう高めるのだ。試練にぶつかって多少なりと興奮したり、胸が躍ったりもするかもしれない。心臓が高鳴っていることに気づくかもしれない。やってみせようじゃないか、という気力がわいてくる。もしくは、自分自身はまったく無意識のうちに気分が高揚して、やる気が出てくることもあるだろう。心の準備が意識的であるにせよ、無意識であるにせよ、「この作業は難しい、しかし不可能ではない」と予期したときに、人は最大の意欲を抱く。[8] 簡単すぎる作業なら身構える必要はない。不可能な作業ならそもそも手を出さない。あきらめるだけだ。

簡単ではない、けれど不可能ではないという、ちょうどいいチャレンジに立ち向かうとき、動機づけシステムは効力が高まる。活力をもたらしてくれる。指標を強気に設定したほうがいいというのは、そういう理由だ。

優れた指標の条件②——測定可能な指標

効果的な指標設定に必要な2番目の条件は、測定しやすくすることだ。指標が曖昧で、明確な数字を伴わないと、測定が難しく動機づけの効力が薄い。たとえば、新しい仕事で高い成績を出す、老後のために充分なお金をたくわえる、きちんと睡眠をとる、と宣言をするよりも、週末までにプロジェクトを完成させる、今年中に1万ドル貯める、毎日8時間の睡眠をとる、と宣言するほうが、確実にモチベーションは高まる。

理解しやすく監視も容易で、意味のある数字を伴った指標ならば、測定が可能だ。8時間寝ると決めたなら、ベッドに入った時間と目覚めた時間を基準に、8時間寝たかどうかを把握できる。目安の睡眠時間を決めていなかったら、ちゃんと眠れたかどうかの結論が出ない。

ただし、動機づけをするにあたり、どんな数字でもよいわけではない。たとえば毎日の読書目標を設定するなら、1日20ページ読むと決めることもできるし、1日6000単語、あるいは1日3万字を読むと決めることもできる。これらは英語ならほぼ同じ量の読書を示しているのだが、ページ数なら数えやすいのに対し、単語数を数えて読書量を把握するのは厄介だ――おそらく、読むよりも数えるほうに時間と労力がとられてしまう。とはいえ、20ページをカウントするにも読み始めたページを正確に記録しておくのも面倒だと感じるなら、読書時間を設定するのがよいかもしれない。

うちの8歳児は、学校の先生から20分の読書目標を指示されている。この指標の巧みさには感激したものだった。時間なら子ども本人も理解しやすいだけでなく、保護者が見守るにあたっても都合がいい。指標を掲げるときは、まず、どういうタイプの数字が自分にとって一番役立つか考えておきたい。量がいいのか、時間がいいのか。量で測定するのなら、どの単位が一番自分で監視しやすいだろうか。

優れた指標の条件③――行動に移せる指標

効果的な指標に必要な第3の条件は、行動に移せるものであること。具体的かつ測定可能な数字だったとしても、行動に移すことが難しいなら、それは効果的ではない。たとえば、1日の食事量を2500キロカロリー以内に抑えたいとしよう。具体的だし、数字としてもおおむね妥当だ。しかしカロリーは計算が難しい。デザートを目の前にして、チョコレート、生クリーム、キャラメルの存在は視認できても、カロリーの数字は見えてこない。どれくらい食べれば2500キロカロリーに相当するのか。100キロカロリーを燃焼させるには階段を何段のぼる必要があるのか。体重を1ポンド（約５００グラム）落とすのに何カロリーを燃焼させればいいのか。どの問いにもおおまかな答えしか出すことができない。

参考までに書き添えておくと、階段で１０００キロカロリーを燃焼するには平均２０００段のぼる必要がある。1ポンド痩せるには約３５００キロカロリーを燃やさなくてはならない。つまり一般的に、1日の食事から５００キロカロリーから１０００キロカロリーをカットすれば、1週間で1ポンドから2ポンド痩せることになる。[9]

では仮に、食品ラベルに1日の推奨摂取量に関する情報が記載されるとしたら、どう変わるだろうか（現在は「ＷＷ」に名称変更した減量支援サービス「ウェイトウォッチャーズ」が、スマートポイントという名前で同様の仕組みを提供している。こうした仕組みについてはのちほどまた触れる）。ファミリーレストランのおなじみのパスタは、ソーセージ、ペパロニ、ミートボール、ベーコン、その他のこってりした具材がたっぷり入って、1日のカロリー摂取量に占める割合が99％（推奨摂取量２５００キロカロリーに対し、このパスタは２４７０キロカロリー）。99％という数字を見れば、おそらくパスタを注文するのはやめて、グリルチキンにするだろう。ケイパーとアーティチョークとトマトとバジルを添えたチキンは５９０キロカロリーで、1日の摂取量のうちたった23％で済む。数字を参考に、健康的な食事につながる行動がとれる。

あるいは、食べたカロリーを相殺する運動量をラベルに表示するとしたら、どうだろう。これも行動に移すことのできる指標だ。食べた分のカロリーを燃やすには階段を何段のぼるか、別の運動ならどれくらいする必要があるか、という観点から食品を評価することになる。ある研究で

10代の若者を対象に、炭酸飲料1本で摂取する250キロカロリーを燃やすためには50分のジョギングが必要だと教えたところ、炭酸飲料の購入が減少したことが確認された。[10]

そう考えると、現状のようなカロリー表示は、そこから行動に移しにくいという点で、理想的な指標とは言い難い。

栄養については、ほとんどの国において、食品パッケージに成分表示ラベルを付すことが義務づけられている。脂肪、塩分、食物繊維などの含有量を示すだけでなく、その栄養分の推奨摂取量に対し、一食でどれくらいの割合を摂ることになるか明示している。指標となる数字が書かれているのだから、理論的には、これを参考に何をどれくらい食べればいいか判断できる。だが、現実問題として、成分表示ラベルはそうした効果を発揮していない。ややこしすぎるのだ。その食品を結局どれだけ食べていいのか、ふつうの人にはよくわからない。健康的な食生活という目標を達成するにあたり、これは食べたほうがいい食事なのか、それとも食べないほうがいいのか――結局はその判断が知りたいのに、現状のラベルでは判断がつかない。どの食品がヘルシーなのかはっきり教えるラベルだったとしたら、そこから行動に移すことが可能だ。

ある実験で、カフェのメニューにカラーラベルをつけた。[11] 緑ならヘルシー、黄色ならあまりヘルシーではない、赤ならヘルシーではない。色分けの導入後、赤のメニューは消費量が減少し、緑のメニューは増えていた。このシステムなら、「緑ラベルの食べ物を90％、赤ラベルの食べ物を10％食べよう」といったふうに、目指す指標を容易に設定できる。

1日2回歯を磨く、1日1万歩歩く、週に2回は実家に電話をする、就寝前に20分間の読書をするといった指標も、行動に移しやすい。これらは直感的に活用できる指標だ。理解しやすいだけでなく、達成もしやすい数字を伴っている。

優れた指標の条件④——自主設定の指標

効果的な指標を定める最後の条件は、自分自身で設定し、主体的な意識をもつこと。自分の意欲を高めるなら、自分で指標を定めるのが当たり前だ。だが場合によっては、上司、教師、医者、ジムのインストラクターなど、さまざまな他人に指標の設定をゆだねる。専門家のアドバイスは役に立つのだが、他人に指標を設定させると、本人の決意（コミットメント）が薄れるというリスクがある。腕立て伏せをあと10回やってください、とパーソナルトレーナーに言われたら、トレーナーの目を盗んで、1、2回少なく済ませるかもしれない。しかし、あと10回腕立て伏せをすると自分で自分に誓ったのなら、隠れてごまかすことは難しい。

同様に、他人に指標を設定させることのリスクとして、言われると反抗したくなる可能性もある。子どもの頃、「宿題をやりなさい」とママに言われたとたん、もう絶対にやりたくなくなった体験を思い出してほしい。心理学者ジャック・ブレームは、これを「心理的リアクタンス」と呼ぶ[12]〔訳注「リアクタンス」は「抵抗、反発」の意味〕。要求や指示を受けると、それを自分の自由を脅かすものと受け止めるのだ。選択権を奪われたと思ってしまう。特に回避型目標には心理的リアクタンスが起きやすい。するなと言われると（たとえば「煙草はやめなさい、寿命を縮めますよ」）、まさにそのことをしたくなる。指示された内容が最善だったとしても、リアクタンスのせいで、自分で自分の足を引っ張るのだ。人に指図されたから――ただそれだけの理由で、目標を拒否してしまうのである。

10代の頃、なんであれ大人に命令されるのは我慢がならなかった気持ちとだいたい同じだ。しかし自分で目標を選び、自分で指標を設定すれば、人から指図されたときの心境に戻ることもない。たとえば高校生だった頃の私は体育の授業が大嫌いだった。にもかかわらず、最近は定期的に運動している。違いは一つ、体育では運動を大人から命令されていたという点だ。今は私自身が大人で、運動をするのは私の選択だ。日課としているランニングに出るときは、シューズを履きながら心が浮き立つ。

上司でも、パーソナルトレーナーでも、専門家に相談をするなら、複数の選択肢を示してもらうのがよいだろう。そうすれば自分で指標を選ぶことになるので、主体的な意識をもつことができる。身体的健康のためでも、精神的健康のためでも、あるいは財務的健全性のためでも、指標が自分のものであれば、動機づけの効果は表れる。

悪質な指標に気づく

２０１６年の秋、アメリカの金融会社ウェルズ・ファーゴに当局から処分が下った。同銀行では２０１１年から２０１５年にかけて、行員がこっそり顧客名義で数百万件もの銀行口座やクレジットカード口座を開設するという、大規模な不正営業が横行していたのだ。不正に手を染めた理由は、手数料収入を増やし、売上ノルマを達成するためだった。当局の捜査によれば、ウェルズ・ファーゴは「グレエイト・イニシアチブ」と銘打って、「顧客1人あたり最低8件の金融商品を売る」という異常なほど過酷なノルマを課していた。無謀な指標を達成しなければならないプレッシャーで、行員たちはモラルに反する行為に走ってしまったのだ。

こうしたエピソードの例は枚挙にいとまがない。「グレート（すばらしい）」と「エイト（8）」を引っかけたネーミングはなかなか気が利いているが、顧客1人あたり8件の金融商品を売るだなんて、モラルに反する行動をしなければ達成できない数字を課すのは、指標として悪質だ。おそらく「オーサム（すごい）」と「サム（複数の）」を引っかけて、顧客1人あたり2件以上の金融商品を売るよう呼びかけるくらいにしておくべきだった。このウェルズ・ファーゴのエピソードは、悪質な指標に先に気づくことの重要性も教えている。正しい道が存在しなければ、人は間違った道に入り込むしかない――モラルに反する行動、保証のない拙速な方法、賭けるに値しないリスクをとるだろう。たとえば、夢の仕事をつかむ唯一の方法が履歴書を「少々直す」ことだと信じているのだとしたら、面接でも嘘に嘘を重ねることになるのはまぬがれない。必要なスキルを本当に獲得するまで応募は延期するほうが得策だというのに。

無謀な指標のせいで、過度な背伸びや過労に追い込まれることもある。世界初のフルマラソン走者――古代ギリシャのマラトンの戦いで、ギリシャの勝利を知らせるために、戦地からアテネまで42・195キロの距離を走った伝令――は、ゴールで倒れて息絶えた。現代でもアスリートが根を詰めすぎてけがをする例は少なくない。
指標の範囲を絞りすぎて、本来の目標の重要な部分を忘れてしまうなら、それも悪質な指標だ。[13] 定期的に運動しようという目標を掲げても、「1日1万歩は歩く」という数字だけを凝視していると、おそらく大事な筋トレはしなくなる。教養を身につけようという目標を「よい成績をとる」にすり替えたなら、学問を掘り下げて探究などしない。知識をしっかり定着させることもない。

短期的な指標が長期的な利益を損なう場合もある。そこそこの成果で指標を達成して努力をやめてしまうので、多くを達成できないのだ。タクシーの運転手や、ウーバーやリフトのようなライドシェア型配車サービスの運転手の例で考えてみよう。[14] 彼らの究極的な目標は、客を乗せて運転し、できるだけ多く稼ぐことだ。だが、たいていは1日に稼ぎたい金額を指標として設定するので、その金額に達したら、もうその日の仕事は切り上げる。タクシー利用の需要があり、まだ稼げそうなときでも、早めに終えてしまうのだ。雨が降っていて、タクシーに乗りたい人が増えているのに、1日に稼ぎたい金額をクリアしているせいで仕事を切り上げたなら、より多く稼ぐ機会を逃している。

反対に、このあとはさほど需要がないとわかっていても、1日に稼ぎたい金額をクリアしていないと、だらだらと超過勤務をしてしまう。どちらの場合も、短期的な視点で見ているせいで、本人が損をしかねない。同じような例として、指標が低すぎるせいで努力を台無しにする場合もある。ヘルシーな食生活を目指していても、それがいったん実現できた時点で達成したと考え、また元の食生活に戻るといった場合だ。

非現実的な数字も、指標としてはタチが悪い。結果的に達成できなかったとき、そもそも無理のある指標だったのだとしても、目標そのものを投げ出してしまうかもしれない。上武康亮およびネイサン・ヤンの実験では、究極的には減量が目標だったにもかかわらず、被験者はもっぱら無謀なカロリー制限ばかりに固執していた[15]。数カロリーほどオーバーすると、途端にやる気をなくし、目標そのものを投げ出してしまう。

心理学者ウィノナ・コクランおよびエイブラハム・テッサーは、この現象を「どうにでもなれ効果」と名付けた[16]。数カロリーほどオーバーしたら、「もうどうにでもなれ」と思ってドカ食いし、目安のカロリーを大幅にはみ出す。実験では、摂取カロリーがほぼ同等であっても、目安とした数字をわずかにオーバーした被験者（たとえば2000キロカロリーに抑えるつもりだったのに、2005キロカロリー食べてしまった）は、同じわずかなカロリーだけ少なかった被験者（1995キロカロリー）と比べて、最終的な減量の幅がかなり小さくなることが確認された。アボカドを載せたトーストたった一切れで1日の目安をちょっとオーバーしたなら、もう冷蔵庫の中身を食べ尽くしても同じことだと感じてしまう。ダイエットは台無しだ。

同様の現象として、「偽りの希望シンドローム」というものがある[17]。自信過剰になりすぎて、あるいは楽観的になりすぎて、成功を非現実的に見積もるせいで起きる現象だ。達成不可能な指標を達成できると信じ込み、失敗するに決まっている条件を自分で用意して、結局は目標を投げ出してしまう。たとえばダイエットのビフォー・アフター写真に刺激を受けて、非現実的な減量を成功させようと決意する。ところがちっとも理想どおりに痩せないので、自信を失うというわけだ。楽観的すぎる指標を掲げたせいで、目標のために努力もせず、ただただ楽しい妄想に浸ってしまう場合もある。[18] 金持ちになることを妄想しても、有名になることを妄想しても、それで願いが叶うわけではない。金持ちや有名になるための計画を立てて初めて、実現の可能性も生じるのだ。

自分を動かすためのヒント

本章では、目標に伴う指標設定のはたらきについて説明した。とはいえ、決めた指標を達成できなくても、自暴自棄にはならないでほしい。指標というのは多少は恣意的なものだとわかっていれば、数字のせいで目標との向き合い方がゆがむこともない。1分違いで電車に乗り遅れたら、1時間の違いで乗り遅れたのと同程度にいやな気持ちになるが（むしろ1分の差で逃したほうが悔しいものだ）、目指した年間貯蓄額に数ドル足りなかったり、運動目標に数回分足りなかったり、読書目標に1冊届かなかったりしたとしても、たいしたことではない。そのささやかなズレを口実に目標追求を投げ出さなければ、問題はないのだ。この点を忘れず、次の問いを検討して、指標を設定してみよう。

1　目標に数字を入れられるか（「いくら」「いつまでに」など）。

2　その指標は手ごわいか。測定しやすいか。行動に移せるか。

3　その指標は自分で決めたものか、誰かに決めてもらったものか。

4　その指標は自分にとって効果的か。指標が悪質かもしれないと感じるなら、見直しをしたほうがいい。目標に現実的で手ごわい数字を入れることができないなら、「ベストを尽くす」や「複数の契約をとる《ビー・オーサム》」くらいの曖昧な目標にしておいたほうがマシかもしれない。

第3章　インセンティブの仕組みを知る

「ご褒美」の力

採点する論文や、送らなければならないメールが山積みになっているとき、私は研究室のしーんとした雰囲気では落ち着かなくなる。反対にしっくりくるのが、混雑したカフェの喧騒だ。意外に思われるかもしれないが、そうしたカフェの環境のほうが仕事がはかどる。人がたくさんいてざわついてはいても、採点を1本終えるごとに、温かくスパイシーなチャイラテで自分をねぎらうことができる。

お金がないお金がない、って言うけど、カフェでばか高いコーヒーなんか飲んでるんだから当たり前じゃないか——という批判は一般的によく聞くが、私が思うに、人がカフェで5ドルもする飲み物をしょっちゅう買ってしまう理由は、それをご褒美として受け止めているからだ。論文を仕上げたご褒美、今日もちゃんと起床して出勤したことへのご褒美。やる気を出したいときの私はチャイラテを頼む。うちの娘はメディカルスクールの試験勉強をしながら、がんばり続けるためにタピオカミルクティを飲む。

精神を鍛錬したい、教養を高めたい、健康になりたい、裕福になりたいなど、何であれ長期戦の目標を目指しているときに、ちょっと高めのコーヒーのようなものは、今すぐ手に入る具体的なインセンティブだ。努力に対してご褒美を出すことで、もう少しがんばり続ける動機づけをしている。報酬の形をとることもあるし、罰の形をとることもあるが、いずれにしても目標にインセンティブを加えることで、その報酬を手に入れる、または罰を避けるという、具体的な小目標を増やして自分の尻を叩くのだ。たとえばあなたがランニングを始めようと思い、来月のチャリティマラソンへの出場を決めたなら、あなたの寄付金調達枠に貢献してくれる友達のお金は、ぜひとも完走しようというインセンティブになる。

インセンティブは自分自身の動機づけに活用できるのだが、もっぱら他人を促し、目標を達成させる方法として重視されることが多い。親や教師は、子どもに勉強をさせたり、部屋を掃除させたり、野菜を食べさせたり、お手伝いをちゃんとさせたりするために、動機づけとしてご褒美とお仕置きの両方を利用する。政府も、国民が健康や安全を自分で守るよう、インセンティブを設定している。たとえば国民はスピード違反でチケットを切られるのがいやなので、交通ルールを守り制限速度を超過しない動機を抱く。

こちらが得をする目標を他人に達成させたい状況でも、インセンティブの科学を利用して、都合のよい行動を動機づけすることができる。経営者が社員にボーナスを出したり、店が客に割引を提示したりするのは、一生懸命に働く動機、あるいは商品を購入する動機を与えることが狙いだ。行政も社会全般に対し、福祉増進につながる行動が広まるような動機づけをしている。有害な行動をする市民には罰金または懲役を科し、善行をした市民を表彰し称賛する。寄付金が課税控除になるのも、貢献を促すインセンティブだ。

このように他人に対して動機づけするという場面でインセンティブの研究を持ち出すことが多いのだが、自分で自分にインセンティブを設定するのも、セルフモチベーションの道具として利用価値が高い。目標達成に役立つ仕組みを既存のインセンティブシステムのなかから戦略的に選びとることもできる。研究で得られた知見を応用して、目標に向けてがんばるように自分なりのインセンティブを考案することもできる。

インセンティブの研究

心理学と経済学は昔からインセンティブについて探究している。報酬と罰が作用するタイミングや仕組みが心理学で理解されるようになったのは、行動主義と呼ばれる理論の発生がきっかけだ。犬がよだれを垂らす様子を調べた19世紀のパブロフに端を発し、20世紀半ばにはB・F・スキナーを筆頭とする急進的な行動主義の心理学者たちが、人間の行動は外発的報酬で完全に説明がつくと主張した。対象者の現状のインセンティブ構造をくまなく理解し、過去にどういうインセンティブの働きがあったかも完全に理解すれば、対象者の未来の行動を正確に予測できるのだという。この計算は信じがたいほど複雑なので、彼らは動物で実験した。ネズミに迷路を抜けさせるインセンティブ、ハトに特定の円盤をつつかせるインセンティブがわかれば、人間の行動にインセンティブで影響を与える方法もわかると考えたのだ。近代の心理学では、モチベーションに対するこうした認識は支持されていないのだが、彼らの研究が発端となってインセンティブに関する現在の知見が培われてきたことは間違いない。一般的に、行動を修正するためにはその行動が起きるシチュエーションのほうを調整すればよい──本人の性格を変えさせる必要はない(「遺伝のせいでこんな行動をする」という批判も当を得ない)──とわかったのも、行動主義心理学からの学びだった。そのシチュエーションを調整するのがインセンティブのはたらきなのだ。

心理学研究と並行して、経済学の分野でも、金銭的インセンティブが作用するタイミングや仕組みに関する実証データが集められていった。経済学者は心理学者と違って、迷路に入れられたネズミが出口のエサにどう反応するかといったことには関心がない。知りたいのはお金に対する反応だ。お金が人間の行動をどう形成するか理解したいと考えている。経済学の理論では、金銭的インセンティブは行動の動機づけとなると言われているが、行動経済学という比較的新しい下位分野で、必ずしもつねにそうではないことが確認された。お金で動機づけできない場合があるだけでなく、むしろ意欲を減退させる場合もある。インセンティブの仕組みを知るにあたり、インセンティブが効力をもたない場面を理解することが重要だとわかったのは、行動経済学のおかげだった。

正しいことに報酬を出すべし

1900年代初期、ノミにたかられたネズミがペストの原因となることを科学者が発見してから数年しか経っていないという時期に、ベトナムのハノイは大規模なネズミ問題に頭を抱えていた。フランス領である同市に建設された真新しい下水道設備で、ネズミが大繁殖していたのだ。いまや大群が姿を見せるようになり、疫病の再流行を懸念したパニックが起きた。対策として、フランス人の役人たちは、ネズミを1匹殺したら1セント払うという報奨金プログラムを作った。当初はこれが奏功しているように見えたのだ。1カ月もしないうちに、1日に数万匹が駆除されるようになった。報奨金導入からたった2カ月後には、1日に2万匹以上のネズミが早めの死を迎えていた。ところが、ハノイ保健当局の役人たちにとってはたいそう衝撃的なことに、即席のネズミ駆除業者たちは問題の上澄みに対処していただけだったのだ。

しばらくすると、しっぽのないネズミが街中で数多く目撃されるようになった。報奨金を支払う際にはネズミのしっぽを提出させ、確かに殺したと確認していたのに、これはどうしたことなのか。しだいに明らかになったのだが、駆除業者の多くは獲物をつかまえると、しっぽを切り落とし、そのままネズミを下水道に逃がして、繁殖するままにさせていた。それどころか、ネズミで生計が立つようになったことをきっかけに、ビジネスの才覚を発揮して、繁殖事業を始めていた者もいた。報奨金プログラムが中止されると、ネズミブリーダーは要らなくなった商品を何万匹も市中に放った。最終的に、報奨金プログラムはハノイを走り回るネズミを減らすどころか、増やす結果となったのだった。

この経緯は、報酬を出す対象を間違えるとどうなるか、ありありと教えている。インドでも、イギリス領で役人がコブラ駆除に同様のプログラムを導入し失敗したことから、これに「コブラ効果」という名前がついた。死んだコブラを手に入れるために、コブラを増やせばいいという発想になったのだ。

報酬は影響力をもたない――というのが、この史実で得られた教訓だろうか。いや、違う。むしろ正反対だ。報酬は影響力がある。ネズミやコブラの繁殖に取り組ませるという効果があった。人の行動に変化をもたらすことは可能なのだ。ただし、報酬を出す対象が間違っていると、意図した行動とは違う行動が生じてしまう。

正しい対象に報酬を出すことの重要性はあなどれない[1]。たとえば私は経営学の教授として、チームワークを推進したいと考えている。学生が社会で成功するかどうかは、究極的には、周囲と協力し合えるかどうかにかかっているからだ。しかし、高等教育で一般的に用いられるインセンティブ――よい成績、推薦状、あるいは単位を認めないという罰――はチームワークの上達を促すようには作られていない。これらはチームではなく個人のパフォーマンスに対するインセンティブだ。

私の講義では、経営改善に関するレポートをグループで作成するなど、集団活動を促すインセンティブの設定を心掛けているが、集団の成績に対するインセンティブがあっても、チームワークが生じるとは限らない。それまで個人プレーで好成績をとってきた学生は、ほかの学生を押しのけながら、絶対にAをとろうとグループのプロジェクトを抱え込みたがるのだ。教員にとってもチームワーク問題は無縁ではない。個人の実績にもとづいて査定があるとわかっているので、チームとして成果を出そうとする外発的インセンティブもなく、そうしたインセンティブを自分たちで作ろうというモチベーションも抱かない。

成功を評価する方法がわからないせいで、報酬を効果的に導入できない場合もある。たとえ目標の主旨から外れていても、ただただ測定しやすいものに報酬を出してしまうかもしれない。仕事なら、創造的なソリューションを考案したとか、長期的成長に向けて一歩進んだといったことにインセンティブを設定するのが理想的だろう。しかし、この手の成果は測定しにくい。そのため短時間で仕事を終わらせたとか、ほかの社員より多くのプロジェクトを手掛けたといった成果に自分自身で報酬を設定することになりやすい。仕事の質よりも量をねぎらってしまうのだ。こうしたインセンティブ構造は創造性や長期的ビジョンを損なうことになる。

回避型目標を掲げている際は、正しい対象に報酬を設定することがいっそう難しい。危険や病気を避けたいなら、憂慮すべき兆候に対して報酬を設定する必要があるが、悪いニュースをねぎらうというのは厄介だ。様子のおかしいほくろを見つけた場合、除去して皮膚癌のリスクを回避する充分な時間的余裕をもって気づけたのだとしても、その発見を歓迎する気にはなれないだろう。「伝令を撃ち殺す」というフレーズが表しているように〔訳注　悪くない人を非難することを意味する慣用句」、私たちは悪い知らせを伝えた人をねぎらいたがらない。それが自分自身であってもだ。これと同じようなフレーズは古代ギリシャの時代からあったので、悪い知らせの使者に八つ当たりをするのは昨今だけの傾向ではないことがわかる。[2]

それでも、悪いニュースも積極的に受け入れることができるなら、回避型目標をうまく避ける助けになるはずだ。癌検診に引っかかったら祝杯をあげ、今年の初雪が降る前に暖房を修理しなければまずいとわかったら小躍りし、利己的な隣人に近づきすぎないよう注意してくれた友達にはお酒をおごってもいいのかもしれない。対処できるタイミングで悪い知らせに気づけるというのは、祝う価値があることだ。

インセンティブの影響力を最適化するためには、正しい対象――チームワーク、創造的なソリューション、被害の予防、地域社会に病気を蔓延させないこと（ネズミを殺すことではなく）――に対して報酬を出さなければならない。当然ながら、正しくインセンティブを設定できているかどうか判断するのは、言うほど簡単ではない。次に挙げる二つの問いを通じて、インセンティブの妥当性を考えてみてほしい。

第1に、そのインセンティブは目標に向けた進捗を促すだろうか。ただ測定しやすいだけで、あまり意味のない指標を掲げてはいないだろうか。たとえば仕事でステップアップがしたいなら、パソコンの前に座っていた時間で自分をねぎらうのではなく、完成させた仕事の量に対して褒美を出すほうがいい（前者なら、白昼夢に浸っていた時間や、ソーシャルメディアをチェックしていた時間も含まれる）。さらに一歩踏み込んで、仕事の量ではなく質に対して報酬を設定するのが理想的だ。

第2の問いとして、そのインセンティブを達成する一番簡単な方法を想像してみよう。どんな近道や抜け道があるだろうか。最短ルートが目標に貢献しないものであれば、間違ったインセンティブを設定している。

インセンティブが多すぎることの問題

1973年、心理学者のマーク・レッパーはスタンフォード大学のキャンパスに、フェルトペン1箱を携えて出勤した。学生にカラフルなペンをばらまきたかったわけではない。大学付属保育園で、ある思い付きを試したかったのだ。レッパーは3週間にわたって毎日、保育園にペンのセットを持っていき、幼児が自由時間に使えるようにプレゼントした。そして毎日、マジックミラーごしに、3歳から5歳の芸術家たちがカラフルな絵を描く様子を観察した。一部の幼児には、自由時間に絵を描いたら「絵描きさん賞」をもらえると告げた。大きな金色の星と真っ赤なリボンのついた賞状だ。別の一部の幼児には何もインセンティブを出さなかった。また別の幼児には、絵を描いたあとで、事前に知らせていなかったご褒美を渡した。

賞を予告されていた幼児は、最初の絵を描き終えて賞品をもらってから、このあとは何枚描いても報奨は出ないという宣告を受ける。ご褒美は1回きりなのだ。どの子も最初は喜んでお絵描きを始めるのだが、1枚目で金の星と赤いリボンをもらった子どもは、それ以上は芸術家としてどれだけ仕事をしても報酬が出ないと聞かされると、ほとんど絵を描かなくなった。お絵描きをする割合は自由時間の10％程度。一方で、ご褒美のなかった子どもと、サプライズでご褒美があった子どもは、自由時間の20％をフェルトペンを使ったお絵描きに興じていた。

人生のさまざまな面であてはまることだが、行動に対して報酬を出す場合も、少ないほうが《レス・イズ》価値がある《・モア》。インセンティブが多すぎると裏目に出るのだ。レッパーは「過剰正当化効果」に着目した実験で、このことを確認したのだった。[3]

過剰正当化効果とは、ある活動を正当化する要素（インセンティブ）が余計に与えられたせいで、活動に対する意欲が減退することを言う。レッパーの被験者となった幼児の場合、ご褒美が予告されたことで、お絵描きは自己表現だけの活動ではなく、自己表現プラス賞品をもたらす活動になった。その後、賞品がなくなって自己表現が唯一の目的になると、幼い芸術家たちはもはや創作活動に関心をもたなくなった。

これ自体はよく知られた効果なのだが、狭い解釈として、お金やトロフィーのような外発的報酬は、自己表現したいという内発的動機づけを損なうと言われている。だが、外発的動機づけだけが害になるわけではない。レッパーの研究から20年後に実施された実験では、小学2年生と3年生に短い絵本を渡した。[4] 絵本は塗り絵帳も兼ねていて、1ページにお話が一つと、登場人物のイラストがあり、好きなように色を塗ることができる。お話を読むのも、塗り絵をするのも、それぞれが内発的なモチベーション要因だ。色塗りは自己表現になるし、お話を読んで関心を示すのも自分の気持ちを示す手段になる。

ところが、その二つを一緒にすると、お互いの効果は損なわれる。塗り絵ができなくなったとき、幼児はお話を読む意欲までなくしていた。お話を読めなくなったときには、塗り絵を続ける意欲もなくした。インセンティブが多いせいで価値が薄れ、インセンティブが一つ取り除かれたとき、もうモチベーションを維持できなくなるのだ。この場合は内発的なインセンティブが過剰だったせいで影響が生じている。反対に、新しい上司が来て自由裁量が認められなくなったせいで労働意欲が失われることもあるだろう。外発的報酬の増減が内発的な動機づけを損なうという説だけでは、複数のモチベーションが効果を打ち消し合う現象の説明としては単純すぎるようだ。

インセンティブがあとから取り消されないとしても、追加のインセンティブの存在自体が、モチベーションにマイナスの影響をおよぼすことがある。レッパーの研究では、大きなきらきらの星とリボンというインセンティブを最初に与え、次に取り消すことで、ご褒美のないお絵描きという体験を幼児に味わわせた。幼児のモチベーションが激しく下がる理由は明白だと思える――描いても何ももらえなくなったなら、お絵描きなんてするわけがない。ところが、40年後の別の研究では、ご褒美が継続した場合でも、インセンティブが多いせいでモチベーションが減退することが明らかになった。

私とミハル・マイマランとの研究では、子どもに「食べ物にはおいしさだけではなく、別なことに役立つはたらきもある」と教えるという実験をしている。[5]私たちはシカゴ郊外の幼稚園に1冊の絵本を持参した。主人公の女の子がヘルシーなクラッカーやニンジンを食べるというお話だ。絵本と一緒に、本物のクラッカーとニンジンも持って行った。実は絵本は複数のバージョンがあり、グループごとに異なる読み聞かせをする。一つめのバージョンでは、女の子はニンジンやクラッカーを食べて、身体が強くなったり元気になったりする。二つめのバージョンでは、文字の読み書きが上手になる。三つめのバージョンでは、1から100まで数えられるようになる。ニンジンやクラッカーを食べれば強くなったり賢くなったりすると学び、そのすばらしい恩恵を得るために自分も同じものを食べるという動機づけをしたのである。

食べ物のすばらしい利点――体が強くなる、勉強のエネルギーになる――を知れば、子どもは喜んでヘルシーな食べ物を口に入れると思うかもしれないが、実際には正反対だった。クラッカーで身体が強くなると聞いた園児は、それならあんまりおいしくないのだろうと理解し、積極的に食べようとはしなかった。ニンジンを食べれば頭がよくなると聞いた園児も、ニンジンをほとんど食べなかった。全体として、食べ物の機能性を強調したことによって、消費量は50％以上も減少した。お話を聞いた子どもらは、食べ物には複数の目的がある――おいしいことと、体力や知力が伸びること――という学びを踏まえ、だとしたら自分が重視するほうの目的（おいしい）は損なわれているだろうと解釈したのだ。わが子に野菜を食べさせるため、「ニンジンを食べれば大きくなれるから」「ブロッコリーを食べれば強くなれるから」と約束する昔ながらの作戦は、とんでもない逆効果だったというわけだ。

この実験では外発的恩恵と見られたものが排除はされていない点に着目してほしい。ニンジンやクラッカーを食べればすらすら字が読める、数を数えるのも得意になる、という恩恵を教えられた園児は、その認識を持ち続けている。ところが、恩恵について聞いていない子どもと比べて、ニンジンやクラッカーを食べる意欲が低くなっていたのである。

大人でも、これを食べればキレイになる、寿命が延びる、気持ちがリフレッシュすると自分に言い聞かせることが多い。ところが食品マーケティングの研究では、食品の健康面での利点を強調して宣伝した場合、大人であっても関心が薄れることがわかっている。[6] ある研究では、アメリカ各地の複数の大学で、食堂メニューに健康面の利点を強調するラベル（「健康を増進するカブ料理」「栄養を摂れる豆料理」）をつけるという実験をした。すると、味について強調するラベル（「ハーブとハチミツ入りバルサミコ酢で和えたカブ料理」「ニンニク香るピリ辛四川風豆料理」）と比べて、消費量は30％近くも少なかったことが確認された。薬の服用ならともかく、食事をするときのメインの目標は、味を楽しむことだ。別の目標に対する手段として食事を位置づけられると、味は満足いくものではないのだろう、と予期するのである。

これらの新しい研究を見る限り、インセンティブを増やすとモチベーションが減退する過剰正当化効果は、インセンティブが消えたときに感じる失望だけに起因する反応ではないようだ。労力に対する見返りを減らされたら腹立たしいものだし、その失望感がモチベーションを減退させることは確かだが、過剰正当化効果には別の原因もある。余計なインセンティブの存在そのものが、その活動に取り組む主たる理由を弱めてしまうのだ。これを希薄化という。

希薄化の法則——目指す目標が多すぎることの問題

保育園のお絵描き実験をしたマーク・レッパーは、実験初日、まだ誰にもご褒美が出ていない段階での子どもらの様子に、明らかな喜びを見て取った。お絵描きで自己表現をすることを心から楽しんでいる。ところが、賞品というインセンティブが加わったあと、幼児はお絵描きに対して自然と感じていた意味の一部を失った。もらったフェルトペンは、最初のように子どもを引っ張る力を発揮しなくなっていた。

レッパーの目の前で生じていたのは、「希薄化の法則」だ。ここでいう希薄化の法則とは、一つの活動で目指す目標の数が増えると——小目標となるインセンティブが増えることも含めて——大目標と活動とのつながりが弱くなり、がんばっても目標実現に貢献しないと思えてくることを指す。当該の活動をしているときに、大目標が頭に浮かびにくい。目標が頭に浮かんでいなければ、その活動を目標につながるものとして認識できない。お絵描きで賞品をもらった子どもは、お絵描きと自己表現が結びつかなくなり、絵を描きたい気持ちをなくしてしまった。

目標に向けた活動に、新たな目標を足すと、希薄化の法則によって当初の目標と活動との精神的な連係が弱まるのだ。視力改善のためにニンジンを食べていたとしても、ニンジンを食べれば血圧が下がる効果もあると知ったら、視力改善の効果はさほどないだろうと思えてくる。医療のことならあの人にアドバイスをもらうといいよ、と聞いていたとしても、そのあとで料理のことならあの人にアドバイスをもらうといいよ、と聞いたなら、医療にくわしい人だという認識は薄れる――その人が料理好きの外科医だったとしても。

追加で登場したインセンティブが自分にとって大事なものではなかったとき、特にこの希薄化が起きやすい。たとえば、職場で始めたリサイクルプログラムが実は会社にとって節税対策であると知ったら、おそらくリサイクルへのモチベーションは減退する。既存の目標のために行なっていた活動に、自分にとって大事ではない目標やインセンティブが加わると、同じ活動が当初の目標達成に貢献するものと思えなくなるのだ。新しく出てきた目標が自分にとって大事に思えない内容（「CEOの懐を潤わせる」など）だった場合には、当初の目標まで色褪《いろあ》せてきて、モチベーションがガタ落ちになるのである。

ワインの例で考えてみよう。私がワインを選ぶときの基準には、たいてい二つのインセンティブがある。おいしいこと、そして手ごろな値段であること。しかし、この二つは頭の中で衝突する。希薄化の法則に従って、手ごろだと聞けばさほどおいしくはないのだろうと思うし、おいしいと聞けば手ごろではないのだろうと想定する。ただし、片方のインセンティブが重大ではないという場合もある。私が働く大学で毎年開催されるクリスマスパーティでは、フリードリンクのバーが登場する。このときの私はワインが手ごろかどうかは気にしない――自分が払うわけではないからだ。高いワインがおいしいに決まっていると思い、できるだけ高そうなワインを選ぶ。金銭的インセンティブは、値段の安いワインの味を希薄化するのだ（本当に味を薄めるのではなく、認知的に）。おいしいワインを選ぶ、手ごろなワインを選ぶという二つの目的は、絶対に両立しないと私は決めつけている。

クリスマスプレゼントの定番と言われる多用途型工具にも同じことが当てはまる。たとえばレーザーポインターとして使えるペンも、そうした多機能型工具の一つだ。私が張影《チャン・イン》およびアリエ・クルグランスキとともに行なった実験では、被験者にアンケートの記入を求めた。[7]このとき被験者を2グループに分け、片方にはレーザーポインター機能の付いたペンを試させた。記入が終わったら全員が受付デスクで終了の署名をするのだが、その際に使うペンの選択肢が二つある。ふつうのペンか、片方のグループが試したのと同じレーザーポインター付きのペンか。すると、レーザーポインター付きのペンを試した被験者は、署名をするのに、そのペンを選ばなかった。ふつうのペンを選んで署名を済ませるのだ。対照的に、レーザーポインター付きのペンを試さなかった被験者は、そのペンとふつうのペンを選ぶ割合が半々ほどだった。ランダムにペンを選んでいた。この実験は、多用途型の道具が最終的にどの用途にも使われないことが多い理由を説明している。私たちは、ペンがただのペンであることを望むのだ。

希薄化の法則を知っていれば、インセンティブを少なくすべき場面も判断できるだろう。レッパーの実験でお絵描きをした幼児の例からわかるように、インセンティブを増やし、そのあとで取り除くと、失望する。しかも、インセンティブが増えたこと自体でも、活動と当初の目的とのつながりは薄れてしまう。特に自分にとって大事ではないインセンティブを増やすと、インセンティブを取り除かなかった場合でも、モチベーションは目減りする。

既存の目標にインセンティブを増やしたいときは、そのインセンティブが自分にとって役に立つかどうかよく考えてみよう。目標に向けていっそう自分を引っ張ってくれるインセンティブなのか。そもそも何のために活動しているのか見えなくさせ、目標から遠ざけてしまうインセンティブではないのか。

インセンティブが裏目に出るとき

インセンティブがモチベーションを損なうという話に、違和感を禁じ得ないのだとしたら、それも無理はない。何しろ私たちは実生活でインセンティブのはたらきを実感している。私が教えるＭＢＡコースでも、ＭＢＡが取れるからモチベーションが消えたと考える学生はまずいない。給料が高すぎるという理由で仕事への情熱をなくしたと文句を言う人にも、お目にかかったことがない。金銭的報酬などのインセンティブは、少なくとも場合によっては、確かに効果的なのだ。

違和感を抱く理由はほかにもある。お金を伴うインセンティブがモチベーションを減退させるという説は有名だが、それはお金を払わずに済ませるための屁理屈ではないのだろうか。芸術を無料で消費しているのだとしたら――音楽を違法ダウンロードする、元恋人のアカウントでネット動画を見るなど――あなたはおそらく、アーティストはお金ではなく創作意欲のために活動をしているのだ、と思いたくなる。不況下かつ業績不振の会社を経営しているのなら、給料を上げたら社員はしっかり働かなくなる、と思いたくなる。お金を払ったら相手のモチベーションが下がるという発想は、「払う側」にとって都合がいい。場合によっては対価を値切る口実として使われる。

だが実際には、芸術家にお金を払っても、生み出す作品の数が少なくなったりはしない。むしろ多くなるものだ。昇給も従業員の士気を高め、経営側にとって得になる。これらの例では、相手はお金が払われることを期待している。金銭的インセンティブは、彼らが当該の活動に従事する理由の一部として、最初から組み込まれている。お金をもらうことを予期して働くのだから、実際にお金が払われたからといって、仕事を始めた理由がぼやけることはない。芸術家は、自分の作った芸術作品が売れたからといって、創作活動をする理由がわからなくなったりはしない。

一方で、理由はわからないまま従事している活動もある。なぜ自分はこれをするんだろう、と胸に問いかけてみたとき、インセンティブの存在がヒントになる。だが、ときにはインセンティブのせいで、理由を勘違いしてしまうこともある。

インセンティブはモチベーションを損なうと発見した研究の多くが、子どもを被験者として実験しているのは、ちゃんとした理由がある。子どもは自分の好き嫌いを突き止めようとするからだ。うちの8歳児に、勉強の一科目が好きかどうか尋ねると、息子は即答できずに考え込む。答えは直感的にわかるものだと思うかもしれないが、そんなふうに理解はしていないのだ。おおむね大人によって支配されているこの世界で、子どもはまだ新参者だ。日々のさまざまな活動について、なぜそれをするか説明がついていない。だから、答えを求められたときには、こんなふうに問いを立てて考える――「僕はお絵描きが好きだから、絵を描くんだろうか。それとも先生に言われたから絵を描くんだろうか」「この食べ物を私はおいしいと思ってるんだろうか、それとも、食べないとデザートをもらえないから食べてるんだろうか」。インセンティブの存在を手掛かりに、これが好き、これは嫌いという認識を組み立てるのだ。ある活動をするにあたり、大人がお小遣いをくれるのだとしたら、「この活動は、お小遣いをもらわなければ楽しめない活動だ」という説明がつく。

大人はそれとは対照的に、自分の好き嫌いはだいたい過去に把握済みだ。そのため、ある活動をする理由を考えるとき、インセンティブの影響は受けにくい。同じ職場、あるいは同じ分野で長年働いているのなら、仕事に対する自分の思いははっきりわかっているので、その気持ちがインセンティブの影響で変わる可能性は低い。昇給のせいで働くモチベーションが損なわれることはないし、むしろ昇給は成功のシグナルなので、よけいに強い意欲を抱くだろう。

だが、新しい分野、おそらく自分には多少なりと未知の領域に踏み出すときは、話が別だ。その活動をする理由を自分で納得するにあたり、インセンティブを手掛かりにしやすい。たいていの場合、どんな活動だったとしても、自分がこの活動をする主たる理由はインセンティブがあるからだ、という結論を出す。私が初めて海外で教壇に立ったときもそうだった。シンガポールで講義を受け持つことが決まった時点で、私は、シカゴ大学が海外業務に特別手当を出すから自分はこの仕事をするのだ、と思い込んでいた。だが、シンガポールとの往復を何度か重ねたあたりで気づいた。特別手当はさほど重要ではない。教育者としてすばらしい機会が得られること、活気のある国に直接触れる機会が得られることを、私は大切に感じていた。

自分はなぜ新たな活動に打ち込むのかと考えるとき、インセンティブのせいで主たる理由がぼやけてしまうなら、そのインセンティブは裏目に出ている。実際には大目標に向けて努力しているのだとしても、そのような実感ができなくなる。インセンティブが当該の活動に適していない場合は、さらにタチが悪い。たとえば、田舎の祖母に電話をかけるために他人から報酬をもらうのは不自然だ。妥当ではないと感じさせる金銭的インセンティブは、モチベーションを阻害する。

　反対に、活動の主たる特徴と一致しているなら、インセンティブのおかげでモチベーションは高まる。たとえば、仕事をする、すなわち生活費を稼ぐという活動と、金銭的インセンティブは、組み合わせとしてしっくりくる。ある研究で、子どもにお金を払って積み木遊びをさせたところ、子どもは遊びを楽しまなくなった。[8] ところがコイントスの遊びをさせたところ、報酬があることでいっそう楽しみ、いっそうやる気を抱いていた。コイントスの遊びと、現金をもらえるというインセンティブは、つながりとしてしっくりくるからだ。ギャンブルに興奮し、ギャンブルをする動機を抱くのも、「金銭的見返りがあるにもかかわらず」ではない。「金銭的見返りがあるから」だ。お金が手に入るという期待がある状況では、お金はモチベーションを損なわず、むしろモチベーションを高める。

　インセンティブが裏目に出ることを防ぐためには、当該の活動をする理由が他人の目にどう映るか考えてみよう。このインセンティブでは他人は戸惑うだろうと思うなら、見直しが必要だ。また、その活動をする理由が自分のなかでぼやけてくることがあるのなら、やはりインセンティブの見直しをしたほうがいいだろう。

インセンティブのせいで行動のインパクトがかすむ

24時間、完全に透明人間になれると想像してほしい。誰にもあなたの姿は見えず、声も聞こえず、気配に気づかれることもないので、何をしてもかまわない。さあ、何をするだろう? 私は毎年、講義でこの問いを学生に投げかける。これまでに数百人に尋ねてきたが、圧倒的多数が、銀行を襲う、不法侵入する、スパイ行為をする、人の会話をこっそり聞く(上司、友人、家族、恋人、セレブの)と答える。少数ながら、激しく憎んでいる人を殺す(たいていは毒殺)という答えも出てくる。学生たちはもちろん冗談で言っているのだが(そう願いたい)、こうした答えの背景には共通点がある。負のインセンティブが取り除かれ、自分の行動に罰を受けないとわかっているとき、とっさに浮かんでくるのは悪い思いつきなのだ。

学生たちの答えを見る限りでは、いつもは他人を思いやれる人であっても、道徳のごく基本的な原則を守っている理由は「罰が怖いから」というだけでしかないようだ。だが、本当にそうなのだろうか。誰も見ていなくても、人は正しい行動を大事に思うものではないだろうか。大半の人は——少なくとも私の講義を受ける学生の大半は、「やったら逮捕されてしまうから」ではなく、「他人を傷つけてしまうから」という理由で、強盗もしないし、不法侵入もしないし、スパイもしないし、殺人もしない。私はそう信じている。

そう考えると、もう一つ、インセンティブには意図せぬ影響があると思えてくる。インセンティブのせいで、当該の行動のインパクトがかすむことがあるのではないか。犯罪は、たとえ誰にも目撃されなくても、危害を加えるという点は変わらない。薬物に関する規制が緩和されても、薬物による健康被害が変わるわけではない。スピード制限は地域によって違いがあるが、スピードの出し過ぎが危険であることは、地域を問わず変わらない。ところが、社会が犯罪に対して負のインセンティブを設定しているせいで、「見つかったら罰せられるからしないだけで、見つからないなら、してもかまわないのではないか」という発想が生じる。

この効果は正のインセンティブにも当てはまる。寄付をするのはよいことだが、寄付をする主たる理由が税制優遇措置であるなら、そのインセンティブは行動の意義をかすませている。インセンティブは目標実行に向けて背中を押す一方で、そもそもなぜその行動をするのか、あるいは避けるのか、じっくり考えなくさせるのだ。

インセンティブを設定するときは、それが目標に対する考え方をどう形成するか、インセンティブが消えたらどうなるか、よく考慮してほしい。飲酒できる年齢になったなら、大量にお酒を飲むのは合法的だが、健康的ではない。飲酒したら法律違反になるという負のインセンティブが取り除かれたからといって、自分に飲み過ぎを許していいという話ではない。その行動は、健康な人間であるという目標を損なう。インセンティブが目標をずらしてしまうことを食い止めるべきであるように、インセンティブの有無で行動のインパクトがかすむことは食い止めなくてはならない。自問してみよう——その褒美または罰がなかったとしても、同じ行動をしたいと思うだろうか。

不確定インセンティブのすすめ

2000年代のはじめ、まだ幼かった娘二人を連れて夫とともにアメリカに移住してきた私は、すっかり圧倒されてしまっていた。カルチャーショックで、まるで水を離れた魚のようだった。特にお金のことが心配だった。この国で生活するのにどれくらいお金がかかるのか、漠然としか把握できていなかったからだ。支出ははっきり見えない一方で、収入のほうは驚くほど見通しがついた。アメリカでは年俸制が一般的であるのに対し、私の故郷であるイスラエルでは勤め人の給料が月単位で決まる。支払額が月によって変わるので、年収の見当をつけることは不可能だった。ところがアメリカでは月収が固定されている。

個人的には見通しがつくほうがありがたい。だが、固定給がモチベーションに与える影響に興味を感じた。報酬が固定の場合と、変動制の場合では、どちらのほうが一生懸命働くだろうか。ここに二つの架空の仕事があるとしよう。仕事Aなら報酬は10万ドル。仕事Bなら、報酬は50％の確率で8万5000ドルになり、50％の確率で11万5000ドルになる。たいていの人は確実さを好み、仕事Aを選ぶだろう。だが、実は報酬額が不確定であったほうが、たいていの人は一生懸命に働こうとする。

なぜ不確定のインセンティブがモチベーションを高めるのだろうか。一つめの答えは行動主義心理学で明らかになっている。心理学入門を習った人なら覚えているかもしれないが、行動主義心理学では基本的な報酬スケジュール、いわゆる「強化スケジュール」には2種類あると論じている。一つは連続的なスケジュールで、実験動物は正しい反応を1回するごとに、いつも褒美を得る。もう一つは間欠的なスケジュールで、実験動物は特定の行動を何度かしたとき、まれに褒美を得る。

意外なことに、報酬は間欠スケジュールで与えたほうが、その効果は高くなる。犬に新しい芸を仕込むときも、ハトに卓球をさせるときも（行動主義心理学者のスキナーが実際に行なった実験だ）、成功に対してランダムにエサを与えるほうが一番うまくいくのだ。報酬がまばらだと、動物はずっと行動を続ける。報酬がいつ来るかわからないので、希望をもちながら、褒美をもらえなくても必死に同じことをする――犬ならば、飼い主に言われたとおり、「おすわり」「待て」「吠えない」「来る」の動作を続ける。

人間も動物なので、同じトリックで自分自身または他人をしつけることが可能だ。固定制の連続スケジュールなら、たとえば授業で学生が正解を言うたびに、私が「すばらしい答えです！」と言う。変動制の間欠スケジュールなら、正解が出ても褒めたり褒めなかったりする。実験動物と同じで、連続強化よりも間欠強化のほうが、ほぼ例外なく行動の動機づけの効果が高い。重みや頻度にばらつきがあるというように、インセンティブが不確定である場合には、予想より報酬が少なくても、あるいはまったく報酬が出なくても、モチベーションは失われにくいのだ。よい行動をしても毎回報酬があるわけではないと察し、次こそはもらえるんじゃないかと、余計に期待を膨らませるのである。

不確定なインセンティブのほうが入手しにくいので、それゆえにモチベーションが高まる場合もある。報酬を勝ち取るには、運に恵まれるか、相当にがんばるか、どちらかだ。やや手ごわい指標がモチベーションを高めるのと同様に、不確定なインセンティブは手ごわい壁になる。スポーツでは勝利をあらかじめ確定することはできないが、「勝利が確定ではないにもかかわらず」でなく「確定ではないからこそ」アスリートは闘志を抱く。

さらに、不確定なインセンティブは人を興奮させる。ゲームセンターを例に考えてみよう。うちの子どもたちはゲーセンが大好きだったが、私はそうでもない。私の知る限り、あの手のゲームはずるい取引を持ち掛けてくる。こちらがお金を入れると、機械がぴかぴか光って、にぎやかな音を響かせるだけ。勝ったとしても、入れた金額にはとうてい釣り合わない安物のプラスチック玩具などを出してよこすだけだ。こんな取引をなぜみんなやりたがるのだろう？　理由はおそらく、これがもっぱら運、そしてほんのちょっとのスキルを要するゲームだからだ。いくら勝つかわからないので、その不確定の答えを出したくてたまらず、心が高揚する。レバーを押したりボールを投げたりして、もしもツイていれば、入れた金額より高価な賞品が手に入る。

自分の努力が報われるかどうかわからないと、答えを出したいという欲求がわく。不確定であること自体は楽しくはない。真っ暗闇の中に放り出されたままでいたい人などいない。だが、不確定が解消され、努力が報われたとわかり、闇から抜け出して光のもとに出ることができたなら、それが心理的な報酬なのだ。

胸が躍る不確定なインセンティブは、ほぼ例外なく、人をいっそう必死にさせる。私と沈璐希《シェン・ルーシー》およびクリストファー・シーの研究では、この現象を少々変わった実験で調べている。[9] 被験者にはちょっとしたゲームへの参加を求めた。2分以内で水を1・4リットル飲めたら賞金が出るというゲームだ。こんな量の水を飲むのは簡単ではないが、たいていの人にとっては決して不可能ではない（健康に害もないので心配はいらない）。ただし、実は賞金の出し方は2種類あった。片方のグループの被験者には、2ドルの固定の賞金を出す。他方のグループの被験者には、飲み終えたあとにコイントスをして、結果に応じて2ドルまたは1ドルの賞金を出す。固定の賞金のほうが全体としては得な取引だ――規定量を飲めれば確実に2ドルが手に入る。もう一つのグループも同じ量を飲むのに、2ドルが手に入る確率は50％しかない。ところが、不確定な報酬を提示された場合のほうが、制限時間内で水を飲み切る被験者が多かった。不確定なこと――1ドルの賞金が出るか、2ドルの賞金が出るか――を解決できるということが、2ドルを確実に手に入れることよりも、動機づけの効果が大きかったのだ。

もちろん、一般的には、人は不確定なものを選ばない。100万ドル確実に支払われるのと、当たれば200万ドルだがハズレならゼロになるくじを引くのと、どちらかを選べと言われたら、誰でも前者を選ぶだろう。不確定がつねに楽しいわけではない。だが行動の動機づけにはなる。

ラッキーなことに、不確定なインセンティブは身の回りにいろいろとあるものだ。就職したいときも、大学に進学したいときも、採用されるかどうか、合格するかどうかはわからない。だからこそ人は受かるように一生懸命に努力する動機を抱く。プロポーズをするときも、愛する人が受け入れてくれるかどうかわからないからこそ、最善の結果が出るよう力を尽くす意欲を抱く。

今後は不確定なものを歓迎してみよう。それはあなたの背中を押してくれるのだから。

自分を動かすためのヒント

目標追求の理由を増やすときは、用心したほうがいい。インセンティブは行動の動機づけをするが、インセンティブが多すぎると足を引っ張ることになる。なぜその目標を目指すのか、主たる理由をずらしてしまうかもしれない。もしくは理由を希薄化し、重要なこと、胸躍ることだとは思えなくさせるかもしれない。そもそも目標に対して自分の行動がどう影響するか、実感できなくさせるかもしれない。見通しのつくインセンティブのほうが効果が高い場合もあるが、逆の場合もある。見通しがつくせいで慣れてしまい、そのインセンティブを大事に思わなくなるのだ。こうしたリスクを念頭に置き、次の問いを通して、自分のインセンティブ構造を考えてみてほしい。

1　がんばれる理由が増えるよう、目標にインセンティブを足すとしたら、どんな内容がよいか。たとえばインフルエンザ予防接種を受けるなら、その日は仕事をせずに映画を見て過ごすと決める。仕事で重要なプロジェクトを終わらせたら、帰宅して泡風呂にゆっくり浸かると決める。

2　目標を目指すにあたり、すでにインセンティブがあるのなら、その性質を考えてみる。目標追求の意味をずらしてはいないだろうか。もしそうだとしたら、インセンティブの見直しが必要だ。たとえば外発的報酬のせいで読書の楽しさが損なわれているのなら、その報酬は取り除いたほうがいい。

3　始めたばかりの新しい活動に、インセンティブを増やしてはいないだろうか。活動に対する自分の受け止め方をまだ探っている最中だとしたら、インセンティブがあるせいで、「この活動をする理由はインセンティブがあるから。それだけだ」と自分に思わせてしまうかもしれない。その場合はインセンティブを取り除いたほうがいい。

4　自分が掲げているインセンティブは、当該の活動と合っているだろうか。たとえば金銭的報酬は、人間関係を深めるという目標にはそぐわない。対価を支払われると、人と仲よくしようという意欲は薄れるものだ。こうしたインセンティブは取り除いたほうがいい。

第4章　楽しみと内発的モチベーション

仕事か、遊びか

マーク・トウェインの小説『トム・ソーヤーの冒険』で、主人公のトムはある夜ひどく服を汚して帰宅して、ポリー伯母さんを激怒させた。伯母さんは罰として、土曜日は塀のペンキ塗りをしなさい、と命じる。トムは最初は落胆する――ペンキ塗りなんかしてたら遊べないし、お仕置きを受けてる姿を近所の子に見られたら笑われるに決まってる。だが、実際に近所の子どもが現れたとき、トムはいいアイディアを思いついた。

いつもトムを一番からかってくるベン・ロジャースが、案の定、すぐにちょっかいをかけてきた。「おれ、泳ぎに行くんだぜ。うらやましいか？」。トムは、まるで大傑作の芸術作品であるかのように塀を見ながら、ベンの挑発を否定した。泳ぎになんか行きたくない。こっちのほうがすごいんだから。「ペンキ塗りなんて、そのへんのやつはふつうできないだろ?」

するとベンは、自分も塀を塗りたいと言い出す。お願いだから塗らせてほしい、と頼むどころか乞い願い、持っていたおいしいリンゴの残りを差し出した。トムはそのあとも、続々とやってくる近所の子どもをうまく言いくるめ、ペンキ塗りの権利を少年たちの宝物、たとえば凧や、ビー玉や、チョークや、オタマジャクシや、片目の仔猫と交換していった。夕方になる頃には、トム自身はほとんど指一本も動かさないまま、三度塗りまでしっかり終わらせていたのだった。

トムは、ペンキ塗りが希少で楽しい遊びだというふりをすることによって、友人たちに作業を引き受けさせた。マーク・トウェインはこの有名な描写で、内発的モチベーションの心理に関する洞察を披露している。トウェインいわく、「しなければならないからするのが仕事。しなくてもいいのにするのが遊び」なのだ。

楽しいことは苦にならない

内発的モチベーションの存在は、こんなふうに昔から知られてきたというのに、モチベーションサイエンスのコンセプトとして、現在でも広く理解されているとは言い難い。たいていは、対価なしで何かをする、純粋に好奇心で行動するという意味で、この用語は使われている。しかし定義としての内発的モチベーションは「それをすること自体が目的と感じられる活動を追求すること」だ。内発的に動機を抱いた人は、その活動をするためにその活動をするのである。

対象が何であれ、内発的動機づけがはたらくと、そのことに懸命に取り組む。心理学者アダム・グラントの発見によると、内発的モチベーションを感じている消防士はそうでない消防士よりも勤務時間が長く[1]、内発的モチベーションを感じている保安官はそうでない保安官よりも創造的な対策をとる[2]。自発的に意欲がわくような目標を設定したり、内発的モチベーションを高める戦略を採用したりすると、ものごとの成功率は高まる。エアリアルヨガ〔訳注　ハンモックを使ったヨガ〕の1回目のクラスに出てみる、というような短期的な目標でも、中国語を習得する、というような長期的な目標でも、しなければならないと感じるのではなく、したいという思いがあるとき、人はその目標に対して胸が躍る。

新年の抱負にも同じことが言える。年末年始には毎年アメリカで大勢の人が新年の抱負を決めているが、賭けてもいい、やる気が続かず尻すぼみになっていく人が圧倒的に多いはずだ。1月1日に思い浮かべた事柄が何であれ、それに対して100%内発的なモチベーションを抱いているなら、抱負として掲げる必要がない。ただし、新年の抱負も塀のペンキ塗りと同じで、抱負に対する内発的モチベーションの強度しだいで結果には差が出る。この差が重要なのだ。

私とケイトリン・ウーリーの研究で、1月に新年の抱負について聞き取りをして、3月になってから同じ回答者に確認をしたところ、予想どおり、強い内発的モチベーションを抱いた目標の成功率は高かった[3]。想像がつくかもしれないが、回答者が掲げた新年の抱負は、もっぱら運動に関するものだ。今年はもっと運動しよう、という誓いを結果的に守れていた人と、守れなかった人の差は、主に運動に対する本人の感じ方にあった。運動を楽しみ、それゆえに運動に対して内発的な意欲を抱いていた人は、運動が好きでない人と比べて、多く運動をしていた。運動以外の抱負でも同じだ。ただし興味深いことに、抱負を重視するかどうかという点と、その内容を実行した回数は、連動していなかった。健康のために運動は重要だと発言したからといって、そうでない人と比べて、実際に多く運動をするとは限らない。他人や自分が抱負を本気で実行するかどうか知りたいなら、その活動を重視するかどうかではなく、その活動をすることに心が躍るかどうかを聞いてみるといい。自分の決意の強さを知りたいときにも有効だ。

目標設定という点で、これが意味するところは明白だ。目標までのプロセスを楽しいもの、心躍るものにする方法が見つかれば、内発的に動機づけされ、投げ出さずに長くがんばることができる。最初から自分が好きなことを目標にするなら、こんな工夫は不要だろう。クラシック音楽のファンにとって毎日モーツァルトを聴くのは苦ではないし、スポーツファンにとって何時間も試合中継を見続けるのは苦ではないし、アイスクリームに目がない人にとってアイスクリームをたくさん食べるのは苦ではない。だが、もともと好きなわけではなく、楽しいと思っていない目標でも、内発的モチベーションを高めることは可能だ。運動する、仕事をする、ごちゃごちゃのクローゼットを整理するといった目標を楽しむ方法が見つかれば、目標達成まで努力を続けることが苦にならなくなる。

内発的モチベーションとは何か

「それをすること自体が目的となる活動をする」という定義について、もう少し考えてみよう。ある活動と、その活動をすることで得られる恩恵が一体となって切り離せない場合、内発的モチベーションがわいてくる。仕事が大好きな人は、仕事をするのは自然なことだと感じるので、仕事をする。同様に、身体を動かして汗をかくことが楽しい人は、ジムに行くのに何の抵抗もない。仕事をすることで何を得られるのか、運動して何の得があるのか、という問いには戸惑うだろう。したいからする、それだけだ。活動と、その活動をする目的が、頭の中で混然となっている。

内発的に生じたモチベーションは、当然ながら、目標を達成する瞬間を目指させる。目標を叶えるための活動と、目標そのものが、その瞬間において融合する。二つが完全に一つになるのだ。

たとえば、おいしい料理を食べることに対して内発的モチベーションを抱くとしよう。あるいは、春の公園を散歩する、花火を鑑賞する、パズルを解く、セックスをするといった活動に内発的なモチベーションを抱く。これらは、該当する活動を実行した瞬間に、それをしたいという目標が達成される。花火を眺めるという行為で、花火を眺めるという成果は獲得したのだ。

ただし、活動と目標が１００％イコールになるとは限らない。仕事がしたくて仕事をする場合でも、運動がしたくて運動をする場合でも、水面下に別の目標も介在することがあるからだ。たとえばお金を稼ぐ、健康で長生きするといった目標もかかわってくる。ほとんどの人にとって、仕事だけが仕事の動機ではないし、運動だけが運動の動機ではない。「この活動は目標達成とイコールか、それとも、この活動は目標達成へのステップか」「どの程度までその度合いが強いのか」と自問してみることによって、内発的モチベーションの深さが見えてくる。

イコールになるか、ステップになるか、答えは人によって、活動によって、その活動が起きる状況によって異なるだろう。先ほど挙げた例で考えると、おいしい料理を食べることに対して人は一般的に内発的モチベーションを抱くものだが、それが食事をまじえた就職面接の場なら、水面下にある目標は食事を楽しむことではなく、採用されることだ。スーツにしみを作るかもしれないボロネーゼパスタは避けて、テーブルマナーに注意し、ワインは一口二口ほどにとどめておく。おいしい料理を食べるという目の前の目標ではなく、仕事をつかむという長期的な目標のほうに集中する。

散歩をするのも、花火を眺めるのも、たとえば年次休暇をとった配偶者をねぎらうという水面下の動機で行なうのかもしれない。セックスも、どうしても妊娠したいという気持ちがあるのだとしたら、セックス自体が動機ではなく、別の動機のための活動だ。水面下に別の動機が存在するとき、活動と目標は頭の中で分離し、内発的な動機づけは弱くなる。

内発的モチベーションの強さを知るためには、活動（手段）と目標（最終到達地点）の一致度を考えてみるといい。活動をした時点で目標を達成したと言えるだろうか。そうでないとしたら、活動が終わった時点で、最終的な到達地点までどれくらい離れているだろうか。純粋に長期的な健康のために運動をしているのだとしたら、運動という活動と、長期的な健康という目標には、数十年間のずれがある。だとすれば、その数十年のあいだに、おそらく内発的モチベーションがわかない活動もしていかなければならない。「付帯的／外発的」に動機づけられる活動、すなわち外発的報酬の獲得を目指した活動のことだ。たとえば年に一度の健康診断を受けるのは、楽しくはないが、目標実現のために必要な活動と言える。

内発的モチベーションに関する勘違い

内発的モチベーションを最大限に発揮するためには、内発的モチベーションの性質について正しく理解しなくてはならない。勘違いされている点もある。たとえば、好奇心や探究心の充足だけが内発的モチベーションではない。そのように誤解されている原因は、20世紀半ばにさかのぼる。当時の研究者は、実験動物は外発的報酬がなくても純粋に好奇心から自分の置かれた状況を探ろうとする、と発見した。好奇心を満たしたい（探究するという手段によって）という内発的動機づけがされ、好奇心を満たすこと自体が目的になるのだ。探究が内発的に動機づけされるという、この結論が年月を経るうちに、違った意味で解釈されるようになった。内発的モチベーション自体が（探究・学習を通じて）好奇心を満たすと理解されるようになったのだ。

確かに、何かを探究するときには、内発的に「そうしたいからそうする」という動機を抱いていることが多い。だが、探究活動の全部に対して「そうしたいからする」とは思えないものだ。たとえば何らかの好奇心を抱いた結果として、まだ見ぬ遠い世界に向かうべく、飛行機の座席で搭乗客と搭乗客にはさまれて何時間も身を縮めることになったのだとしたら、おそらくその行為に内発的なモチベーションを抱いてはいない。あくまでも付帯的な動機でそうしている。ロッキー山脈をハイキングしている際の移動行為とは違って、飛行機での移動は、最終目的地への手段にすぎない。飛行機で移動する理由は好奇心を満たすためであったとはいえ、飛行機で移動するという活動に対する内発的動機づけは弱い。また、内発的に「そうしたい」と感じた活動であっても、好奇心とは関係のない場合もある。花火を見るのも、散歩をするのも、好奇心とは関係がない。花火が何であるかは誰でも知っている――アメリカ人なら毎年7月4日に目にしている――が、それにもかかわらず「見たい」という気持ちを抱く。

内発的モチベーションに関する勘違いはほかにもある。生得的な動機、つまり、生物にもともと備わっているモチベーションに限定されるという勘違いだ。モチベーションサイエンスでは、生得的にもっているモチベーションと、学習して身につけたモチベーションを区別する。[4] 前者の場合、すべての人間は生まれたときから社会関係（周囲の人間とのかかわり）を構築したいという動機をもっている。自律性や能力を発揮したいという動機も、生物として最初から備わっている。これは赤ん坊にも見られることだ。新生児は自分を庇護する人間を引きつけておくために、自発的に笑うことを学習する前から、反射として微笑する。幼児になると、すべての親が恐れる「魔の2歳児」となって独立心を発揮し、身体的・認知的なチャレンジに挑み始める。それとは対照的なのが、権力やステイタスやお金に対する動機だ。これらは育っていく文化や社会を通じて身につける。このようにモチベーションには発生に重大な区別があるのだが、生得的動機だけが内発的モチベーションだと認識されやすい。おそらくあなたも、富の追求は内発的動機ではない、と思っているのではないだろうか。

実は、そうとは限らない。ラスベガスに行った経験があるなら、人がお金を得ることに対して内発的動機を抱くことがあるのは知っているだろう。仕事と違って、ギャンブルは、しなければならないものではない。そしてギャンブルをする本人の脳内では、活動（ギャンブルをする）と、目指す到達地点（ギャンブルで勝つこと）が、がっちり重なっている。ギャンブルをすること自体が目的のように感じられるのだ。お金を手に入れるチャンスを求めてゲームをしているときは、学習した動機であるはずの富の追求が、まるで生得的なものであるかのように、内発的に動機づけされている。ところが、同じお金を手に入れるという目標でも、いつもの退屈な仕事は、あくまでお金を手に入れるための手段と感じる。

内発的モチベーションを抱いているときの二つのサイン

内発的モチベーションの性質について理解が広がったところで、人が内発的に動機づけされているかどうか（自分自身も含めて）判断するサインを知っておきたい。第1のサインとして、内発的モチベーションを抱いているときは、当該の作業を続けたいという渇望がある。やめたくないと感じるものだ。たとえば平日の仕事終わりのタイミングで、どんな気持ちがしているだろうか。今日の作業をやり終えるのにあと数分欲しいと思っているのか、それとも、荷物を片付けて帰宅する時間が来てほっとしているのか。モチベーションサイエンスでは、「自由選択パラダイム」で、この違いを明らかにしている。実験の被験者には課題を与え、制限時間が終わった時点で、帰ってもいいし、このあとも作業を続けてもかまわないと説明する。義務が終わったにもかかわらず作業を完成させたいと望むなら、被験者はその作業に内発的モチベーションを抱いたということがわかる。

第2のサインは、その活動をしている最中の体験と感覚だ。のめりこんだり、好奇心をつのらせたり、満喫感を味わったりしているだろうか。その活動をすることは仕事というより遊びに近いと感じられるだろうか。目標が叶っているという実感はあるだろうか。答えがYESなら、内発的モチベーションを抱いていると言えるだろう。

内発的モチベーションをもたらすもの

運動をする、給料のための仕事をするといった活動は、純粋に内発的なモチベーションだけでは成り立たない。それでも、これらの活動を目標にできるだけ近づけることができる。

ある活動をすることでただちに目標が達成される場合、それが当初に設定した大目標ではないとしても、その活動は内発的動機づけがされやすい。たとえば、運動を始めた理由は「ずっと健康でいたい」というものだったとしよう。だが、運動を1回するごとにエネルギーがみなぎるのだとしたら、頭の中では運動とエネルギーあふれる感覚が結びつき、運動をすること自体に内発的モチベーションを抱く。

実験心理学や行動療法で使われる条件付けのテクニックを思い出した読者もいるかもしれない。「オペラント条件付け」の訓練では、行動が報酬につながるという刺激を繰り返し与えることによって、人間または動物に学習させる。パブロフの犬がベルの鳴る音を聞いてよだれを垂らすのは、ベルの音とエサが結びつくよう条件づけられたからだ。特定の行動（運動をする）が特定の報酬（エネルギーがみなぎる）と結びつくよう条件付けされると、人間でも動物でも、しだいにその行動を頻繁に行なうようになり、行動に対してより肯定的な気持ちを抱く。報酬に対する喜びが、報酬をもたらす行動に対する喜びへと転移するのだ。

たとえば動物を使った実験で、レバーを押すとエサが出てくることを学習したハトは、レバーを押している最中、まだエサが出ていないうちから明らかに興奮した様子を見せる。内発的モチベーションを抱いて運動をする人も、ハトと同じく、運動を終えてその恩恵を感じるより前に、すでに喜びを感じている。

当該の活動だけが目標を叶える場合も、その活動は内発的モチベーションをかきたてる。一つの活動だけがその目標を叶えたり、ほかにはない目標がその活動で叶ったりするなら、活動と目標は頭の中でがっちり結びつくのだ。たとえば、心を落ち着かせるために瞑想をしていて、瞑想するときだけが唯一心が落ち着くのだとしたら、瞑想に対して内発的にモチベーションを抱くだろう。これは第3章で説明した希薄化の法則を思い出させる（ワインというものに対する目標が、「安い」「おいしい」という2個になると、価値が希薄化する）。活動と目標が1対1で強く結びついている場合、もう一つの希薄化の影響として、結びつきが薄れたときには活動に対する内発的モチベーションも薄れることになりやすいのだ。できるだけ外の空気に触れたいな、という理由でウォーキングに内発的モチベーションを抱いたとしても、その歩行が通勤の一部なら、モチベーションは薄れてしまう。

では、活動と目標が強く結びついていればいいかというと、そうとも限らない。特殊すぎる結びつきにはリスクもある。瞑想をするときだけ心が落ち着くのだとしたら、多忙で瞑想の時間をとれないと、平静さを維持できなくなるだろう。目標を確実に叶えるためには、心を落ち着ける方法をほかにも作っておくなど、柔軟性が大切だ。

活動に対する内発的モチベーションを高める要素としては、当該の活動と、それが結びついた目標が、どれくらい性質的に近いかという点もある。活動と目標がしっくり来るように見えるなら、その二つは頭の中でより密接に結びつく。

たとえば、ピアノやバスケや外国語習得といった活動をするなら、心をおだやかにするためではなく、人間として成長したいというのが目標であったほうが、より強く内発的な動機をもつだろう。第3章で説明したとおり、活動と目標の結びつきが不自然だと、モチベーションは減退しやすい——田舎の祖母に電話をするにあたり、他人から対価を受け取ったとしたら、電話をかける意味がわからなくなる。目標を組み立てる際は、インセンティブや内発的モチベーションが目標としっくり来るかどうか、注意しなければならない。

最後にもう一つ、目標到達の時期も内発的モチベーションにかかわってくる。活動から目標達成までの時間が短いほうが、内発的な動機づけがされやすい。活動実施と目標達成が同時に起きるなら、さらに強い内発的モチベーションを感じる。ロマンチックなディナー、パリで過ごす休暇、知力や精神面でのブレイクスルー、うららかな日の犬の散歩といった活動は、いずれも活動と結びついた目標――恋人との距離を縮めたい、新しい街に行ってみたい、人間として成長したい、リラックスしたい――が、行動した瞬間に達成される。即座に得られる満足ほど、人の内発的モチベーションを強く引き出すものはない。

もう少しありふれた日常の活動ではどうだろうか。たとえば、その日のニュースを見る、という活動だ。最近では、世界について学ぶ情報源として、深夜のトーク番組を見る人も多い。世の中の出来事が軽快なジョークとともに説明されれば、受け入れるのも比較的簡単だ。この点に関する私とケイトリン・ウーリーの研究では、被験者に、ダライ・ラマとチベットの政治情勢を説明する映像を見せた。[5] ジョン・オリバーが司会を務める深夜のトーク番組『ラストウィーク・トゥナイト』の映像だ。被験者を2グループに分け、片方に対しては、番組を見てただちに何を学べるか考えるよう求めた。番組視聴という活動から即座に得られる利益を意識させたのである。そしてもう片方のグループには、番組を見たことで数週間後の自分はどれくらい知識が深まっているか、考えるよう求めた。こちらは、番組視聴という活動から、時間を置いて得られる利益だ。すると、この簡単な準備を経たことで、その後の番組視聴体験に影響が生じた。即座に得られる利益を意識した被験者のほうが、より強い内発的モチベーションを感じて番組を視聴していた。

活動と目標の結びつきは一時的であってもかまわない。それでも内発的モチベーションを高める効果は期待できる。外発的報酬であっても、時間を置かず即座に渡されるのであれば、内発的モチベーションを高める手段になる。仕事をしてから数週間後に報酬を支払われるよりも、すぐにお金をもらえたほうが、楽しんで仕事に取り組めるのだ。本人が対価を期待していない仕事にお金を払うとモチベーションを損なう可能性があるが――過剰正当化効果の説明を思い出してほしい――有償の仕事に対し、期待された支払いを即座に行なうならば、内発的モチベーションは高まるだろう。反対に、活動をしてから、その恩恵を享受するまでの時間が引き延ばされると、内発的モチベーションは減少する。

内発的モチベーションを高める三つの戦略

先日、知人との会話の中で、彼女の娘オリヴィアの話を聞いた。オリヴィアは29歳、自閉症スペクトラムで、糖尿病を患っている。アメリカ西部の小さな田舎町に住んでおり、最近は日課として近所で2マイル（約3キロ）ほど散歩しているのだという。ほんの2、3年前までは、ウォーキングなどまったくしていなかった。歩きたいという気持ちがなかったのだ。車に乗せてくれる人がいないときは、仕方なく近所の食料品店やレストランに歩いていくものの、そうでなければ歩くなんて退屈だし、家にいるほうがいいと思っていた。その後、オリヴィアに転機が訪れた。「ポケモンＧＯ」をダウンロードしたのだ。

１９９０年代後半に幼少期を過ごしたオリヴィアは、ポケモンの大ファンだ。そのため

2016年に「ポケモンGO」のアプリがリリースされたときには大喜びで飛びつき、久しぶりにポケモンたちの世界に復帰することにした。このアプリは、インストールしたスマホのGPS機能と時計機能を使ってユーザーのいる場所と時間を検知し、ポケモンのキャラクターを身の回りに「出現」させる。そのキャラクターをアプリでつかまえに行くというゲームだ。アプリをダウンロードした直後から、オリヴィアは2マイルの散歩を始めた。ポケモンたちをつかまえるのに一番適したルートが、ちょうど2マイルだったからだ。ゲームは彼女に家を出て歩く理由を与えた——オリヴィアにとって、これは10歳の頃から夢見ていた、ポケモンたちとの大冒険なのだ。

オリヴィアだけではない。「ポケモンGO」で運動のモチベーションがわいたという話は、ほかにも数多く耳にしている。それどころか、私が8歳の息子と一緒に近所のウォーキングを始めたのも、「ポケモンGO」が理由だ。かなり広く流行していて、研究者による推定では、人気が絶頂となった2016年の夏にはアメリカ全体で1440億歩のウォーキングが行なわれていたらしい[6]。あまりにも成功したため、「ポケモンGO」のせいで周囲をよく見ない迷惑な歩行者が増えたという批判も出たほどだ。

「ポケモンGO」がほかの運動アプリよりも強く運動を動機づけた理由は、人の内発的モチベーションをかきたてるという点にある。「ポケモンGO」はウォーキングをゲームに変えた。退屈な活動や難しい活動を、より内発的モチベーションのわく活動に変える方法は、3種類ある。一つは、モチベーションサイエンスの研究者が「メイク・イット・ファン（楽しくする）・ストラテジー」と名付けた戦略だ。当該の活動と、即座に得られるご褒美（つまり小目標）とを、意図的に結びつける。インセンティブがあるおかげで、すぐに満足したいという気持ちが満たされるので、それまで退屈に思えた活動が面白いものになり、その活動をすること自体が目的になる。たとえば私とケイトリン・ウーリーの実験で、高校生に数学の宿題をしながら音楽を聴いたり、スナック菓子を食べたり、カラフルなペンを使ったりすることを推奨したところ（一部の教師にはいやがられたが）、そのほうが長く勉強をしていたことがわかった。音楽、味、視覚的楽しさという、即座の恩恵をもたらす勉強は、彼らにとって楽しかったのだ。「ポケモンＧＯ」でも、ポケモンたちをつかまえることが、即座のインセンティブになっている。

　人はこの法則を利用して、誘惑と目標をひとまとめにすることで、楽しさを演出することが多い。テレビを見ながら運動したり、音楽を聴きながら勉強したりするのは、「テンプテーション・バンドリング（誘惑の抱き合わせ）」とも言われる戦略だ。[7]目標に向けて努力している最中に限定して誘惑を許すならば、この戦略はとりわけ効果が高い。たとえば仕事のメールを片付けているあいだだけ、チョコレートを1個食べてよいことにすると、チョコレートという誘惑物が、目標達成に向けた内発的モチベーションを高めてくれる。ただし、褒美は即座に得られるものでなければならない。1週間の仕事が終わったタイミングでチョコレートを5個食べてよいことにしたとしても、1週間のモチベーションを上げる効果はないだろう。

　モチベーションサイエンスが考える二つめの戦略は、ご褒美だけでなくプロセス自体を面白いものにすること。目標を決め、そこに至るための道を考えるときに、道そのものをその場で楽しめるようにするのだ。運動の回数を増やしたいなら、面白そうな運動を探してみる。ジムでもくもくとフィットネスバイクを漕ぐのではなく、飽きさせないアップビートの音楽でフィットネスバイクを漕ぐクラスに入ってみるのはどうだろう。ニューヨークにあるフィットネスバイク専門ジム（スピンジム）では、メタル音楽ファンのための「デス・サイクル」というクラスがある。デスメタルが大音量で鳴り響くなか、インストラクターの指示にあわせてペダルを漕ぐのだ。こうした戦略は効果が高い。

私とケイトリン・ウーリーの調査でも、ジムで「この運動が好きだから」という理由でウェイトリフティングを選ぶ人は、コストパフォーマンスで運動を選ぶ人よりも、トレーニングの回数が50％ほど多くなることがわかった。[8] もちろん、運動を選ぶ際には最終的に自分の目標を満たす内容を選ぶべきだ。痩せるのが目的というときに、負荷の低いヨガクラスは、おそらくたいして効果は出ない。しかし、目標達成につながる活動が複数あるなら、そのなかで一番面白いものを選んでみるとよいだろう。

三つめの戦略は、既知の楽しさに集中することだ。活動をすることで将来的に得られるであろう、今はまだ見ぬ恩恵ではなく、すぐにやってくる既知の恩恵に気持ちが集中していると、より内発的な動機づけがされて、持続的に追求できる可能性が高い。たとえばニンジンをたくさん食べるのが目的なら、手軽で健康的な食材であるとか、視力改善の効果が期待できるという説よりも、ニンジンの既知の魅力――噛み応えがある、甘い、素朴な風味――を納得しながら食べるほうが、実際に多くを食べる。

私とウーリーによる実験では、まったく同じ2種類のミニキャロットを用意し、被験者に選ばせた。片方のグループの被験者には、おいしそうなほうを選んでください、と求めた。もう片方のグループには、健康によさそうなほうを選んでください、と求めた。すると、おいしいほうだと思って選んだ被験者は、袋の中のニンジンを50％多く食べた。選択をする時点で見知っているポジティブな体験――既知の利点――に心が向いているだけで、目標に向けて努力を続ける後押しになるのだ。

ただし、勘違いしてはいけない。まだ12歳ならいざ知らず、人生がいつでもパーティではないことはあなたも知っているはずだ。やることなすこと、すべて内発的モチベーションがわくものにすることはできない。私は初めて妊娠したとき、出産はうるわしい体験に違いないと期待していた。誰もが美しい奇跡のことばかり語るからだ。しかし、出産とは長い長い苦痛の末にようやく迎える感動的なフィナーレなのだということを、たちまち思い知らされたのだった。さいわいなことに、出産という仕事をするにあたっては、内発的モチベーションは必須ではない。苦しいけれど比較的短時間の経験を通り抜けるときには、内発的モチベーションを高めることなど心配する暇もなく、とにかく乗り切ることしか考えられないからだ。

また、内発的モチベーションのおかげで能力が高まることもある一方で、最低限の活動しかするもんか、という腹積もりがあるときは、必ずしもその効果は必要ではない。私は経営学を教える立場として、これまでさまざまな人から、「嫌いな仕事に耐えて続けているんです」という話を聞いてきた。「賃金奴隷」のような気がする、と彼らは言うのだった。だが、よりよい転職先が見つからない限り、たいていは仕事をやめようとしない。多くの場合は失業への不安のほうが強いので、同じ職場に通い続ける動機があるのだ。全力投球はせず、退職もしないのである。

自分の内発的モチベーションは平均より強いと思い込みがち

内発的モチベーションのパワーに関する誤解は解消しにくい。確固たるエビデンスがあっても、思い込みが覆らないのだ。たとえば、自分にとっては内発的モチベーションが大事だけれど、他人はそれほどでもないだろう、と考えてしまう。あるいは、今の自分は内発的モチベーションに助けられているのに、将来の自分にとってもそれが重要であろうとは考えない。こうした誤解や思い込みを自覚できるなら、人との関係も、自分自身の目標の立て方も改善できるはずだ。

自分と他人を比較するとき、人はほぼ例外なく同じパターンに陥る。ポジティブな資質において自分は平均以上だと信じるのだ。これはまぎれもないバイアスである（「平均以上効果」とも呼ばれる）。ポジティブな資質がどんなものであったとしても——たとえば「寛容さ」——人口の半分は平均以下、残りの半分が平均以上だ。全員が平均的な人より寛大ということなどありえない。だが、自分は平均よりも寛大さの薄い人間だ、と思っている人にはめったにお目にかからない（ちなみに統計上では、大半の人が平均よりも高いということはありえる。ありえないのは、大半の人が「中央値」よりも高いという状況だ。つまり、この現象は「平均以上効果」ではなく「中央値以上効果」と呼んだほうが正確と言える）。

この効果の威力は強い。服役囚でさえ、自分は平均的な人間——平均的な人間は服役していないのに――よりも倫理感がある、信頼できる、誠実である、自制心があると評価する。[9] 人は誰でも自分をプラスの目で見たがるものなのだ。

目標とモチベーションにもこれが当てはまる。自分のほうが強いモチベーションを持っている、自分のほうが目標のためにがんばっている、と考えてしまう。職場の誰もが昇給を望んでいることは理解していたとしても、たいていの人は、同僚にとっての昇給よりも自分にとっての昇給のほうが大事なことだと思い込む。面白いと感じられるプロジェクトをやりたいと同僚も思っていることを知っていても、仕事が面白いと感じられるかどうかを重視する思いは自分のほうが強いと決めつける。

人がこのような平均以上効果に陥りやすいのだとすれば、自分のモチベーションを他人よりも強いと思い込む傾向は、それが内発的モチベーションであったほうが、より顕著となるだろうか。給料の多寡を気にする気持ちについては、他人より自分のほうが頭抜けて強いとは思わないのに、仕事の面白さを重視する気持ちについては、自分のほうが格段に強いと思い込んだりするのだろうか。実は、そうした思い込みがごく一般的に起きることが、モチベーション研究で明らかになっている。自分を平均以上と見る人は、ほぼ例外なく、外発的モチベーションよりも内発的モチベーションに関して、自分の気持ちは平均以上に強いと思い込むのだ。

私の講義では毎年の質問として、仕事に対するモチベーションをほかの学生と比較して評価するよう求める。給料、雇用の保証など、外発的モチベーションとなるものはどれくらい重要視しているか。新しいことを学べる、自己肯定感が高まる活動であるなど、内発的モチベーションはどれくらい重視しているか。すると学生の大半は、どのモチベーションに関しても、自分は周囲の学生以上に大事に思っていると答える。ただし、対象が内発的モチベーションであったほうが、このバイアスは顕著だ。ほかの学生にとっても給料や雇用の保証が重要であることは認めるのに、未知の分野を学べることや、仕事をすることの喜びについては、ほかの学生が自分と同じ強い気持ちをもつとは考えないのである。

他人の内発的モチベーションを尊重する

他人も内発的動機づけを求めている――たとえば、一緒に働けて嬉しいと思える相手と、興味深く意義のある仕事をしたい、と願っている――ことを理解しないと、家族や友人や同僚との関係に溝が生まれるかもしれない。[10]子どもが学校で内発的モチベーションの充足を求めているのに、それを親が軽んじて、人生を変えるような意義深い体験よりも成績向上ばかりを重視していたら、親子関係には亀裂が入るだろう。職場で、経営者と労働者の双方がお互いの内発的モチベーションを軽視しているのだとしたら、組織の上下関係をまたいだ良好な人間関係は育たないだろう。

私が携わった研究では、求職者は面接で自分の内発的モチベーションをあまり強調しないことが確認された。[11]そうなる理由は、求職者自身は内発的動機を抱いて働きたいと思っていても、採用担当者が同じことを重視するとは想定せず、内発的モチベーションを伝えてもどうせ相手は感銘を受けっこないと決めつけるからだ。出世したい人材を採用したいはずだと考えて、仕事の意義について言及するのは控えるのである。

こうした内発的バイアスを克服するためには、相手の立場に立って、自分がその人だったら何を優先するか考えてみる必要がある。私たちはときおり、人が自分とは違う――食べ物の好みも違うし、政治的信条も違うかもしれない――ということを失念する。ところが内発的モチベーションに関しては、たいていの人は自分と同じように考える、という点を失念してしまう。人の視点を想像することができるなら、それはバイアス克服の一助となるはずだ。

未来の自分の内発的モチベーションを軽視してはならない

さらに、人は他人の内発的モチベーションを過小評価するだけでなく、自分自身の今後の内発的モチベーションを予測するのも苦手だ。現在の自分にとって内発的モチベーションが重要であることは理解していても、将来の自分にも内発的モチベーションが大事であるという認識は、なぜか頭から抜け落ちる。

たとえば、「それなりに面白い仕事を、気の合う同僚と一緒にする」という要素があれば、毎朝ベッドからしぶしぶ起き出し会社に向かう際にも、意欲がわくというものだ。仕事がいやでいやでたまらないとしたら、どれだけ給料や福利厚生が充実していたとしても、ベッドから起き出す気になるのは難しい。この点は誰でも自覚しているのだが、これから就くべき仕事を検討する際は、仕事の面白さや職場の人間関係を決め手にしたいとは考えない。働きがいのような内発的モチベーションはさほど重視せず、給料のような経済的利点を基準にして、応募する職種を選ぼうとする。

　内発的動機づけが将来の自分にとってどれほど大切であるか見誤っていると、のちのち後悔する活動を選んでしまうかもしれない。私がこの点について調べた実験では、被験者に、ビートルズの「ヘイ・ジュード」を聴くか、それとも大音量のアラームを1分間聴くか、選ばせた。[12] 悩む余地のない選択に思えるかもしれないが、実は被験者たちは、アラームを聴くほうに外発的動機づけがされていた。アラームを聴けば報酬が10％増額されるのだ。結果的に被験者の大多数がうるさい音に耐えるほうを選んだ。実験参加でもらえる報酬を最大化したかったからだ。だが、騒音を聴いた被験者は、報酬の少ない曲を聞いた被験者と比べて、自分の選択を後悔する率が高かった。音よりもお金のほうが大事だろうと予期していたのに、終わったときには、お金より音のほうが重大事項になっていたのだ。

　内発的モチベーションを抱く活動を選ばず、外発的に動機づけされた活動を選んでしまうことの弊害は、後悔することだけではない。楽しくないけど得だから、という理由で選んだ作業は、完遂しにくいのだ。私が携わった別の実験では、被験者に、ジョークを読んで採点するか、もしくはコンピューターのマニュアルを読むか、どちらかの作業を選ばせた。ジョークを読む楽しい作業でも、マニュアルを読む退屈な作業でも、長く続ければ報酬が増える。単価の高いほうを選べば長く作業する気になると被験者自身は予測したが、報酬の多さは忍耐力を高めなかった。被験者のほぼ全員が、退屈な作業ではなく楽しい作業をしたほうが長く続けられ、それゆえにお金も多く稼げていた。

未来の自分にとっての内発的動機づけの重要性を正しく評価できない理由は、「エンパシーギャップ（共感や感情移入のずれ）」と関連がある。今現在の自分が感じていない体験の重みを正しく評価できない傾向のことだ。たとえば、「暑いなあ」と思っている時点では、これからスキー旅行で行くコロラド州アスペン〔訳注　ロッキー山脈ふもとのスキーリゾート地〕で感じる寒さに実感がないため、一番あたたかいセーターを荷物に入れようという発想にならない。ドライブを予定した日の朝、車の運転席に座った時点では、疲れがたまってきた頃のうんざりした気持ちに想像がおよばず、長時間運転し続ける計画を立ててしまう。そうかと思えば、今の自分の感情を一時的なものとは考えられないこともある。失恋をしたときは、この痛みが一生続くと確信するだろう。確かにただちに立ち直るのは無理だとしても、いずれは気持ちを切り替えられるものなのだが、現時点では、まさかふたたび恋をする日が来るとは想像もできない。

未来の自分に感情移入ができないせいで、人は未来の自分にとっての内発的モチベーションの大切さを軽んじるのだ。今現在の自分が不満を感じていない場合は、なおさらピンとこない。その結果として、他人に対して勘違いをしたように、将来の自分のことも、外発的な利益確保だけを重視して楽しさや面白さなど意識しない「冷たい人間」として想定する。もっと現実に即して自分のことを考え、内発的モチベーションのわかない目標ではがんばれないと思い出せるなら、目標設定や活動の選択において賢い判断ができる。

未来の自分への共感力を高める方法は、たとえば、今の自分が似たような状況にあるタイミングで目標を設定することだ。勤めを継続しながら、将来の働き方について計画を立てる。今後の食生活について目標を決めるなら、満腹のタイミングで考えるのはやめる。内発的モチベーションが粘り強さと卓越した能力を引き出してくれることを忘れずにいれば、選択を間違えることは少なくなるだろう。

自分を動かすためのヒント

それ自体が目的となる活動をすることで生じる内発的なモチベーションは、目標を投げ出さずに努力し続けるための大切な要素だ。目標を設定する際には、できるだけ心が浮き立つものにしたいし、なんらかの満足が即座に得られるものにしておきたい。ただし、人は行動を促す内発的動機づけの威力を過小評価しやすく、それゆえに、内発的モチベーションを活かした目標設定に失敗する。目標に向けた努力を貫きたいなら、次の問いを考えてみよう。

1　目標追求の努力に、何か即座に得られる恩恵が伴うようにすることはできないか。たとえば日課の運動をする際に、同時進行で音楽を聴く、ポッドキャストを聴く、オーディオブックを聴くなど。

2　目標到達につながる一番楽しい道は何だろう。自宅に室内用ランニングマシンを買うよりも、水中エアロビクスのクラスに入会するほうが、楽しいのではないか。

3　遠くの目標を目指しつつ、目の前のメリットに意識を集中させることはできないか。長期的な目標のために運動をするのだとしても、運動しているときは、その真っ最中に生じる幸福感に没頭するなど。

4　未来の自分自身を含め、他人も今の自分と同じように内発的モチベーションを大事にしていることを意識しているだろうか。その認識があれば、自分や他人にとって達成可能な目標の設定がしやすい。人間関係の改善にも役立つ。

第2部

モチベーションを持続する

進捗を監視することでモチベーションを保つ

イスラエルでは、建国から数カ月後の1949年に、法にもとづき国民を男女問わず対象とする徴兵制が敷かれた。その数十年後には、18歳となった私も2週間の基本訓練を経て、アメリカで言えば国家安全保障局に相当する機関で働くこととなった。

私は秘密の諜報部員として、腰のホルスターに銃を携帯し、世界中をいさましく飛び回っていた――というわけではない。私の任務は事務職で、それ以上でも以下でもなかった（銃の扱い方は習ったけれど）。受信箱に来た報告書を処理して送信箱に移動させると、報告書はまた別の誰かの受信箱に渡っていく。インターネットが普及する前なので、ここで言っているのは机の上に置かれた文字どおりの箱のことだ。英語では事務係を冷やかす言葉として「紙をあっちやこっちへやる人」という表現があるが、まさにそれだった。

ほんの数種類の試験を受けて、それだけを根拠に、私はこの部署に配属された。軍は配属にあたって当人の希望を考慮していたが、私は特に希望がなかった。どの仕事も等しく、自分の人生でやりたいこととは無関係に思えたからだ。そもそも兵役に就きたくはなかった。法律だから従っただけだ。国防軍における仕事の大半は退屈で（ほかの職場もそうだったのかもしれないけれど）、私自身の職務も例外ではなかった。これといってすることもなく、何時間も勤めなくてはならない。どうやって時間をつぶすか、それが私にとって最大の課題だった。

イスラエル国防軍（ＩＤＦ）での2年間の兵役は、イスラエル人女性である私の義務だ。どんなに退屈でも辞めることはできない。モチベーションを維持するために、私はカレンダーで次の休暇までの日数を数えていた。カレンダーに「絶望の暦」という名前もつけた。陰気な響きだが、このアイディアは結果的に役に立った。

たとえば医者を目指すというような人生のかかった目標を掲げるときも、未読メールを片付けるといった平凡な目標を掲げるときも、ある地点Ａ（医学部で勉強中、未読メールが１００通）から、別の地点Ｂ（医学博士号を取得する、受信ボックスが未読ゼロ）へ、移動しなくてはならない。2地点間を進むあいだ、どうやってモチベーションを維持すればいいだろうか。私の場合、その方法は進捗を監視すること、具体的には次の休暇までの残り日数を数え続けることだったのである。

進捗の監視は、モチベーションを保つための重要な要素だ。目標に向かって進んでいる実感があれば、引き続きがんばろうという意欲がわく。だが、進捗が把握しづらいときもある。アナログ時計の例で考えてみてほしい。時計の秒針を見つめているなら、針が進んでいるのははっきりわかる。だが、見ているのが時針のゆっくりとした動きなら、時間の経過は実感しにくい。1時間を60分に分け、1分を60秒に分けるのと同様に、目標を小さな単位に分解したり、下位目標で区切ったりすれば、進捗は実感しやすくなる。第2章で考察したように、目標に数字を入れるのもよいだろう。指標が明確に定義されていれば、進捗の監視はいっそう簡単だ。本を読んでいるなら、「全体の25％を読んだ」または「残りは75％」と言える。いずれの尺度でも、「はじめのほうを読んだ」と言うよりは、具体的に進捗を把握できる。兵役期間中の私も、次の休暇までの日数を数えることで、2年という期間を6カ月ごとに区切っていた。このあとの第5章で、進捗の把握と管理がモチベーション維持に役立つ理由を説明したい。

進捗自体も大切だが、進捗をどう見守るかも重大だ。やり終えた量で記録するか、残りの量で記録するか、その判断がモチベーションの維持に影響する。「25％読んだ」と「あと75％読む」の違いは大きい。世に出ている電子書籍リーダーの多くが、いずれかの数字を表示する仕様になっていて、読書の進み具合を把握できるようにしている。第6章では、次の休暇まで働かなければならない日数を数えていた私の戦略――そこまでがんばって働いた日数を数えるのではなく――が正しかったかどうかを検討したい。コップに水が半分も入っていると考えるほうがよいのか、それとも、半分しか入っていないと考えるのがよいのか。その答えも出していく。

どんな数え方をするにせよ、進捗を監視していれば、少なくともスタート付近とゴール付近のモチベーション維持が楽になる。第7章では、その中間の問題に焦点を置き、中だるみを避ける方法を考察する。

最後に、目標までの歩みを進めていくためには、うまくいったことからも、うまくいかなかったことからも、フィードバックを得ていく必要がある。よく言われるように、私たちは過去をただ忘れ去るのではなく、過去から学んでいかなければならない。だが、人間は基本的に自分の失敗から学ぶのが不得手だ。ネガティブなフィードバックはもみ消し、無視をして、ポジティブなフィードバックにばかり関心を向けてしまう。フィードバックに対する反応および学習の非対称性について、第8章で掘り下げてみたい。失敗や挫折から最大限に学ぶ戦略を習得すれば、その先に活かしていくことができる。

第5章　進捗とモチベーションの関係

スタンプカードに秘められた「目標勾配効果」

週に1回ほど、私はシカゴ大学にある研究室のパソコンから顔をあげて、学内のカフェにスムージーを買いに行く。と言っても、別にスムージーが好きなわけではない。まずくはないし、健康的な果物や野菜を多めに摂れる方法であることは知っているけれど、スムージーが好きで好きでたまらないと思ったことはない。それなら、なぜ私は熱心にスムージーを買うのだろうか。

実は、このカフェには効果的な報酬プログラムが用意されている。スムージーを買うと、私が昨年もらったカードにスタンプが押されるのだ。10杯買ってスタンプがいっぱいになったら1杯無料になる。カードを受け取った当初の私は、そもそもスムージーにはそれほど惹かれないのよね、と考えていた。ところが、実際にスタンプが数個押されてからは、頻繁にスムージーを求めに行くようになった。無料の1杯に近づくごとに、いっそうスムージーを買いたいと思うようにもなった。

モチベーションサイエンスでは、この現象を「目標勾配効果」と呼ぶ[1]。目標に向けて前進すればするほど、引き続きがんばろうという熱意がわくのだ。人間だけではなく動物でも見られる。心理学者クラーク・ハルが発見したように、迷路に入れたラットは、出口のチーズに近づけば近づくほど、走るスピードを上げる。我が家の愛犬も、遠くから私を見つけて走り出すと、距離が縮むほどにいっそうスピードをあげて走ってくる。

ゴールまでの道のりのどこまで来たか——どれだけ進んだか、進んでいないのか——という認識は、離脱しやすさにも影響する。大学中退を例に考えてみよう[2]。アメリカでは大学に進学した学生のほぼ半分が、卒業には至らない。中退をする学生は二重の意味で損をしている。一つは学費を払ってしまったこと、そしてもう一つは学位取得によって得られる経済的利益を回収しそこなうことだ。大学にまったく行かなかった場合よりも、単位の一部だけ取得して中退するほうが、経済的に見れば損をしている。

中退する理由はさまざまで、どうしても学費が払えない場合もあるが、ドロップアウトに至る大きな要因となるのは、学位をとるという行為が4年間にわたって急勾配を登ることに似ている点だ。進んでいる実感がなければ心は簡単に折れてしまう。中退する学生のなかでも、1年目を終える手前で大学を離れる学生がきわだって多い理由は、その時点では目標に向けた前進をほとんど実感できないからだ。山のふもとから見上げると、目の前の勾配はあまりにも厳しい。だが、最初の行程さえのぼりきることができたら、引き続きのぼっていける可能性は高くなる。大学生が1年目の課程を修了するのも同じだ。

進捗が背中を押し、より一生懸命に取り組ませ、より辞めにくくさせる理由は、進むにつれて、自分の1回の行動が達成に対して発揮するインパクトが大きくなるからだ。また別の理由として、目標追求の行動自体が、目標に対する決意を強めるという点も挙げられる。

進捗がインパクトを大きくする

目標達成に向けたインパクトが生じたという手ごたえがあると、人は強くモチベーションをかきたてられる。達成に近づく努力を重ねるたび、同じ努力1回が目標を満たすインパクトを、より大きく感じるようになる。学内のカフェでカードにスタンプを集め始めた私にとって、1杯目のスムージーを買う行為は、無料スムージーの10％を獲得する行為だ（必要なスタンプ10個のうちの1個）。7杯目のスムージーを買う行為は、無料スムージーの25％を手に入れる行為に相当する（残り4個のうちの1個）。最後の10杯目を買うときには、その1杯で無料スムージーの100％を手に入れる。近所の喫茶店のポイントカードや、フライトマイルを貯めると飛行機に無料で搭乗できるマイレージシステムなどで、多くの人がこれと同じ体験をしている。1杯飲むたび、1回飛行機に乗るたびに、1杯や1回が賞品獲得に寄与するインパクトは大きくなるのだ。

大学生の場合も、毎年の履修を無事に終えるたび、講義を履修することのインパクトは大きくなったと感じる。学位取得という目的に向けて、残りの単位がだんだん少なくなるので、単位一つの占める割合が大きくなるからだ。1年目を修了したときには、4年間の学業のうち25％を獲得している。最終学年では100％を獲得する。4年目は学位のまるごとを手に入れるのだから、入学式から始まる1年間よりも、4年目の1年間は、はるかにリターンが大きい。欲しいのが無料のコーヒーでも、学位でも、前進すればするほど、払う労力に対する見返りが大きくなる。元がとれるどころかお釣りがくる感覚だ。

進捗が幻だったとしても、モチベーションを高める効果はある。実際よりも目標に近づいているという気持ちになるからだ。たとえば大学1年目を終える時点で、大学に願書を出した時期——アメリカならば、たいてい入学のまる1年前だ——を起点として自分の進捗を測ったとしたら、学位取得まで40％来たという感覚を抱く。その大学で学位を取得するという目標が生まれた時点から、目標達成まで、この場合で言うと5年間のうち2年間が済んだからだ。実際に入学してからの進捗で測れば、1年目が終わった時点で25％しか済んでいない。つまり、進捗が幻想でもモチベーションは高まるのだが、進捗の測り方には注意が必要なのだ。目標までの距離に対し、進捗の割合を過大に認識すると、実際よりもゴールに近いという錯覚を抱く。

カフェのポイントカードの例に戻って考えてみたい。ラン・キヴェッツ、オレグ・ウルミンスキー、郑毓煌《チョン・ユーホアン》の研究では、ニューヨークにある本物のカフェの協力を得て、幻想の進捗がもたらす動機づけ効果の実験をした。[3] カフェを利用する客に、10杯買ったら1杯無料になるポイントカードを渡す。半数の客には、スタンプを押すマス目が10個あるカードを渡した。別の半数の客には、マス目が12個あるカードを渡した。ただし、12個のほうはあらかじめ2個のマスに、「ボーナスポイント」としてスタンプが押されている。厳密に言えば、2枚のカードはまったく同じ報酬プログラムだ。どちらの客も、無料のコーヒーを受け取るために、カフェでコーヒーを新たに10杯買う（スタンプを10個集める）必要がある。ところが、ボーナスポイントの魅力が実に大きかった。有利なスタートを切ったと感じた客は、そうでない客よりも頻繁にカフェに足を運び、より短期間でスタンプを貯めていったのである。12個のマス目のうち、2個がすでに埋まっていると、貯め始める前から「もう16％到達した」と感じる。報酬に近づいているという幻の実感があるので、ゴールを目指す動機が強くなったというわけだ。

ここまでに挙げた例には一つ共通点がある。目標が「オール・オア・ナッシング型」なのだ。ポイントカードの最後のマス目までスタンプを貯める場合でも、単位を取り終えて大学を卒業する場合でも、うちの愛犬が一日外出していた飼い主と再会する場合でも、ゴールまで完全に走り切って初めて褒美が手に入る。週に5日働くとか、年間20冊の本を読むといった、「蓄積型」の目標とは種類が異なる。

オール・オア・ナッシング型の目標の場合、恩恵を得るためには、目標の完全到達が必須条件だ。スタンプをほとんど満杯まで集めたとしても、1個でも足りなければ報酬はゼロ。学業でも、必要な単位をすべて取得しなければ、学位を得られない。だが、目標までの距離が縮まるにつれ、残りの努力の見返りは大きくなる。このため、オール・オア・ナッシング型の目標は、進めば進むほどパワフルに動機づけの力を発揮する。

それとは対照的に、蓄積型の目標の場合は、目標に向かって進む道中で恩恵を少しずつ集めていく。健康のために運動をするなら、毎回の運動を重ねるごとに、少しずつ健康的な身体を手に入れていく。読書家になりたいという理由で、今年は20冊の本を読もうと決めたのなら、その1冊1冊の読破が小目標の達成だ。蓄積型目標の恩恵はどんどん溜まっていくものなので、「限界価値」――増加する価値のこと。1回の活動（本を1冊読む、運動を1回する）がもたらす利益――は基本的には小さくなる。経済学者はこれを「限界効用逓減」と呼ぶ。今週1回目の運動と、今週5回目の運動を比べたとき、一度の運動が健康にとってもつインパクトは、1回目のほうが大きい。健康的な身体づくりを目指すにあたり、運動がゼロなのか1回なのかという違いは、4回なのか5回なのかという違いよりも重大だ。年内に本を20冊読むという目標を設定したなら、読書で教養を高めるにあたって、読んだ本がゼロか1冊かの違いは、19冊か20冊かの違いよりも重大だ。今年は1冊も本を読んでいない人と、1冊読んだ人がいたら、後者のほうが明らかに読書量が多いと判断するだろうし、その判断は間違っていない。ところが19冊読んだ人と、20冊読んだ人がいたら、読書量の差はきわめて少ないとみなす（ただし、目標に1冊足りないという点では失望するだろう。第2章で考察した、指標にわずかに届かないときの心境を思い出してほしい）。目標が20冊だったのに、30冊読んだとしたら、多すぎてよくなかったとすら感じるかもしれない。

蓄積型目標を掲げているなら、指標の数字にほんのわずか届かなかったとしても、目標を目指したことによる恩恵の大半はすでに回収している。この場合、進捗によってモチベーションが高まることは必ずしも期待できない。たとえば、大学に行くことを「単位を得る」というオール・オア・ナッシング型目標の行動とは考えず、「教養を高める」という蓄積型目標で考えているのだとしたら、卒業のために必要な最後の講義は、自分の知的成長に対するインパクトがもっとも小さい。最後の講義は飛ばしてもかまわないとすら思うかもしれない。実は、蓄積型目標であっても進捗がモチベーションを高める場合も多いのだが、それは理由が違うのだ。

進捗がコミットメントを強める

目標に向けて努力しているにもかかわらず、これまでのところ特に何の進展もなく、幻想の進捗すら感じられない状態だったとしたら、どうすればいいだろうか。ドライブの最初で曲がり角を間違えて、目的地との距離がまったく縮まっていないとか。オンラインの講座に登録しようとしたが、そもそもアクセスするリンクが違っていたとか。ネットショッピングでセーターを買ったのに、配送途中で紛失されてしまい、売り手が注文をキャンセルして別の商品の購入を提案してきたとか。何の手ごたえも得ていない、ただただ目標に向けて一度行動したというだけで、モチベーションがわいたりするだろうか。実は、それがありうるのだ。

自分はすでにそのことにコストを払ったのだから、という理由で、人はものごとに取り組み続ける傾向がある。たとえばオンラインの編み物コースの受講料を前払いしたなら、たとえ編み物は苦手だと気づいてしまったとしても、コースは引き続き受講したいと考える。これは「サンクコストの錯誤」（サンクコスト効果）と呼ばれる。[4] だいぶ来てしまったから今さら止まれない、投資をしてしまったから結果はどうあれ続けなければならない、最善の選択ではないとしても仕方がない、という感覚だ。

「錯誤」という名称からもわかるとおり、すでに着手したという理由での動機づけは、往々にして自分にとって得にならない。何かをするたび、すでにコストが発生したから続けなきゃいけない、というサンクコストの錯誤にとらわれて、もっとよい選択肢に目を向けられなくなるのだ。[5] 高い値段を払ったという理由で履き心地の悪い靴を履き続けたり、食べ物をあとから温め直したらまずくなるから、という理由で、満腹なのに今たいらげておこうとしたり。もっと深刻な例も考えられる。たとえばすでにお金を損していて、取り返したいという気持ちがあるせいで、儲からない投資に固執するとか。そもそも付き合うべき相手ではなかったのに、相手に尽くしてしまったという理由で、不健全な交際を続けてしまうとか。

経済理論で考えるならば、過去に投資して取り戻せなくなったリソース（サンクコスト）が今現在のモチベーションに影響を与えるはずはないのだが、実際問題として影響は生じてしまう。この行動も人間だけでなく動物にも見られる。ある実験で、3種類の被験者——人間とラットとマウス〔訳注　ラットは大型のネズミ、マウスは小型のネズミで、性質などが異なる〕——を対象として、それぞれ報酬を与える設定を作った（人間とネズミを一緒に実験したわけではないので安心してほしい。ネズミにはエサ、人間には娯楽映像を報酬として提示した）。[6] そして被験者を待機させながら、別の報酬に乗り換えるチャンスを与える。中身はアップグレードしていて、しかも、すぐに手に入る。すると、新しい報酬に乗り換えたほうが得であるにもかかわらず、被験者はほぼ例外なく、少なくともしばらくのあいだは最初に約束された報酬を待ち続けることを選んだ。長く待てば待つほど、乗り換えることが少なくなった。迷路で無臭のエサを長く待ち続けていたラットは、チョコレートの匂いがするエサのほうへと動き出そうとしないのだ（人間と同じく、ラットもあっさりした食べ物よりチョコレートを好む）。人間の被験者の場合は、そこそこの興味をもった映像（たとえば、バイク事故の動画）を長く待ってしまうと、強い関心をそそられる映像（たとえば、ネコの動画）になかなか乗り換えようとはしなかった。

自分にとって最善の選択でないなら、サンクコストのことはきっぱり忘れましょう――と言いたいが、言うは易し、行なうは難し。今の道をあきらめるのが理性的に見て最善の選択であっても、人は投げ出すことに強い抵抗感を抱く。積極的に関わり没頭したこと（こうした関与をエンゲージメントと言う）が決意（コミットメント）の表明になってしまったからだ。

こんなふうに投資したことに執着してしまう理由は、適応モチベーションの法則がはたらくせいだと考えれば納得がいく。適応モチベーションとは、現状に合わせてうまくやろうとする動機を抱くことだ。一度かかわったものに執着すること自体が悪いわけではない。目標のためにどれだけ労力を投じてきたか実感すると、たとえ進捗はしていなかったとしても、その努力自体が努力の継続を促してくる。これをうまく応用すれば、達成したい目標に向けてコミットメントを強め、食らいつき続けることもできるだろう。

そもそも目標に対するコミットメントを抱くには、二つの条件が必要だ。一つは目標に価値があること、もう一つは目標が手に届く範囲にあること。達成を心に誓っている人は、その目標の追求を大切なことだと考える。いわゆる「自分事」として受け止めているので、その目標に高い価値を割り当てるのだ。そして実現は射程範囲内だという確信も抱く。自分ならできるという期待をする。目標にそれなりの価値があり、成功の見込みもそれなりに高いのだとしたら、その目標に自分の労力を注ぐ甲斐はあると言える。

目標に価値があるかどうか判断するにあたり、人はたいてい自分の過去の行動を振り返る。価値がないのだとしたら、その目標のためにこれまでがんばってきたことの説明がつかない。つまり、その目標のために過去にがんばったという事実が、目標の価値を高めるのだ。場合によっては、これまで努力をしてきたという事実が、現在の自分にとって得にならない行動に走らせる(もう敗北が決まっている選挙で勝利を誓うなど)。だが、たいていは、これまで努力をしてきた事実があれば、目標に向けた健全な決意を維持しやすい(これまでがんばってきたと思えばこそ、人間関係も、仕事も、ある程度は投げ出さずに続けられる)。

また、過去に努力をしてきたからこそ、目標は手の届く範囲にあると考えることができる。ここまで部分的とはいえ成功してきたと言えるからだ。過去の努力を根拠として、この目標は価値がありそうだ、そして実現もできそうだと認識することで、コミットメントの意識が高まる。それどころか、関与したことによって価値と実現可能性のどちらか片方だけを認識した場合でも、コミットメントは強まり、それがモチベーションを支える力になる。

たとえば最初のデートのあとでお断りをされたとしよう。その場合、恋人を作るという目標が実現可能だというシグナルにはならないが、恋人を作るという目標は自分にとって大事なことだという認識は強まる。今回はたまたま前進しなかっただけで、自分は目標のために努力はしたのだ、と。この行動は、目標は達成範囲内であると示唆していないが、目標に価値はあると示唆した。仮に多少なりと手ごたえがあったのなら、ますます決意は強く固まるだろう。その場合には、目標を叶えることが大切だという認識をもつだけでなく、それは達成範囲内にあるという認識ももつからだ。一度目のデートをして、二度目のデートにもこぎつけたのなら、恋人になれる可能性はあるかもしれないと思えてくる。

関与（エンゲージメント）が決意（コミットメント）を生み出すことについては、社会心理学の古典的な理論2件でも同様に論じられている。一つは、レオン・フェスティンガーによる認知的不協和の理論だ[7]。人は、自分の行動が自分の信念と一致しないとき、行動にあわせて信念のほうを変える。言動不一致は気持ちが悪いのだ。そのため、自分自身の認知と行動における不協和、つまりミスマッチを避けようとする。

中絶に関する意見を例に考えてみよう。過去に中絶をした経験がある人は、中絶合法化に賛成することが多い。シスジェンダー〔訳注　出生時の身体的性別と性自認が一致していること〕の男性は自分自身が中絶を経験することはないので、彼らが中絶選択の権利に賛成しないことが多い理由も、認知的不協和の法則で説明がつく（中絶の権利に反対するのも、女性より男性が多い[8]）。モチベーションに当てはめて考えるならば、人は自分の過去の行動と一致する目標にはモチベーションを抱きやすく、一致しない目標は投げ出しやすい。

もう一つの古典的理論、ダリル・ベムの自己知覚理論も、行動が目標を決定する理由を説明している[9]。自己知覚理論のおおまかな主旨によれば、人は他人の行動を観察して理解するのと同様に、自分の行動を観察し、自分に対して説明をつける。たとえばあなたが、犬の散歩をしている私を見かけたとしよう。あなたは私のことを、きっと犬好きなのだろうと判断する。それと同じ理屈で、あなたはあなた自身が犬の散歩をしている（それを楽しんでいる）ことを認識すると、自分は犬好きなのだと理解する。たとえ、本来の動機は犬の散歩代行でお金を稼ぐことだったとしても、だ。人は往々にして自分自身の行動の本来の理由に気づかない（あるいは、単純に忘れている）。自分は犬好きだと思い込む散歩代行人は、お金のために犬の散歩を始めたのだということを忘れる。恋人の気を引きたくて政治集会に参加した人は、いつのまにかその動機を忘れ、集会で掲げられていた社会的大義に自分は賛同していると認識し、別の恋人と付き合い始めても、その大義を引き続き支持する。

行動したことでコミットメントが強まるという発想は、説得術の基本原理でもある。友人、職場のチーム、あるいは社会に対し、何らかの目標を受け入れるよう説得したいときは、まずは目標に一致した行動を一つ遂行させればいい。たった一つの行動が、一致する目標へのコミットメントを強めさせる。

心理学者ジョナサン・フリードマンとスコット・フレイザーが半世紀前に行なった有名な実験では、まず被験者に、自宅の窓に「安全運転をしましょう」というステッカーを貼ってほしいと頼む。その後、「運転は安全に！」と呼びかける巨大な看板を設置させてほしいと頼む。すると、最初にひかえめな掲示の要求に応じた人は、いきなりバカでかい看板設置を持ち掛けられた人と比べて、要求に応じる率が高かった。社会全体の安全運転は重要な問題だが、個人にとっての優先事項トップであるとは限らない。にもかかわらず、一度小さなリクエストに応じたことで安全運転という社会的大義を意識した被験者は、この問題が頭の中で大きな位置を占めるようになる。科学者はこれを「フット・イン・ザ・ドア」の説得テクニックと呼ぶ〔訳注　「フット・イン・ザ・ドア」は、ドアを開けさせるために、まずドアの隙間に足を挿しこんでしまう行為から、「布石を打つ」という意味の慣用句として使われる〕。[10]

慈善団体が少額の寄付を求めたり、嘆願書に署名を集めたりするのも、行動を一致させたい人間の性質を利用している。慈善団体側にとっては、その社会問題が広く注目されていることを世間に誇示できればいいのだとしても、もう一つの期待として、今日、実益というより象徴としてのささやかな寄付をした人が慈善団体の理念を受け入れて、明日は本格的な寄付をするという可能性も考慮に入れていることが多い。一般的に、人は自分が過去に支援した理念に愛着を抱く。1本の植林をすれば森への愛着を抱くし、動物を1匹助けたならば、その動物全般の保護を重視するようになる。

回避型目標であっても、目標追求の行為そのものが、コミットメントを強めることがある。望ましくない状態を長く避けていればいるほど、今後も回避しようという決意が固くなるのだ。日焼け止めのおかげで過去に日焼けを避けられたなら、今後も晴れた日には素肌で屋外に出ないと心に誓うだろう。日焼けをした、痛かった、だから次からは必ず日焼け止めを塗って確実に日焼けを避ける。負の強化は効果的だ。たとえ一度も強盗に押し入られた経験がなくても（帰宅したら私物が盗まれていたことが一度もなくても）ドアに施錠する行為をするたびに、家を守るために施錠習慣を守ろうという決意が強まる。自分の采配しだいで不幸を防げる、望ましくない状況は自分の力で回避可能なのだと実感すると、今後も絶対に回避してやる、という決意が強まるのである。

コミットメントを強め、それによってモチベーションを高めようともくろむならば、実際の進捗がどうあれ、進捗したという感覚を増しておくために、その目標にこれまでどれだけの労力を注いだか振り返ってみるといいだろう。私とク・ミンジョンの研究で、進捗に対して関心をもつことの効果を調べた際には、シカゴ大学の学生に、試験勉強に対する意欲の説明を求めた。[11] すでに範囲の半分まで勉強が進んだと認識していた学生は、勉強すべき範囲がまだ半分残っていると認識していた学生よりも、強いモチベーションを感じていた。先の道のりではなく後ろの道程を確認することで、より固い決意を抱いたのである。

進捗不足がモチベーションを高めるとき

進捗、あるいは進捗の幻想がモチベーションを高める理由をここまで説明してきた。だが、まったく何の手ごたえもなかったら、どうしたらいいだろう。実は、できていないという感覚こそが、行動の動機づけとなる場合もあるのだ。たとえば床を見下ろしてみたら、埃が目に入ったとする。ゴミや髪がからまった大きな塊がきっかけとなって、家の中をあらためて見回し、そういえばしばらく掃除をしていないと気づく。洗面所の水垢やデスクにこぼしたコーヒーの跡を見て、いてもたってもいられなくなり、戸棚の掃除道具を取りに走る。

できているからがんばりたい目標もあるものだが、家の掃除の必要を感じるときのように、できていないから意欲に駆られる目標もある。理想（きれいな家）と現状（汚れた家）のズレがシグナルとなって、行動を起こす必要があると教えてくるのだ。家がほぼきれいに片付いているときには、同じように掃除用品を手に取る必然性は感じない。

心理学のサイバネティックス理論は、現状と目標や指標とのズレ、もしくは進捗の欠如を検知することが自分を行動へとかりたてるという、モチベーションのシステムを説明している[12]。第2章で紹介したTOTEモデル（調べる・操作する・調べる・退出する）に近い。このモデルのベースとなっているのは、たとえて言うなら、オフィスや家庭の気温を管理する室温自動調整システムだ。現状の室温と、理想的な部屋の暖かさや涼しさとのあいだにズレがあれば、システムがエアコンに指示を送る。室温が快適なときは作動せず、システムは待機状態になる。モチベーションシステムも、今の自分となりたい自分のあいだに差を認識したときや、進捗が足りないと実感したときに、脳内で同じプロセスを起こすのである。

回避型目標を掲げている場合に、進捗不足が動機づけになるのも、これと同様の理屈だ。回避型目標を実現するためには、現状と、望ましくない状態——病気、孤独、貧乏など——とのあいだの距離を、できるだけ広げる必要がある。この場合、避けたい目標に近づきすぎたと検知したら、それががんばるモチベーションになりうる。体調が悪ければ、回復のために医者に行こうというモチベーションを抱く。さびしい気持ちがしたら、友達に電話をしようというモチベーションを抱く。収入が少ないと感じるなら、給料の高い仕事を見つけようという動機づけがされる。

どれほど進捗できていないかつくづく痛感することで、モチベーション維持につながる場合もある。大学生がすでに課題範囲の半分を終えたと認識している場合と、まだ半分残っていると認識している場合では、前者のほうが今後の試験に対して強い意欲を抱きやすい、という研究を思い出してほしい。あの説明で私があえて書かなかった点がある。被験者となった学生が備えていた試験は、学生にとってさほど重大ではない試験だった（正解または不正解が出るだけなので、高評価をとろうとがんばるモチベーションにはならない）。この条件で調べた場合には、前述のとおり「半分終えた」が強いモチベーションになっていたのだが、別の試験で調べたときは、パターンが正反対だった。学生にとって非常に重大な試験（AからFなどの評価がつき、のちの総合成績に響く）に備えていたときは、「まだ半分残っている」という認識のほうが、試験勉強に対する強いモチベーションを促していた。進捗不足が動機づけをしていたというわけだ。

つまり、非常に重要な目標と対峙しているときは、まだ済ませていない残りの量で進捗を把握したほうが、すでに済んだ量を考えるよりもモチベーションをかきたてやすいのである。

感情が進捗の手掛かりになる

一般的には進捗することがモチベーションの維持につながるが、場合によっては進捗していないことのほうが動機づけに効果的だと学んだ。次の章では、進捗の監視方法を説明するとともに、進捗を測ったほうがいいのか、進捗不足を測ったほうがいいのか、そのときの状況でどちらが動機づけ効果が高いか判断する方法について、さらに論じていく。だが、その前に、進捗を監視するにあたって感情が果たす役割を考えてみたい。

人間の感情は室温検知システムと同じ役目を担う。気分がいいなら、ものごとがうまくいっているとわかる。天気がいいからかもしれない。大好きな人がそばにいてくれるからかもしれない。あるいは、自分自身が目標に向かって進歩しているから、気分がいいのかもしれない。一方、なんとなく不穏な気持ちがしていたら、ものごとがうまくいっていないと察するヒントだ。目標への進捗に関して、どうにも落ち着かない気分になるなら、目標に向けた歩みは遅れているのだとわかる。

到達するまで目標のことをずっと気に病み続けるべきだというわけではない。仮にそうだとしたら、気分がよくなるときなどめったに来ない。目標を目指して努力する道程で、嬉しくなったり、楽しくなったり、ほっとしたり、誇らしくなったりするのはふつうだし、それは重要なことだ。目標に向けた道中で感じるポジティブな気持ちのほうが大きくて、ついに目的地に到達したときの体験を凌駕することすらある。言い換えれば、目標に対して抱くポジティブな気持ちも、ネガティブな気持ちも、到達地点までの絶対的な距離によって触発されるわけではないのだ。実際の進捗率と、期待した進捗率のあいだに差があるとき、それによってポジティブな気持ち、またはネガティブな気持ちが触発される。自分の進み具合に気分がよくなるとしたら、それは自分が思っていたよりも進んでいるからだ。落ち着かない気分になるとしたら、それはもっと進んでいるはずなのにと思うからだ。

目標の多くは、長期的な計画と継続的な努力を要する。何カ月も、もしかしたら何年も目指していくことになるかもしれない。ただし、実際の進捗率と期待した進捗率を比較するにあたっては、何カ月も待つ必要はない。好きなときに比較できる。ロシア語を習得したいと思い、2、3カ月後には簡単な会話くらいは話せると期待していた場合、数カ月後にロシア語で数字を10まで数えられるだけ、色の名前をいくつか言えるだけだったとしたら、きっとがっかりすることだろう。だが、1週間後に数字と色をいくつか言えるようになっていたとしたら、その時点の進捗を誇らしく感じるのではないか。

さらに、第1章を思い出せばわかるとおり、目標のタイプによって気持ちの感じ方も変わってくる。[13] 接近型目標に対して、期待したよりも早く進んでいるときは、幸せで誇らしい気持ちになり、強い欲望や興奮を抱く。そして接近型目標に対して期待したほど進んでいないときは、悲しくなり、失望し、苛立ちや怒りを感じる。一方、回避型目標から離れることが期待以上に進んでいるときは、ほっとして、おだやかになり、肩の力がぬけ、充足を感じる。一方、回避型目標から離れることが期待したほど進んでいないときは、心配、不安、罪悪感などを抱く。

感情は自分の進捗率を教えるフィードバックとなって、モチベーションシステムに情報を与えているのだ。ポジティブな感情を抱けば、それは引き続きがんばるという後押しになる。ジムでのスキルアップを誇らしく感じればもっと運動しようと意欲がわくし、料理の腕前の上達を嬉しく思えばもっと凝った料理をしてみようという意欲がわく。あるいは、進捗に対してネガティブな気持ちになったことが理由で、全力を出さなくなるかもしれない。自分の進み具合に失望したり、苛立ったりすれば、やる気をなくす。極端な場合は目標そのものを投げ出してしまうだろう。

進捗不足によってモチベーションが高まる場合もあるが、これも感情が正反対の方向から影響を与えている。進捗の遅さに対する罪悪感が、いっそう努力をせねばならないという動機づけになるからだ。あるいは、進捗を喜び、喜びすぎて努力を投げ出してしまうかもしれない。たとえばダイエットをしてほんの少し体重が減ったら、満足な気持ちを抱き、ダイエットをやめてしまう。ＡＴＭで現金をおろしたら、手元に現金があるという成果にほっとして、挿入したカードを回収するという最後のステップを忘れる。車にガソリンを入れ終わって、満タンになったことに満足したら、引き抜いたノズルをちゃんと定位置に戻すという、最後の重要な手順を適当にしやすい。満足感がシグナルになって、もう期待は達成されたと自分自身に伝えてしまうのだ。「これ以上がんばるのはやりすぎ」と感じて、減速する（たいていの場合は、早く減速しすぎる）。

つまり、感情は目標までの進捗を把握する手伝いにはなるものの、感情がモチベーションに対して与える影響は状況によってまちまちなのだ。マルセル・ズィーレンベルグ、マリア・ロウロ、リック・ピーターズの共著論文によれば、ダイエットをする学生を対象とした実験において、ある日の食事が適切だったことに喜んだ被験者は、翌日は食事に対する関心が薄れることが確認された。[14] 減量について思い悩まず、勉強にいっそう集中していた。ただし、このパターンが見られたのは、減量の目標数値に向けてすでにかなり進んでいた被験者だけだ。まだ減量を始めたばかりの場合は、むしろ正反対だった。ある日の食事に納得すると、翌日にもいっそう食事に気をつけていた。

自分の感情のフィードバックだけでなく、他人から感想を聞かされたときも、同様のパターンが見られた。黄思綺《ホアン・スーチー》と張影《チャン・イン》の研究で、被験者にワインラベルの産地および醸造年を暗記させるという実験をしている。[15] あなたは平均より暗記スピードが速いですね、と告げると、その被験者は暗記の努力にさほど時間をかけなくなった。このパターンも、すでに大幅に暗記を済ませている被験者だけに見られた。作業を始めたばかりの被験者は、周囲より速いと告げられると、いっそう時間をかけて暗記に没頭した。進捗不足を痛感してモチベーションを抱いたのではなく、進捗したことを実感してモチベーションを抱いたというわけだ。

結論として、感情は本人に進捗を把握させるフィードバックとなるが、モチベーションにもたらす効果は正反対となりうるのだ。場合によっては、進捗に満足することでモチベーションが高まり、また別の場合では、進捗していないことを気持ち悪く感じ、いっそう努力をする後押しとなる。

自分を動かすためのヒント

目標に向けた進捗が確認できれば、自信がつき、目標の価値も実感し、あらためて決意（コミットメント）が強まることで、モチベーションを維持しやすくなる。だから進捗はきっちり監視できていたほうがいい。少しでも達成すれば、基本的には続けやすくなる。しかし興味深いことに、進捗していなくても、進捗不足であること自体がモチベーションを維持させる場合もある。ここまでの達成ではなく、ここからの課題に目を向けるほうが吉と出ることも多い。進捗の監視を通じて自分のモチベーションを高めるために、次に挙げる問いを考えてみよう。

1　ここまでの達成内容を振り返る。振り返ったことで、目標に向けた決意があらためて強くなるだろうか。そもそもなぜこの目標を目指すことにしたのか、思い出されてくるだろうか。

2　目標達成までの残りの行程を考える。今後について考えたことで、さあ残りをやっつけよう、という意欲がわくだろうか。目標を達成するためには、続けること、進捗ペースを把握することが重要なのだと思い出そう。

3　自分の感情に耳を澄ませてみる。目標について、どう感じているだろうか。目標を抱いていること自体は肯定的に感じるのに、進捗について明るい気分になれないのだとしたら、その感情はあなたに行動を起こせと指示している。モチベーションを維持できるよう助けている。

第6章　進捗実績と進捗不足のどちらで動機づけするか

コップに水は半分も入っているのか、半分しか入っていないのか

9年前のあの日、私は夫とともにシカゴ連邦政府ビルにいた。広くてがらんとした一室で、市民権取得試験に呼ばれるのを待っていたのだ。公開されている100問の中から出題されるので、1カ月かけて試験勉強をした。合格すればアメリカ市民になれる。私たちが渡米したのは11年前だ。メリーランド州で研究者としてのキャリアに邁進し、2年後に私がシカゴ大学から教授職のオファーを受け、娘二人を連れて家族でシカゴに引っ越すことになった。

面接官に名前を呼ばれた私は、夫の手を一度ぎゅっと握ってから、申請書類を持って別室に入る。小さな部屋には机が1台と、椅子が2脚。女性面接官が、椅子に座るよう仕草で指示をした。

彼女が対面に座り、試験が始まった。

緊張はしていたけれど、自信はあった。１００問の答えはほぼすべて頭に叩き込んでいたからだ。試験前の数週間で、私と夫はまず簡単な問題に集中して取り組んだ。「アメリカの初代大統領は？」。次に、残りの問題は外国人にとって難問ばかりだという点を念頭に置き、気を引き締めて勉強を続けた。「スーザン・B・アンソニーは何をした人か？」「アメリカに住むインディアンの部族名を一つ答えよ」

試験勉強をした甲斐はあった。１００問のうち、実際に聞かれるのは10問で、そのうち6問で正解を答えられれば合格できる。夫はアメリカ国歌「星条旗」のタイトルをど忘れして答えられなかったものの（一言一句間違えずに歌えるのに）、それでも夫婦二人とも難なく合格することができた。

モチベーションを維持するには、進捗状況の監視が欠かせない。だが、具体的にどんな監視方法がよいのかという点については、モチベーションサイエンスのなかでも意見が割れる。「コップに水が半分も入っているのか、半分しか入っていないのか」という、よく聞く問いで考えてみてほしい。一般論として、半分も入っていると答えるのは楽観主義者、半分しか入っていないと答えるのは悲観主義者だと言われる。だが、モチベーションサイエンスでは、少し違った角度からこれらの表現を考える。ここまでの達成――すでに半分まで満たした――を記録するほうがモチベーション維持に役立つ、なぜなら進捗実績を実感して動機が強まるから、という意見もある一方で、ここからの道のり――まだ半分足りていない――を把握しているほうがモチベーション維持に役立つ、なぜなら進捗不足を痛感することで動機が強まるから、という意見もある。前章で論じてきたように、この見解はどちらも正しい。進捗実績で行動の動機づけがされることもあるし、進捗不足が一喝となって意欲が増すこともある。人にもよるし、状況にもよるのだ。私たち夫婦が市民権取得試験に備えて勉強をしていたときは、この二つの視点を途中で切り替えた。最初は簡単な問題を制覇することで、やすやすと進捗実績を作り、自信をつけた。それが済んだら、もっと手ごわい問題に集中した。大部分は難問だと認識し、不足する理解を埋めていく勉強に精を出したのである。無事に試験を通過したいなら難問こそしっかり暗記しなくちゃいけない、という自覚があった。

第6章では、コップに水が半分も入っているという認識と、半分しか入っていないという認識、どちらがモチベーション維持に役立つか判断する方法やタイミングを解説したい。そのために、まずは目標追求のモチベーションにおけるダイナミクス二つ（自己調整のダイナミクス）について説明しよう。

目標追求のモチベーションダイナミクス

友達と食事をすると想像してみてほしい。あなたはメニューを眺めながら、健康的な食生活を始めようと決意したことを思い出す。そこでバーガーはやめ、こってりしたパスタもやめて、焼きカリフラワーとケールとニンジンとレンズマメをあえたライスボウルを選ぶ。多彩な味が楽しめるヘルシーな選択肢だ。自分で決めた約束をきちんと守ることができて、あなたは気分がよくなる。なごやかに食事が進行し、全員が頼んだものを食べ終わったところで、デザートはどうしようかという話になる。

さあ、また新たな選択だ。フルーツや、小皿に盛られたシャーベットのような、身体によさそうなデザートを選ぶか。デザートそのものを食べないことにするか。それとも、みっちりしたチーズケーキのような甘美な一品を選んでしまおうか。あなたは一度目の決断と同じ健康によいチョイスをするだろうか、それとも二度目の選択は多少の逸脱を許すことにするだろうか。

メイン料理の選択とデザートの選択という一連の分岐は、人間が目標追求の際にたどりやすい基本のダイナミクス2種類を表している。一つめのダイナミクスを、私は「コミットメントによる一貫性促進」と表現する。目標に対して決意（コミットメント）を抱くと、目標に向けた行動をするたびごとに決意が強まり、同様の行動を一貫して続けさせるという現象のことだ。

思い出してほしい、人は認知的不協和を嫌う。だから、自分がこれまで達成してきたことの流れに沿った行動をしたがる。このダイナミクスにおいて、最初にヘルシーなメイン料理を選んだあなたは、次のデザートもヘルシーなものを選ぶ、もしくはデザートそのものをあきらめる。反対に、目標追求に一度失敗したら、自分の決意は弱いのだというシグナルとなり、その後のモチベーションも薄れる。

もう一つのダイナミクスは、私が「進捗によるバランス促進」と呼ぶ動きだ。目標追求のモチベーションは、進捗不足からも生じる。たいして成果が出ていないと感じると、もっとがんばらなければならないという動機を抱く。反対に、これまでを振り返ってかなり成果を出したと感じると、少し減速してもいいだろうという気になってくる。脇に置いておいたことに目を向けたり、ちょっと休憩をとったりして、目標までの進捗にバランスをとろうとするのだ。メイン料理でヘルシーなものを選んだなら、デザートは甘美なほうを選んでバランスをとろうとする。このダイナミクスでは、先に努力を怠けた場合に、そのあとでふたたびモチベーションの高まりを感じる。

コミットメントが一貫性を促進することが多いのか、それとも進捗がバランスを促進することが多いのか、モチベーションサイエンスでも見解は分かれる（単純に、一貫性vs.バランスと言ってもいい）。どちらの見解をとるかによって、モチベーションアップのための推奨事項も違ってくる。

社会支援団体のアドバイスにばらつきがあるのも、想定するダイナミクスに違いがあるからだ。[1]アルコール依存症患者の自助団体「アルコホーリクス・アノニマス」は、完全な断酒を重視する。これは一貫性を求めるダイナミクスだ。断酒期間の長さを当人の決意の表れとして解釈し、飲まずにいられた期間を喜び、一定期間の断酒成功を称賛する。今日一日、飲まずにいられれば、明日も飲まずにいようという決意が強くなると考えるのだ。断酒のモチベーションをゆるめてもよいと促したり、特別な場面ではお酒を飲んでバランスをとったりすることはない。

それと対照的なのがダイエットプログラムである。昔から、ダイエットの指導では、バランスをとるダイナミクスが採用されている。食事は一日の決められた総カロリー内に収めることが推奨されるので、朝食でカロリーを少なめに抑えたなら、夕食で少し増えても問題はない。アルコール依存症なら再発とみなす場面でも、ダイエットなら多少オーバーしただけとみなし、別の食事でバランスをとる。

宗教的イデオロギーでも、信者に求めるダイナミクスには違いがある。カトリックはバランスを認める。罪とは挫折であり、あるべき進捗の不足または後退と考えるが、敬虔な活動にいっそう励むことで挽回できると考える。一方、キリスト教でもカルヴァン派は、一貫性を求める。生涯を通じて善行だけを積むことを期待しており、罪を許容しない。

目標追求のモチベーションダイナミクス2種類を踏まえると、進捗実績（完了した行動）がモチベーションを高める場合と、進捗不足（していない行動）がモチベーションを高める場合は、まったく性質が異なるということがわかる。完了した行動は、「自分は目標に向けて固い決意を抱いている」というシグナルになり、それを一貫して守ろうと感じさせる。一方、行動が足りていないという事実は「進歩しなければならない」という警告のシグナルとなり、足りない部分のバランスをとりたいと感じさせる。

順番待ちの列を想像してみよう。カフェのレジ、病院の受付、車両登録事務所で順番を待っているときに、待つという動機、つまりは忍耐力を発揮する動機を強く持つにあたり、後ろを振返って「ここまで進んだ」と認識するのも有効だし、先頭までの距離を見て「まだこれくらい進む必要がある」と認識するのも有効だ（忍耐については第11章でくわしく述べる）。すでに進んだ距離の確認は、待とうという決意を新たにさせる。自分がこんなにも待っている対象は価値あるものなのだ、待つ甲斐があるのだという確信が深まり、待ち続ける動機が強まる。反対に、この先に進むべき距離を確認して決意が強まる場合は、たどる思考のプロセスが異なる。前を見て列が進む速さ（進捗率）を把握し、そのぶんの忍耐力をかき集めて、待ち続けるモチベーションを維持するのだ。

私とク・ミンジョンの研究では、アメリカと韓国でさまざまな列に並ぶ人々の調査をした。[2] すると、順番が進んでいるときのモチベーションと、後ろを振り返ったことで抱くモチベーションは同じで、順番が進んでいないときのモチベーションと、前を見ることで抱くモチベーションも同じであることがわかった。

シカゴで観察したのはベーグル店「アインシュタイン・ブラザーズ・ベーグルズ」だ。ランチタイムにはたいてい店の外まで長い列ができる。アジアーゴチーズ、ガーリック、クランベリーなど、多彩なフレーバーのベーグルで挟む手軽でおいしいサンドイッチを求めて、毎日のように大勢の人が並ぶのだ。私たちは列の4人目から14人目のあいだに並んでいる人に聞き取り調査をした。また、その回答者より後ろに並んでいる人数（これを進捗実績を示す代理指標とする）と、回答者より前の人数（進捗不足を示す代理指標とする）を数えた。すると、後ろの人数が多いとき、回答者はベーグルサンドのおいしさに対して高い期待を抱くことが確認された。彼らは、ここまで順番が進んだと実感することで、ベーグルを口に入れる瞬間がいっそう楽しみになるという形でモチベーションを抱いていた。一方で、前の人数が多いときには、回答者は長く待つ覚悟を固めるという形でモチベーションを抱いていた。

要するに、後ろを振り返る（進捗実績を実感する）ことで抱く意欲と、前を見る（進捗不足を痛感する）ことで抱く意欲では、動機づけのあり方が違うのだ。韓国のアミューズメントパークで乗り物に並ぶ列の真ん中でも、同じパターンが見られた。ソウルにあるテーマパーク、「ロッテワールド」で一番人気のアトラクションといえば、「ファラオの怒り」という名前の、映画『インディ・ジョーンズ』風のアドベンチャーライドだ。参加者は、古いボコボコのジープに似た車に乗り込む。その車が真っ暗な地下トンネルに突っ込んでいくと、壁のあいだからおそろしいヘビ、コウモリ、トカゲ、ワニ、そして不気味なミイラなどが続々と登場する。最後に巨大なファラオ像の口を抜けると、黄金の広間に到着だ。ロッテワールドを訪れる客の大半がこの人気アトラクションのことを知っていて、楽しみにしている。私たちは列の真ん中あたりに並んでいる人に聞き取り調査をした。真ん中あたりなら、客観的な進み具合は全員ほぼ同じだ。列の後ろを振り返るように促した場合と、前を見るよう促した場合では、後ろを確認した人のほうがアトラクションを楽しみにする気持ちが強まっていた。この調査では実際の待ち時間の計算はしなかったが、自分より前に並んでいる人数に目を向けた人は、より長く待つ覚悟を固めていたようだった。

野心のレベル（要求水準）と進捗状況に対する評価

あなたはどれくらい野心的だろうか。月に向かって手を伸ばすタイプか、それとも今いる場所で満足するタイプか。実は、先ほど紹介した2種類のモチベーションダイナミクスのうち、どちらを選ぶかによって、野心にも影響がおよぶのだ。

モチベーションサイエンスでは、野心を要求水準として定義する。仕事で出世することを「はしごをのぼる」と言う表現は、あなたも聞いたことがあるだろう。はしごを素早くのぼっていく人は野心的だと言われる。途中の段にとどまっている人は、あまり野心的ではないとみなされる。実際のところ、目標に向けた行動は、はしごをのぼる行為に似ていることが多い。一段一段をのぼるという目標を重ねて、より高い目標へと進むからだ。キャリアで考えるなら、新入社員として勤務を開始することが、組織内で高い役職へとのぼるための一段目となる。

はしごのイメージは出世以外の目標にも当てはまる。目標が違えば思い入れも異なるので、野心のあり方はさまざまだ。キャリアでは出世欲が強くても、テニスプレイヤーとして出世したいという欲求はさほどないかもしれない。イスラエルで兵役につき、「絶望の暦」で休暇までの日数をカウントダウンしていたときの私は、野心などまったく感じていなかった。ただただ2年の義務を務めあげようとしていただけ。兵役を終えた時点での階級は三等軍曹で、組織のはしごの下のほうだ。だが、2002年にシカゴ大学で助教としてのキャリアをスタートしたときの私には、上を目指そうという気持ちがあった。今の私は終身在職権のある教授という立場だ。

段階が厳密に定まっているはしごもある。軍隊で二等兵から伍長まで昇進したり、空手の階級で白帯から黒帯まで昇段したりするのは、険しいはしごだ。一方で、もう少しゆるやかに構成されているはしごもある。ヨガの練習で段階をあげていくのは、こちらに含まれるだろう。だが、思い入れの深さやはしごの構造とは別に、自分の行動の監視方法と、目標追求のモチベーションにおけるダイナミクスの違いも、要求水準に影響する。

基本的には、ここまでのぼってきた実績を意識すると、現在の自分の立場に対するありがたみが増す。これからのぼる段を意識する場合よりも、現状への満足感が強まり、変わりたいという欲求は小さくなるだろう。現状維持へのコミットメントと引き換えに、変化へのモチベーションが薄れる。反対に、まだのぼっていないこれからの段を意識すると、変わりたい、進みたい、という意欲がわきやすい。のぼるか、もしくは離脱するか、どちらかに進みたいと強く願うのだ。

私は友人や学生からキャリアに関する相談を数多く受けてきたが、その経験から考えても、この説は的を射ている。たとえば、元教え子の一人は、会社で昇進を目指すべきかどうか悩んでいた。プログラミングが好きでコンピューターエンジニアになった彼女にとって、管理職に昇進する可能性の受け止め方は二通りあった。マネジャーになれば実際のプログラミングはほとんど手掛けない。プロジェクトを管理し、部下にプログラミングの指示をするのが仕事だ。だとすれば、エンジニアとしてのこれまでの実績に着目したほうがいいのか、それとも、現在の立場のままでは経験できないこれからの可能性に着目したほうがいいのか。前者であれば、プログラミングへの熱い思いが優先されて、好きな業務を続けたいという理由から、昇進を断る。だが、後者を重視するのであれば、新しい方向を追求してみたいという欲求を感じるのではないか。彼女は最終的に、コップに水はまだ半分しか入っていないという考え方を選び、昇進のオファーを受けてはしごをのぼることにした。

私がク・ミンジョンとともに行なった実験では、ある広告代理店の社員の半分に、これまで達成してきたプロジェクトを振り返るよう求めた。[3] 残りの半分の社員には、これから達成したいプロジェクトについて考えさせた。すると、未達の実績に思いをめぐらせた社員のほうが、より野心的になることが確認された。まだ達成していないことについて考えると、はしごをのぼることに対して関心が強まっていたのだ。一方、過去の実績に思いをめぐらせた社員は、今の立場に満足する傾向があり、同じ業務を続けたいと願う傾向があった。彼らは現在のレベルに強い思い入れを抱いていた。

私の元教え子の場合は、たまたまモチベーションサイエンスを研究する知り合いがいて、後ろを見るか前を見るかという選択を教えられたわけだが、そんな縁がないとしても、多くの人が無意識に同じ選択肢を考える。もともと野心的で、はしごをのぼろうという志を抱くタイプの人は、まだ実行していない行動へと自然に関心が向きやすい。仕事での進捗を尋ねられたとき、未到達の部分に言及するなら、はしごの次の段にのぼろうという意欲があると思われる。たとえば、「今四半期中に、あと3件のプロジェクトを完成させます」と報告する人は、おそらく要求水準が高い。3件の業務を完遂した先まで視野に入れている。反対に、「今四半期は2件のプロジェクトを完成させました」と報告する人は、現在の立場で続けることへの意欲が強く、昇進への欲求は低いと考えられる。手に入れていないものよりも、手に入れてきたものという視点から、自分の進捗を考えているからだ。おそらくは今現在の仕事にやりがいを感じている。

行動は決意のあらわれか、進捗を示すシグナルか

すでに完了した行動を意識することで、決意を強めるのか。まだしていない行動を意識することで、それを進捗不足を教えるシグナルとして受け止め、モチベーションを高めるのか。どちらを選ぶのが最善か、それは状況によって異なる。どの戦略が優れているか考えるのではなく、現状に対してどちらが適しているかと考えるのが得策だ。

だとすれば、目標追求の最適なモチベーションダイナミクスを判断するにあたり、現状での自分の決意のほどを検証してみる必要がある。目標に向けて固い決意を抱いているなら、完了した行動で決意が揺らいだりはしない。むしろ、すでに自分が成し遂げたことばかり考えていると、ずいぶんがんばったという気持ちが強まり、ちょっと休んでもいいと思えてくるかもしれない。反対に、目標に対する確信がない状態で、これからの行動について思いをめぐらせているなら、まだしていない行動がモチベーションを高めることはないだろう。進捗不足に意識が奪われていると、自分には覚悟が足りないのだと痛感し、やめてしまえと思うかもしれない。

職業を例に考えてみよう。職業に対する決意ががっちり固まっているのなら――好きだという確信があるにせよ、嫌いだという確信があるにせよ――業務を達成したからといって、それであなたの決意が変わることはない。ほかの社員は実績を積めば積むほど決意が新たになるのだとしても、あなた自身は業務完了を進捗のサインと受け止めて、充分と言えるところまで来たら手を

ゆるめる。退社時間を早めたりもするだろう。

一方、職業に対する確固たる決意がないのなら——自分に合っているかどうかよくわからないなど——予想を超えて一気に押し寄せてきた業務がさばききれない状況で、いっそうがんばろうという思いはたぎってこない。組織のはしごをのぼってやろうという闘志も抱かない。ほかの社員は業務に追われる場面で奮起するのだとしても、あなた自身は自分の苦戦ぶりを「自分には向いていない」というサインだと受け止める。もう辞めよう、という腹が決まるかもしれない。

要するに、目標追求にあたってどのモチベーションダイナミクスに従うか、それは自分の行動をどう「表明」するか、それしだいなのだ。自分の行動は決意のあらわれと解釈するか、それとも進捗を示すシグナルと解釈するか、それによって選ぶダイナミクスが変わってくる。

行動は「決意表明」であると受け止める人は、行動をものさしとして決意のほどを見定める。「自分の行動は、この目標が自分にとって大切であるということを示しているのか」と問うのだ。これまでの達成具合を根拠に、成功に対する自信の度合いや目標を重視する気持ちを評価する。それとは対照的に、行動を「進捗表明」として受け止める人は、行動をものさしとして進捗のほどを見定める。「自分の行動は、充分に進歩したということを示しているのか」と問う。

行動の解釈は、そのまま動機づけの違いにつながる。成果を出したとき、その行動を決意表明ととらえる人は、さらに目標に向けて一貫性のある行動を選びやすい。目標に近づけていないときにはモチベーションが薄れる。こうした人は、「コップに水が半分も入っている」と考えるほうがモチベーションが高まるタイプだ。職場でも、実績を出すことで労働意欲が高くなる。

それとは反対に、行動を進捗表明ととらえる人は、成果を出したらバランスをとるために努力にブレーキをかけやすい。行動したことで、充分がんばったのだから減速してもよいだろうと考える。逆に、目標に近づけていないときは、追いつくために尽力する。こうした人は、「コップに水が半分しか入っていない」と考えるほうがモチベーションが高まるタイプだ。職場でも、実績を出したあとは少し力を抜いてもいいと考えやすい。

この区別は固定ではない。ある場面で行動を決意表明と解釈したからといって、永遠に過去の実績だけがモチベーション要因となるとは限らない。むしろ、行動に対する解釈は、人生で出会う多くの他人から影響を受けるものだ。上司、教師、政治家、セールスパーソンなどは、あなたが特定の目標に向けてがんばり続けるよう、行動に対するあなたの解釈をあの手この手で変えさせようとする（あなたが自分をがんばらせるために、自分で自分の解釈を変えさせることもある）。

たとえば常連客を優遇するブランドは、これまでそのブランドの商品を数多く購入してきた客の行動を、客の決意表明として位置づける。過去にたくさん購入したからさらに買えとは言わず、あなたはこのブランドのファンなのです、だからもっと買うべきなのですよ、という促し方をするのだ。そして最近あまり購入をしていない客に対しては、「ご無沙汰しております」といった文面でメールを送る。購入行動の不在を客の進捗不足と位置づけるのだ。ブランドへの忠誠心はないのか、となじりはせず、しばらく買い物をしていないという事実をつきつけることで、バランスをとりたいという欲求に火をつけ、ふたたび買い物へのモチベーションが高まることを期待する。

決意表明か進捗表明かはどのように決まるのか

私の兵役時代の話にちょっとだけ戻らせてほしい。あの頃、次の休暇までの日数に意識を集中していた私は、正しい戦略を選んでいたのだろうか。モチベーションについて理解が深まった今なら、おそらく後ろを振り返る戦略のほうがよかっただろうとわかる。そもそも当時の私には固い決意などなかったのだから、過ぎた日数を意識していたほうが、ここまでがんばったと自分を褒めてやることができただろう。もしかしたら職務に対して多少なりと熱意がわいていたかもしれない。

人は人生の中で、あるときは目標追求を決意表明として考え、別のときには進捗表明として考える。今の自分はどちらのタイプなのか、ひいては、どういう考え方で強くモチベーションを感じるタイプなのかという区別は、当然ながら目標によっても違ってくるし、置かれた状況によっても違ってくる。

新しいことを始めたときや、自分がそのことをどれだけ好きか、どれだけ重視するか確信がないとき、人は自分自身の行動を見て、それが決意のあらわれだと受け止める。未経験の作業は自分にとって得意なことなのかどうかわからないので、実際にできた行動を意識していれば決意が固まってくるのだが、できていない行動を意識していると確信をもてなくなってくるのだ。

言い換えると、初心者は「コップに水が半分も入っている」という考え方をしたほうが、モチベーションが高まりやすい。ベテランはその反対だ。重要なことだとすでにわかって取り組んでいるので、今さら決意について疑問はもたない。自分にとって価値はあると知っているし、長く続けているのだから、「私はこれが好きなのだろうか」「このことは私にとって価値があるのか」と考える必要がないのだ。この場合、まだできていない部分を意識したほうが、モチベーションは維持しやすい。「水が半分しか入っていない」という発想だ。

スポーツジムに入会すると想像してみよう。あなたが新規会員なら、ひとまず今日まで何日ジムに通ったか思い出すほうが、入会日から今日まで何日サボったか考えるよりも、モチベーション維持の助けになる。だが、トレーニングルームを第二の自宅と思うくらいに通い詰めているのだとしたら、最近どれくらいサボってしまったかと考えたほうが、モチベーションを保つ理由になる。

入会したての新参者だったあなたも、数カ月か数年経てば、そのジムの古株になる。アイデンティティが変わると、モチベーション維持の方法も変わる。人は多くの場合、最初は目標に対する決意の強さを確認するのだが、時間と経験を重ねるにつれ、目標に対する進捗状況を監視するようになる。たとえば新たに銀行口座を開いたなら、最初は自分の意志の強さが気になるだろう。貯金なんかできるだろうか、という不安すらあるかもしれない。しかし、口座開設からしばらく経ったなら、貯金ができること自体には自信がついているので、目標金額までの進み具合のほうに意識を移す。目標のために行動できるかどうかあやぶむ段階から、目標達成への具体的な道のりのほうへ、視点が移行するのだ。[4] 行動計画の検討から実行へ、視点が移行するとも言える。[5]

ただし、決意の確認から進捗の確認へ、視点が完全に入れ替わってしまうことはない。自分の決意のほどを確かめることも、決意に自信がなくなることも、おそらく際限なく続くだろう。意志の強さに自信がある人でも、ときおり自分を疑ってしまう。そうなる一因は、自分はベテランなのか、それとも初心者なのか、ポジショニングが状況によって変化するからだ。ジムでいつものワークアウトメニューをこなしているとき、目の前にパーソナルトレーナーがいるなら、自分はまだまだ未熟だという気がするだろう。同じワークアウトメニューをしていても、めったにソファから動かない友人を思い浮かべたなら、自分はベテランだという気分になる。

目標の重要性に対する認識も、進捗実績で励まされるか、それとも進捗不足で気合が入るかを決定する要因になる。ほとんどの人は、来年の休暇のためにお金を貯めることよりも、老後の資金を貯めることのほうに、より深刻な決意を抱く。その場合、すでに貯まった資金を数えるよりも、老後資金の不足を心配するほうが、毎月の貯金額は増えるだろう。一方、休暇のためにお金を貯めているのなら、すでにいくら貯まったか数えるほうが、引き続き貯蓄に励む動機になる。

コップに水が半分も入っている、半分しか入っていない。どちらの考え方のほうがモチベーションが高まるか見極めるためには、状況と、目標の重要性、その両方を検討する必要がある。この状況において自分はベテランと感じているか、初心者と感じているか。この目標は自分が達成せねばならない目標なのか、それとも、達成できたらいいなと思っている夢なのか。それらの判断に応じて、完了した行動を監視したり、まだできていない行動を監視したり、フレキシブルに切り替えるといいだろう。

自分を動かすためのヒント

コップに水が半分も入っていると考えたほうがいいときもある。半分しか入っていないとみなしたほうがいいときもある。進捗を効果的に監視するためには、これまでの達成を見るか、これからの行程を見るか、フレキシブルかつ戦略的に視点を切り替えなければならない。次に挙げる問いを考えてみよう。

1 目指す目標に対し、努力のバランスをとって、成果が出ていないならいっそう尽力するのか。それとも努力の一貫性をとり、継続することで目標の重要性を再認識するのか。いずれのパターンであるにせよ、目下の目標に適しているだろうか。現在の立場を維持することを望むなら、バランスをとるほうが適切かもしれない。変化を求めているのなら、目標を強調したほうがよい。

2 目標に対し、どれくらい強い決意を抱いているか。決意が不確かなら、コップには水が半分も入っているという考え方のほうが、モチベーションは高まる。これまでの実績を意識してみよう。一方、目標に対する決意が固いなら、コップに水は半分しか入っていないという考え方のほうが、がんばり続ける後押しになる。この先に取り組むべき行程を意識してみよう。

3　目標に対してどれくらい経験を積んだだろうか。あなたが初心者なら、コップに水が溜まっていくのを監視しよう。ベテランなら、コップが空になっていくことに注意しよう。

第7章　中だるみ問題を解決する

モチベーションが薄れるとき

新入生が入学すると、大学は1週間にわたる歓迎イベントで、学問の世界に足を踏み入れた彼らの第一歩を祝う。新入生は上級生よりも数日早く新学期がスタートする。大学でこのような催しをする理由の一つは、彼らがそれまでの生活に別れを告げ、新しい環境に慣れるまでの猶予を与えるためだ。送って来た保護者が正門の外にとどまり、新入生だけが古いキャンパスの中へ入っていく光景は、実に感動的だ。わが子の後ろ姿を涙で見送る保護者のために、ボランティアが門のところでティッシュの箱を持って立っている。涙の別れのあとに待っているのは、学内で開催される式典、大学周辺の探索ツアー、食事会、大学が出資するパーティなどなど。学内の団体やクラブもたくさんの垂れ幕をつるして歓迎する。高校生から大学生になる、この移行期間のあいだ、新入生は寝る間もないほど忙しい。

それからだいたい4年が経つと、今度は彼らの門出を祝うイベントが催される。このときも大学がさまざまな行事を用意し、保護者主催の会食も開かれ、最後にメインイベントである卒業式が開かれる。新型コロナウイルスの感染拡大のせいで、大学運営をオンラインに移行せざるを得なくなった時期にも、引き続きバーチャルの祝典で新入生を大学に迎え入れ、そしてバーチャルの祝典で卒業生を送り出している。

こうしたパーティは入学時と卒業時だけに開かれるものだ。最初と最後は特別だが、そのあいだは何でもない。真ん中を祝う理由は特にない。この何でもない時期に、人は意欲やモチベーションを維持するのがもっとも難しくなる。誰でも出だしには強いモチベーションを抱く。ゴールに到達したい、きっちりやっていきたいという願望を抱くだろう。だが時間が経つうちに、最初の熱気は薄れ、モチベーションは減少する。オール・オア・ナッシング型目標がそうであるように、目標に明確な終点があるなら（学位を取得して卒業するなど）、その目標の達成が近づいてくるとふたたびモチベーションがわきあがってくる。

そう考えると、中間が長いのは危険だ。「モチベーション脆弱につき、取扱注意」と警告サインを出したほうがいいかもしれない。たいていの人は目標追求の最初と最後では意欲的かつ誠実に取り組むのだが、その中間では、成し遂げようというモチベーションも、きちんと（高い水準で）やろうというモチベーションも、ともに薄れてくる傾向がある。だとすれば、モチベーションが自然と薄れる中間でもがんばり続けるために、私たちはどんな手立てをとればいいだろうか。

不正や手抜きをせずにものごとを正しく行なうモチベーション

採用されるためなら就職面接で嘘をつくこともいとわない人は、仕事を勝ち取りたいという固いモチベーションがあることは確かだ。当然ながら、鏡を見て感じるうしろめたさを含めて、本人にとってのリスクは大きい。だが、望む結果を手に入れることへのモチベーションばかりが強い一方で、そのために適切な手段を採ろうというモチベーションが低いのである。目的のために、ふさわしくない手段を正当化している。

モチベーションに関する議論は、ものごとを成し遂げる動機づけに焦点を当てるばかりで、それを正しく行なうことへの動機づけは見逃しやすい。目標を迅速に達成するため、もしくは多く達成するためにどれだけ心身エネルギーを注ぐかといった切り口で、完遂への意欲だけを話題にする。もちろん場合によっては、「迅速に行なうこと」や「多くこなすこと」が、「正しく行なうこと」と重なってくるだろう。100メートル走に出場するなら、速く走るというのは、正しく行動することとイコールだ。最初にゴールテープを切る選手が金メダル獲得を達成する。

だが、ものごとを完遂することへの熱意と、そのものごとを正しく行なおうとするモチベーションは、必ず一致するとは限らない。片方が他方の足を引っ張ることもある。自宅改築を業者に任せたと考えてみてほしい。その業者にとって、工事の速やかな完了と、工事の正しい実施は、重なってくるとは限らない。予算の配分を綿密に検討し、適切な資材を正確な量で準備し、配管工や電気技師や家具メーカーなどの仕事ぶりをダブルチェックして、確実に高品質な仕上げとなるように手を尽くすなら、それは優れた仕事を遂行したと言えるだろう。そして、ものごとを正しく行なえば、往々にして時間がかかるのだ。

何かを正しく行なうモチベーションとは、手抜きをせず、注意散漫にもならず、全般として品質を守って、ふさわしい手法に沿って慎重に行ないたい気持ちであると考えられる。多くの場合、このモチベーションは優先順位が高い。職場でも、スポーツジムでも、あるいは料理をするときでも、ただやっつけるのではなくきちんとやりたいと思うだろう。目的のためならどんな手段でもいいわけではないのだ。

正しく行なうというのは、倫理的水準を守るという意味でもある。公平性を大事に思うなら、自分の欲求のことだけを考えたりはしない。フェアに、誠実に行ないたいと希望する。私が先ほど描写した、就職面接で嘘をつく人の話を聞けば、きっと憤然とするだろう。自分がもっていないスキルや経験があるふりをするなんて、唾棄すべき行為だ――正当に採用されるべき人材から機会を奪っていることが想像できないのか、と。仲間と楽しくバスケの試合をしているときにも、チームが優れたプレーをした結果として勝ちたいのであって、チームの誰かがずるをしたかもしれないとなれば、そんな勝利は何も嬉しくない。

目標に向けて正しく実行するモチベーションと完遂するモチベーションは、たいていは共存するものだ。そして進める途中で状況に応じてそれぞれの順位が入れ替わる。速く走りたいランナーのように、二つのモチベーションが重なるときもあれば、完全に対立するときもある。改築業者が早期の竣工を優先し、電気工事の再確認など重要なステップを飛ばすのだとしたら、仕事を早く終えるために水準をないがしろにしている。とはいえ、重なるにせよ、対立するにせよ、基本的にこの二つは別個のモチベーションだ。

ものごとを正しく行ないたい——本当にもっているスキルや知識で合格や優勝を獲得する——という動機を抱く大きな理由は、行動が人格を語るという意識があるからだ。人は誰でも他人によい印象を与えたいと思っている。だから、高水準で倫理的にも正しい適切な手段でものごとを行なうことを選ぶ。他人に与える印象だけではない。誰にも見られていないときでも、自分の行動は自分自身に対して、人間性についての印象を与えている。

第5章で、人は他人を観察して理解するのと同様に、自分で自分を観察して理解すると説明したことを思い出してほしい。自分の行動を理由に、「私はこういう人間である」という結論を出す(恋人に連れられて政治集会に参加したら、のちに、自分はその政治的主張を支持しているのだと考え始める)。守るべき水準を下げるとき、人は「私は低い水準をもつ人間である」というシグナルを自分自身に送っている。高い水準を守っていれば、他人からの尊敬に加えて、自分自身を尊ぶ気持ちを守ることができる。反対に、倫理や行動の基準をゆるくしていると、他人からの評価が損なわれると同時に、自己評価も低くなる。

この説明として、お金を拾ったときの気持ちを考えてみてほしい。地面に1ドル紙幣が落ちているのを見つけたら、私なら大喜びで拾ってポケットに入れる。だが、以前スイスのチューリッヒで美術館の入場券を買おうとしたとき、足元に１００スイスフラン紙幣（アメリカドルなら約１１０ドル相当）が落ちているのが目に入った。誰かが入場券を買うときに落としたのだろうと思い、私はかなり長いこと、落とし主が戻ってきて権利を主張するのをロビーで待ち続けた。そんな大金をホクホク顔でせしめることはできない。最終的に、私は自尊心を守るために（自分は泥棒ではない、という認識を守るために）その紙幣を動物愛護団体の募金箱に入れた。

おそらくたいていの人は同じように考える。食料品店でレジ係が打ち間違いをして、１ドル少なく請求していたとしたら、おそらくそのミスは正さない。１ドル余計にもらっても、ささやかな儲けにすぎないし、誰かに大損害を与えるというほどでもない。だが、20ドルとか30ドルといった金額が少なく計算されていたら？　きっと多くの人がミスを指摘するだろう。そうすれば気持ちよく店をあとにすることができる――うしろめたさを抱えながらではなく。

自分自身に送るシグナルの重みや受け取め方も、状況によって違ってくる。私がスイスフランの紙幣を拾ったときのように、一つのシグナルを繰り返し吟味することもあるし、シグナルが瞬間的すぎて気に留まらず、ほとんど検討しないこともある。自分の行動のことを自分自身も含めて誰も気になんかしていないと感じていると、他人もしくは自分がどう受け止めるかという心配などせず、ベストではない行動を選ぶかもしれない。

私の講義で「透明人間になれたら」という設問を提示した話を思い出してほしい。学生たちは、見つからないなら銀行強盗をしようと考えるかもしれない、とあけっぴろげに認めていた。このシナリオの場合、少なくとも善悪の区別に対する認識は維持している。だが、台所で立ったまま甘いデザートを秒速で口に流し入れ、そこで初めて我に返った経験があるのなら、自分の行動に自分自身が気づかないというのがどういう意味か、あなたにもわかるはずだ。

人は半ばで手を抜きがちになる

正しく行なうモチベーションが目標追求の途中で揺らいでしまう理由は、こんなふうに、行動が見えなくなるときがあるからだ。そして一般的に、何かを他人や自分自身の目から隠すなら、真ん中あたりに埋めてしまうのが得策だ。心理学者マヤ・バー゠ヒレルが行なったクイズ作成の実験が、この点をはっきり説明している。[1] 被験者には四択クイズを作るよう求める。どんなものでもかまわない。私なら、たとえばこんな四択を作る。

「イリノイ州の州都は？　A――シカゴ　B――スプリングフィールド　C――シャムバーグ　D――デトロイト」

クイズの中身は重要ではない。ここで調べているのは、被験者が正解を何番目に入れるかという点だ。真に無作為で正解の位置を決めているなら、A、B、C、Dのどれが正解になる確率も25％前後になる。ところが実際にはそうではなかった。約80％の被験者が、正解を真ん中二つのどちらかにしていたのだ。私の四択問題と同じくBを正解とするか、もしくはCを正解とするか。試験問題の作成者が未熟なら、四択試験はだいたい真ん中に答えがある。真ん中は埋もれているように感じられるからだ。

これと同じ仕組みで、人は自分の行動を自分自身の目から隠そうとする。目標追求を始めた最初と、いよいよ達成するという最後の部分では、たとえ他人は誰も見ていなくても倫理的水準をきっちり守ろうとするのだが、真ん中あたりでは甘くなる。自分自身にとっても最初と最後のほうが中間よりも印象が強いのだ。１週間の休暇でしたことをすべて思い出そうとしても、とっさに浮かんでくるのは初日と最終日のことで、真ん中の記憶はすぐには思い浮かばない。何皿も運ばれてくる豪華なコース料理を楽しんだのなら、体験全体の印象を決めるのは、最初の皿と最後の皿だ。人間は、ひと続きで出てきたものの最初の数点と最後の数点を記憶しやすいのだ（前者を「初頭効果」、後者を「新近性効果」[2]と呼ぶ）。真ん中はあまり記憶に残らない。自分の行動を思い出すときも同様で、目標までの道のり半ばで行なったあらゆる行動よりも、最初と最後にしたことのほうを思い出す。そして、途中でしたことは忘れてしまうとわかっているので、無意識のうちに、真ん中でずるをしても自尊感情は傷つかないと考えるのだ。中間ですることは、自分自身の目から隠しやすいのである。

早く、あるいは安く仕上げることを優先し、質をないがしろにすることを、英語の慣用表現で「角を切り落とす」と言う。私とマフェリマ・トゥーレ＝ティレリーの研究では、目標追求の半ばにあるとき、人は文字どおり角を切り落とすことがわかった[3]。実験では被験者にハサミを渡し、まったく同じ図形を５個切り抜くよう指示した（真ん中に四角形があり、四辺から外に向かって矢印が飛び出している図形）。被験者は最初は丁寧に切り抜くのだが、３個めあたりで、角をざっくりまとめて切り始める。そして５個目になると、また丁寧に切っていた。

この実験では、プロジェクトの途中で人が文字どおり角を切り落としていたことがわかったのだが、別の実験では、もう少し比喩的な意味で同じことが確認された。物事の半ばで、人は倫理的水準も下げるのだ。今回の被験者には、10種類の文章を読んで誤字脱字や文法ミスなどを探す作業に取り組ませた。短い文章（ミスは2個だけ含まれている）か長い文章（ミスは10個含まれている）か、1回ごとに本人のコイントス――無作為になると想定される――によって割り当てる。被験者が文法間違いをきちんと発見するかどうかは重要ではない。注目したのはコイントスの結果をどう申告するかという点だ。短い文章を選ぶのは50％になるはずだが、それよりも高い確率で短い文章が選ばれているとしたら、おそらく不正な申告をして、楽なほうを選んでいる。具体的にどの被験者が不正をしたかはわからないようになっていたが、仮に1回のコイントスで被験者の70％が短い文章を選んでいたなら、おそらくそのうち50％は偶然で、20％は不正だろう。実際に私たちの実験で被験者の一部は不正をしていた。だが、このときもやはり10回のうちの真ん中あたりで被験者たちの倫理水準は下がっていたのだ。一連の作業の最初や最後よりも、途中に来たところで、ずるをして短い文章を申告する確率が高くなっていた。

研究室での実験だけでなく、宗教的伝統においてさえも、人は半ばで手を抜きがちになる。ユダヤ教の年中行事ハヌカーでは、8日間連続で毎晩メノーラーという燭台に火をともす決まりになっている。言い伝えによると、紀元前2世紀頃のマカバイ戦争でユダヤ人がエルサレム神殿を奪還したとき、ロウソクに火をともすための油が1日分しか残っていなかった。ところが奇跡が起き、1日分の油で8日間もロウソクが燃え続け、新しい油を用意できるまで持ちこたえたのだという。ユダヤ教徒はこれを祝し、ハヌカーの8日間にはオリーブ油をたくさん使った食事をして、メノーラーに立てる8本のロウソクを1本ずつ増やしてともしていく（1日目は1本、2日目は2本、3日目は3本というように）。

私たちの調査で、ハヌカーのしきたりを守る人々に聞き取りをしたところ、初日と最終日は儀式をきちんと守っている人が多いのに対し、中間でも毎夜必ず守る人は少ないことがわかった。そして、中だるみ効果に対する私たちの予想どおり、他人が真ん中あたりの夜で儀式をサボった場合よりも、初日と最終日をサボった場合に、より手厳しく非難し、信仰心が薄いとみなす傾向も見られた。

水準を固く守る——ものごとを正しい方法で行なう——ことの重みは、目標追求の最初と最後において強くなるのだ。この傾向を有利に活用するには、なるべく中間の期間を短くするのがいいだろう。健康的な食事を1カ月続けることを目指すよりも、1週間続けることを目指したほうがいい。そのほうがずるをしうる日数が少なくなる。仕事でも、締切が遠くに設定された大型のプロジェクトに取り掛かるなら、週単位のノルマに分解したほうが中だるみしにくい。現時点を進行の中間ではなく、最初または最後として位置づけてもいいだろう。ランチの選択は1日の真ん中の作業と考えるのではなく、午前のしめくくりの任務、または午後の皮切りの任務と位置づけたほうが、健康的な食事を選びやすくなる。

やり遂げるのに役立つ「小範囲の法則」

第5章で、オール・オア・ナッシング型の目標について考察した。最後まで到達して初めて報酬が得られるタイプの目標のことだ。そのため先へ進めば進むほど、投資や労力の見返りが大きくなる。進捗するにつれ、目標完遂までの残りの距離に対し、1回の行動がカバーする範囲が大きくなるからだ。4年間の学業の1年目は学位の25％取得に相当するが、最終学年の1年間は学位の100％が得られる年となる。こうした目標の場合、進捗すること自体がモチベーションになる。

もう一つのタイプの目標、すなわち蓄積型目標のことも思い出してほしい。進みながら報酬を集めていく目標だ。褒美が少しずつ蓄えられていくので、基本的には、進めば進むほど新たな努力1回の付加価値は小さくなる。天文学について学ぼうと本を読むなら、1冊目の本1冊で初めて学ぶ知識は多いが、5冊目の本1冊で初めて知る知識はそれほど多くはない。ゆえに、天文学の資料を読むモチベーションは最初のほうが強く、1冊読み進むごとに弱くなる。

だが、人生における多くのことと同様に、目標はつねにどちらか片方で固定されるわけではない。多くの目標は、オール・オア・ナッシング型と蓄積型、その両方の要素を併せ持つのだ。1回の行動のありがたみ、専門用語でいうなら限界価値が減るとしても、最終目標へのモチベーションが消えるとは限らない。

たとえば、1日に特定の歩数まで歩くという目標を掲げるとしよう。100歩歩くことのありがたみは、すでに9900歩歩いたあとであれば、最初の100歩ほどには大きくはない。だが、1日1万歩が目標ならば、最後の100歩はそれまでの100歩よりも重要だ。その最後の歩みが目標到達に貢献し、達成感で気持ちよくさせてくれるからである。

一つの目標が、蓄積型の恩恵とオール・オア・ナッシング型の恩恵、両方をもたらす場合もある。ディナーパーティで前菜と主菜をたらふく食べさせたあと、もったいぶってオーブンからパイを取り出しても、そのパイの限界価値は少ない。だが、前菜をふるまうことでディナー主催者としての責務は30％しか果たせないのに対し、デザートを出すのはディナーを完成させるという責務の100％をカバーする行為だ。つまり、空腹を満たすという蓄積型目標で考えれば、新たな皿を出すたびに1皿の限界価値は逓減するのだが、ディナーパーティを成功させるというオール・オア・ナッシング型の目標で考えるなら、デザートをふるまうモチベーションはいっそう高くなる。

そう考えれば目標に向けてスタートした直後も、そしてゴールに近づいた時点でも、それぞれにモチベーションを感じるべき正当な理由があるというわけだ。最初のほうでは恩恵がどんどん蓄積されるし、最後の数ステップでは目標到達がどんどん迫ってくる。問題は、やはり真ん中だ。道半ばでは、気持ちがたるんでくる可能性が高い。

しかも中間においては、これまでに進んできた距離と比べて考えるにせよ、これから進む残りの距離と比べて考えるにせよ、自分の次の行動にはさほどインパクトはないと感じてしまう。私が「小範囲の法則」と呼ぶ法則がはたらくせいだ。[4]

人はモチベーションを維持するにあたり、自分が次にとる行動を、ここまでの進捗かこれからの進捗か、どちらか小さいほうと比べる必要がある。それが小範囲の法則だ。目標追求の出だしでは、すでに完了した行動のほうが範囲として小さいので、そちらを振り返ったほうがいい。真ん中を過ぎたら、まだ足りない行動のほうが範囲として小さいので、そちらへ目を向けたほうがいい。

たとえば、「ハリー・ポッター」シリーズ全7巻を読破しようと思うなら、第4巻の『ハリー・ポッターと炎のゴブレット』を読み終えるまでは、そこまでに読んだ冊数に着目する。第4巻が終わったら、次は残りの冊数に意識を向ける。そのほうが範囲として小さいからだ。目標追求の出だしでは、これから進まなければならない範囲（大きい）よりも、そこまでに終えた範囲（小さい）を意識していたほうが、次の行動が占めるインパクトが大きく見えてやる気が出る。半分を過ぎてからは、終えた範囲（大きい）よりも、これから進む範囲（小さい）を見据えていたほうが、次の行動の占めるインパクトが大きく見えてやる気が出る。

根本的な理屈は単純だ。同じ行動がほかにたくさんあるよりも、少ないほうが、一つの行動の貢献割合が大きく見えるのである。行動が完了している場合（起点から足し算している）でも、するべき行動がまだ残っている場合（終点から引き算している）場合でも、とにかく小さいほうの範囲を見ていたほうがいい。

小範囲の法則は、行動の動機づけテクニックとして効果が実証されている。私とク・ミンジョンが韓国で行なった研究では、このテクニックを使ってレストランの客に再来店を促すという実験をした。ニューヨーク風プリフィクスランチを提供する寿司レストランで、客を会員プログラムに勧誘する。そして、私にスムージーを買わせた学内カフェと同じく、10回利用すればランチが1回無料になるポイントカードを配る。客の半分には、ランチを食べるごとに寿司の形をしたスタンプが押されるという、そこまでの進捗が可視化されるカードを渡した。残り半分の客には、一列に並んだ10個の寿司イラストがランチ1回ごとに1個ずつ消し込まれていくという、残りの進捗が可視化されるカードを渡した。さて、ポイントカードとしてはどちらが効果的だっただろう？

小範囲の法則が示すとおり、その答えは、無料のランチに向けた進捗の度合いしだいだった。入会直後に立て続けにランチを利用して、最初に一気に回数を稼いだ客の場合は、消し込むイラストが残りわずかであることが視覚的に強調されるカードのほうが、すぐに来店する傾向があった。彼らにとっては残りの進捗のほうが小さい領域だったからだ。ところが、入会直後にさほど頻繁に利用しなかった客の場合は、そこまでに貯めた数がわずかであることが視覚的に強調されるカードのほうが、比較的早めに再来店するのだった。そのほうが小さい領域だったからだ。

つまり、目標追求の出だしでは、完了した行動に意識が向くほうが再来店率を高める一方で、目標達成間近では、まだ足りない行動に意識が向くほうが迅速な再来店を促していたのである。いずれにしても小さいほうを確認してやる気を出す。セルフモチベーションのスローガンとして言い換えるなら、「真ん中までは後ろを振り返れ、真ん中からは前を向け」というわけだ。

だが、まさに道半ばの真ん中にいるときは、どうしたらいいだろう。スタート地点からもゴール地点からも一番遠く、小さいほうの領域が存在しないので、モチベーションは減退する。だからこそ真ん中はできるだけ短くするべきなのだ。目標を細かく区切ることで、真ん中に長くとどまることがないようにする。1年間の貯金目標よりも、1カ月の貯金目標のほうがいい。最終的には長期的目標を達成したいのだとしても、中間を短く区切る境界線を引いたほうが、到達の助けになる。1週間の運動目標を立てるなら、おそらく1週間だけで終わらせず、その翌週も、そのまた翌週も、運動を続けたいと思うことだろう。だが、最初から月間、年間、あるいは生涯の目標として立てるよりも、週間目標としたほうが、出だしと終わりのあいだの中間日数が短くなる。

　中だるみを撲滅するもう一つの戦略としては、新たな始まりを祝う暫定的なランドマークを利用するという手がある。始まりが単なる比喩であってもかまわない。キャサリン・ミルクマン、戴恒晨《ダイ・ホンチェン》、ジェイソン・リースの共著論文では、これを「フレッシュスタート効果」と名付けている。[5]人は、新年1月1日や自分の誕生日など、節目となる日の直後は一生懸命に努力をする。数千世帯の数年間にわたる食料品購入を分析したところ、平均して1月には1年間でもっとも健康的な食事をしており、その後は1カ月経つごとに健康的食材の購入が少なくなり、その傾向が年末まで続くことがわかった。[6]

　新年、誕生日、月曜日は、いずれも気分を一新してフレッシュなスタートを切りやすい。興味深いことに、実際に多くの人が無意識にそうしている。たとえば「ダイエット」という言葉のネット検索について調べると、週のはじめ、月のはじめ、1年のはじめなど、カレンダーの出だしの時期で検索数が多くなるのだ。この傾向を逆手にとるなら、中だるみを撲滅するシンプルな方法として、今日という日は残りの人生の最初の日だと自分に言い聞かせるのがよいだろう。たった今を「出だし」と考えれば、目標に向けてがんばるモチベーションを高めることができる。

自分を動かすためのヒント

物事の出だしと終わりははっきり区切られているのに対し、中間は長く漠然とした期間になりやすい。中間がいつ始まり、いつ終わるのか、よくわからない。長く曖昧な時期にも目標に向けて努力するモチベーションや、正しく行なおうとするモチベーションを、どうやって保てばいいのだろうか。戦略を立てるにあたり、次の質問に答えてみよう。

1　中間にいるという事実は、ものごとを成し遂げるモチベーションにどう影響しているか。正しく行なうモチベーションにはどう影響しているか。目標が何であれ、完遂することと正しく行なうこと、どちらが自分にとって重要だろうか。

2　中間の行動はあまり重要と思えないせいで、人は中だるみをしやすい。中間の行動に意識を向けて、印象深く重要と思えるようにすることはできないか。

3　中間を短くするために、月間や週間、あるいはもっと短い期間で下位目標を作ることはできないか。下位目標を作れば、中間の期間が最小限になるので、中間で手抜きをする傾向を抑えやすい。

4　気分を一新してフレッシュなスタートが切れるような、任意の暫定的なランドマークを見つけられないか。月曜日、月はじめ、誕生日などは、重要な目標のためにがんばり始める新たなスタートになる。

第8章　ネガティブなフィードバックから学ぶ
――失敗にこそ価値がある

なぜ失敗から学ぶのは難しいのか

間違いなく世界最高峰のテニスプレイヤー、セリーナ・ウィリアムズは、「私は勝利よりも挫折から多くを学んできた」と発言したことがよく知られている。リーダーシップ論の権威ジョン・マクスウェルは、読者に「前向きに失敗する」ように勧めている〔訳注　『「勝負強さ」を鍛える本』の原題〕。20世紀の小説家で劇作家のサミュエル・ベケットは、後世に名を馳せた作品の一つで、こう書いた。「もう一度試そう。もう一度失敗しよう。前よりも少しマシな失敗を」〔訳注　ベケット『いざ最悪の方へ』〕

私たちの社会は失敗を学習機会として歓迎する。失敗したときこそ人は貴重な教訓を学ぶのだ、という表現は幾度となく聞かされてきたはずだ。にもかかわらず、これほど多くの著名人が失敗からの学びを強調する理由は、人は失敗から自然と学ぼうとはしないから、と考えるのが妥当ではないだろうか。私がうちの8歳児に歯を磨くよう毎晩言って聞かせるのは、念を押さなければ息子は絶対に磨かないとわかっているからだ。同様に、ウィリアムズやマクスウェルたちが失敗から学ぶよう訴える理由は、それができていないという懸念があればこそ。私たちは往々にして失敗から学べていないのだ。

自分の失敗から学ぶことができるなら、それは実に強力な武器になる。人はたいてい、ポジティブな体験を重視する以上に、ネガティブな出来事の予防を重視する。「悪いこと」のほうが「良いこと」よりも優れた教師だ。ただし、本人に学ぶ気がありさえすれば、という条件がつく。

人がネガティブな出来事の回避のほうを重視するという見解は、「プロスペクト理論」や損失回避の研究で、50年前から検証されている。[1] 第2章で指摘したように、何かを失うということは、何かを得ることよりも、大きくのしかかって感じられるのだ。たとえば100ドルを得ることと、100ドルの損をしないことでは、後者のほうが大事なことだという気がする。

損失回避の例は日常生活でも数多く見られる。数年前、アメリカ国内の各都市にレジ袋税が導入されたときには、国民はほぼ一夜にしてマイバッグ派に切り替わった。レジ袋にお金を払わねばならないという脅しが強い威力を発揮して、消費者の行動を変えさせたのだ。興味深いことに、その時点ですでに多くの店が、マイバッグを持参した客にポイント付与などを行なっていた。だが、マイバッグに対するポイント付与は、レジ袋に対する課税と比べれば、効力が小さかったのだ。旧来のシステムで10セント分のポイント獲得機会を気軽に無視していた買い物客が、新しいシステムで10セントの税金を払わされるのは絶対に避けようと、行動を変えた。獲得しないことと、損をすることは、往々にしてほぼイコールであるというのに、明らかに人は前者より後者を激しく嫌う。そして、損失回避を重視しつつ、自分が経験した損失から正しい教訓を引き出すのは、ひどく難しい。より全般的に言えば、私たちはネガティブなフィードバックから学ぶのが苦手だ。

トリビアクイズで学ぶという例で考えてみてほしい。ヘブライ語のヤード（*yaad*）は「手」という意味か、それとも「足」という意味か？　あなたが当てずっぽうで答えを言って、私が不正解だと言ったとしたら、あなたは即座に正しい答えを学ぶ。こうした二択問題の場合、自分の推量がハズレだと知ることと、正解だと知ることは、情報として等しい。ヤードが足ではないなら手だと確定する（実際にヘブライ語のヤードは「手」という意味）。それでも、学びとしてどちらが楽かと言うと、自分の推論が正解だったほうが答えを学習しやすい。

私とローレン・エスクレイズ＝ウィンクラーの研究で、まさしくこの点が確認された[2]。被験者に二択問題の答えを考えさせ、その後の学びの様子を調べたところ、不正解と言われたこと、つまりはネガティブなフィードバックがあったことから学習していた被験者はほとんどいなかった。どうしてだろうか。

一つめの理由として、ネガティブなフィードバックは学習のモチベーションを損なう。否定的なコメントを言われると、気持ちが暗くなったり、あきらめたり、関心を捨てたりしてしまって、貴重な情報を学ばない。私たちの研究でも、二択問題で不正解と言われた被験者は、本当の答えを推察するよりも話を打ち切り、関心をもつことをやめる傾向があった。そして、人が失敗から教訓を引き出しにくい二つめの理由として、客観的に言っても失敗から学ぶのは難しい。何らかの行動をして、それが正しかったのなら、どんな行動をするのがよいのか学習できる。しかし間違っていたのなら、学べるのは「この行動をすべきではなかった」という点だけだ。

ネガティブなフィードバックはモチベーションを減退させ、学ぼうとする力をそぐ傾向がある。だが、失敗からの学習は、成長に不可欠だ。セリーナ・ウィリアムズが言ったように、彼女は成功よりも挫折から学ぶことで、テニスプレイヤーとして大きく成長した。自分の進捗を監視しているとき、目標に到達する軌道に乗っているのかいないのか、最善のルートを進んでいるのかいないのか、ポジティブなフィードバックとネガティブなフィードバックはどちらも有益な情報を伝えてくれる。どちらのフィードバックも必要なのだ。この章では、自分のミスから学べないという壁の克服方法を考えていきたい。

失敗からの学習を妨げる二つの障壁

政治理論学者アントニオ・グラムシは、かつて「歴史は教師だが、生徒がいない」と書いた。[3] ネガティブなフィードバックからの学びについても同じことが言える。私たちはどうすれば失敗から学ぶ生徒となれるだろう。まずは、前述した二つの障壁を打ち破らなければならない。自我が傷ついたら耳をふさいでしまう気質（モチベーション面での障壁）と、ミスから学習することの客観的な困難さ（認知面での障壁）だ。

障壁①――不快な情報に耳をふさいでしまう

私がエスクレイズ＝ウィンクラーとともに行なった実験の一つでは、電話営業の仕事をしている人たちを被験者として集め、次のようなクイズを考えさせた[4]。

「カスタマーサービスの質が低いことが理由で、アメリカの企業に生じている損失は、年間いくらになるか。Ａ――約９００億ドル　Ｂ――約６００億ドル」

別の被験者グループには、「古代文字」（実際には私たちがでっちあげたもの）の見慣れないシンボルの意味を考えさせた。

「このシンボルが意味するものは、次のどれだと考えられるか。Ａ――動物　Ｂ――生き物ではない物体」

どちらの実験でもクイズは複数出題し、被験者が答えを選んだあとに、それぞれが正解だったかどうかを教えた。そして数分後、また同じ一連のクイズを出した。先ほどのフィードバックで正解を覚えたかどうかを調べるためだ。

この実験のクイズは二択なので、自分の答えが正解だったとしても、不正解だったとしても、本当の答えが何であるかは簡単に学べる。にもかかわらず、被験者は自分が正解を出してポジティブなフィードバック（「正解です！」）を受けた場合は答えをよく覚えていたのに対し、不正解を出してネガティブなフィードバック（「不正解です！」）を受けた場合は、本当の答えをあまり覚えていなかった。多くの場合、不正解を出した人はその後に関心が薄れてしまい、2度目のクイズでも偶然と同じ確率でしか正解を出せなかった。最初のクイズのときと同様、当てずっぽうで答えるのだ。

　ネガティブなフィードバックを受けると、人は比喩的な意味で耳をふさぎ、ミスから学ばない。別の実験では、ネガティブなフィードバックを受けた被験者は正解を学んでいないどころか、1度目に自分が選んだ答えがどちらだったかすら思い出せないことがわかった。失敗が自我を脅かすとき、人はその失敗体験から意識を切り離し、関心を払うのをやめるのだ。それが私たちの研究の出した結論だった。

　失敗から学ぶことを失敗するというのは、皮肉であると同時に悲惨な結果をもたらす。テニスで勝った試合からしか学ばないのであれば、その選手の上達率は、本来あるべき上達率の半分にしかならない。切り捨てた半分から何も吸収できないからだ。それどころか、自分の能力について非現実的な認識を抱いてしまう。投資家が、まれに株式市場の動きを見事に予測して儲けられたときの結果から学習するだけで、損を出したときの結果から学ばないのだとしたら、今後の予測で失敗する確率は高いだろう。そのくせ根拠のない自信だけがついている。[5] 投資の成功と失敗は半々くらいで、飛び抜けて卓越した業績を出しているわけではないのに、投資をすればするほど成功の回数を多く感じ、自分の能力（客観的に見れば、低い能力）に自信を深めてしまうのだ。視界に入っているのは成功実績だけ。それがおのれの能力に対するポジティブな認識につながる。

ネガティブな認識につながる失敗実績は眼中に入れないのである。

人が往々にして失敗から学べない理由は、失敗に傷つくからだ。その負の感情を感じ続けるのは辛い。入ってくる情報がネガティブで、自分の失敗を通告するものだと察したら、情報を受け取ること自体を避けようとする。冷静な経済性を考えるならば、決定に影響しうる情報には価値がある。どう感じるかは重要ではない。情報を踏まえて次の行動を変えるべきかどうか、その見極めがつくことだけが重要だ。ところが人間は、正しい判断に役立つ情報であるかどうかではなく、その情報でどんな気持ちになるかという点を理由に、情報を求めたり避けたりする傾向がある。

たとえば、病気だと言われたらいやだから、という理由で診察を受けない。診察を受けたほうが回復の助けになるとわかっていても、ネガティブなものだと予想されるフィードバックを受ける場面を避けることで、平穏な気持ちを守ろうとするのだ。様子のおかしいほくろが皮膚癌かもしれないと思ったら、宣告を受けるのは怖いので診察を延期し、できるだけ無視を続ける（無視しているあいだは心は平穏というわけだ）。

目標に向けた進捗の監視に役立つ情報でも、不快な情報ならば避けようとすることを、「オーストリッチ効果」と呼ぶ[6]。ダチョウ（オーストリッチ）は危険が迫ると頭を砂の中に突っ込んでやりすごそうとする、というのが由来だ。実はダチョウはそんなことはしないのだが、人間は、迫り来る脅威から身を隠すために砂に頭を突っ込む（比喩的な意味で）傾向がある[7]。私たちにとっては、負の感情を抱かされる、というのが脅威なのだ。ゆえに、たとえば糖尿病患者は血糖値の定期的な測定をしたがらない。多くの人が家庭の電気使用量をこまめにチェックせず、銀行残高もあえて把握しない。ある研究では、市場の急落後は投資家たちがネットの証券口座にログインしなくなることも確認された。[8] 情報を把握しなければ健康や財布に悪影響があるとわかっていても、知らなければ傷つかないとわかっているので、見ないことを選ぶのである。

ほかにも、ネガティブなフィードバックが学習意欲をそぐ理由として、自尊感情を低下させるという点がある。自尊心がかかわらないシチュエーションなら、失敗から学ぶことも楽になりやすい。そのフィードバックは新しいことを知るチャンスであって、個人攻撃ではないのだと思っていれば、ネガティブなフィードバックからも学習できるのだ。

同じ理屈で、自分の失敗ではなく他人の失敗からのほうが学びやすい。他人が滑って転んでも、自分はちっとも痛くないからだ。一般的に言うならば、他人の行動を細かく観察しているわけにはいかないので、他人の経験から学ぶ——これを「代理学習」と言う——のは、自分自身の経験から学ぶことよりも難しい。教育で実践や実地研究の大切さがよく強調されるのも、それが理由だ。先生がやっているのを見るよりも、自分自身でやってみたほうが、吸収しやすい。だが失敗からの学習に関しては、他人の失敗体験のほうが、自我が傷つかないので楽になる。

そのため、ネガティブなフィードバックから学ぶという点では、人は実践よりも観察が得意だ。私とエスクレイズ＝ウィンクラーの二択クイズ実験でも、被験者は自分が不正解を出したときより、他人が不正解を出すのを見ていたときのほうが、正解を学習することが確認された。つまり、何か新しいことを始めるときは——編み物を始める、新しい職場で働き始めるなど——まず周囲を観察して、失敗の様子をうかがうのがよいだろう。編み物クラスに入ったなら、編み方を習いながらほかの新規受講生を観察して、どこで苦戦しているか見守ってみる。

また、失敗しても自我を守る方法として、「私はつねに学んでいる、つねに向上している」と言い聞かせるという手がある。自分のスキルや知識は今まさに伸びている途中だと思っていれば、耳をふさがずに向き合って、吸収することができる。

障壁②——思考の反転（メンタルフリップ）が難しい

子犬のしつけに挑戦した経験があるなら、罰よりもご褒美のほうが効果的だと思い知ったことだろう。罰を与えられた子犬は、飼い主が怒っていることは理解するかもしれないが、どうすれば怒りが鎮まるのかはわからない。床におしっこをすると飼い主が怒ると学習したとしても、庭の専用トイレですれば怒らないのだとは学習できないのだ。罰を受けた行動が間違っていたなら、では、どんな行動が望ましいのか。それを知るためには、おそらく犬には対応できない高度な推論を立てなければならない。この手のロジックを「メンタルフリップ」と呼ぶ。

成功から学ぶなら、最初に成功した行動をそのまま繰り返せばいい。だが失敗から学ぶなら、思考の反転（フリップ）が求められる。この対応は正解ではない、という学習の仕方をするからだ。失敗を通じて、成立しうる解決策を絞り込むのである。何か一つが正解ではないと確定したなら、正しい答えが別であることはわかる。商品や交際相手の選択で失敗したならば、別の商品や別の人物——まだ失敗とは確定していない商品や人物——を選ぶ。

こうしたメンタルフリップはややこしい。飼い犬がおすわりをして、すぐにオヤツをもらったのなら、おすわりは正しいのだと犬は簡単に把握できる。しかし前述したように、床におしっこをして怒られたなら、正しい行動がわからないので学習できない。人間の脳はわんこと比べれば大幅に進歩しているとはいえ、メンタルフリップが苦手という点では同等だ。正しくない行動を特定することで学習するのは難しいのである。

ためしに一つ思考実験をしてみよう。あなたは三つ並んだ箱から一つを選ぶ。箱の中にはお金が入っているが、金額はわからない。１００ドルか、20ドルか、もしくはマイナス20ドルだ。最後の箱を選んだなら、20ドルの支払いが発生する。あなたが決める前に、少額の当たり（20ドル）の箱か、支払い（マイナス20ドル）の箱か、どちらか一つを私が教える。その情報を聞いたあとで、初めてあなたは開ける箱を決定できる。さあ、あなたは私から、どちらの箱について聞くべきだろうか。[9]

20ドルの当たりが入った箱を聞きたい誘惑にかられるかもしれないが、この場合はマイナス20ドルの箱を聞くのが正解だ。損をする箱がわかっていれば、あとは得をする二つの箱からランダムに選べば、金額はどうあれ儲けは入る。マイナス20ドルの箱を知り、それを回避できることが確定したあとならば、期待値は60ドルになる（１００ドル得る可能性と20ドル得る可能性の平均額）。こちらのほうが、20ドルの箱を知るよりもお得だ。20ドルの箱を知ったなら、確実に損をしないためには20ドルの箱を選ぶしかない。つまり、手に入る額は20ドルで頭打ちと決定してしまう。マイナス20ドルの箱について知っておけば、損失を確実に避け、なおかつ、大きな当たりを引くチャンスも残るというわけだ。負けを引き当てる可能性がさほど高くない状況では、負けを確実に回避する方法を知るほうが有利になるのである。

明白に思えるかもしれないが、だからといって混乱せずに判断できるかというと、そうとも限らない。このゲームに挑戦した人の大半は、マイナス20ドルではなくプラス20ドルの箱を知るほうを選ぶ。避けるべきものについて情報を求めようとせず、選ぶものについての情報をついつい求めてしまうのだ。失敗からの学習も、避けるべき解決策を知って排除するという点で、このゲームと同じである。

損に注意を向ける（マイナス20ドルの箱を特定する）べきなのか、得に注意を向ける（20ドルの箱を特定する）べきなのか、つまり成功と失敗のどちらが有益な情報を持っているのか、それは置かれた環境によって変わってくる。失敗のほうが成功よりもまれである環境では、失敗のほうが情報量が多い。レストランのメニューにおいしそうな料理が並んでいて、一つだけアレルゲンの含まれる料理なのだとしたら、知りたいのは避けるべき料理だ。反対に、成功のほうがまれである環境——自分のスキルに適した職業が一つしかない、自分を幸せにする恋人は一人しかいない——では成功のほうを知っておかなければならない。避けるべき職業と避けるべき恋人の情報ばかり知っていても役に立たない。

ポジティブな選択肢とネガティブな選択肢の絶対的な深刻さもかかわってくる。すべての選択肢がそこそこで、一つだけが最悪であるとしたら（どの上司のもとで働いてもかまわないが、一人だけ、この人のもとで働いたら人生がめちゃくちゃになるであろう上司がいる）、回避するためにはその最悪の選択肢を知っておかなければならない。反対に、すべての選択肢がそこそこで、一つだけが最高にすばらしいのだとしたら（どの上司のもとで働いてもかまわないが、一人だけ、この人のもとで働いたら真に充実し成果も出せるだろうという上司がいる）、最高の選択肢について知っておく必要がある。

失敗からの学習が困難である理由はほかにもある。過去にも経験したことだとしても、私たちは失敗に意表をつかれてしまうのだ。失敗することを意図して努力してきたわけではないので、失敗の到来を予期してはいない。成功する方法を知りたいのであって、失敗する方法について積極的に情報を集めたりはしない。そのため、失敗したときにも、そもそも集めることなど念頭になかった情報が眼中に入らないのだ。自分がもとからもっていた期待に合う情報だけに目を向け、それだけをより抜いて関心を向ける傾向のことを、「確証バイアス」と言う。この確証バイアスにもとづき、成功を期待しているときは成功を否定する情報には目を向けず、成功の証拠ばかりを探してしまう。

たとえば、私が天才的な料理の腕前を発揮するという期待を抱いて料理教室に入会するなら、その確信を裏付ける証拠が出てくるのを待つ。そこそこの料理が一品できたら、その一品を私の見事な料理センスの証拠だと受け止める。一方で、私の確信を否定する証拠は無視するので、焦がした10品には注意を向けない。同様に、健全な交際ができるタイプだという自負があると、長い年月を一緒に過ごしてきたというような、自負を裏付ける証拠には意識が向くのだが、恋人が不満らしいというシグナルには、目と耳をふさぐのである。

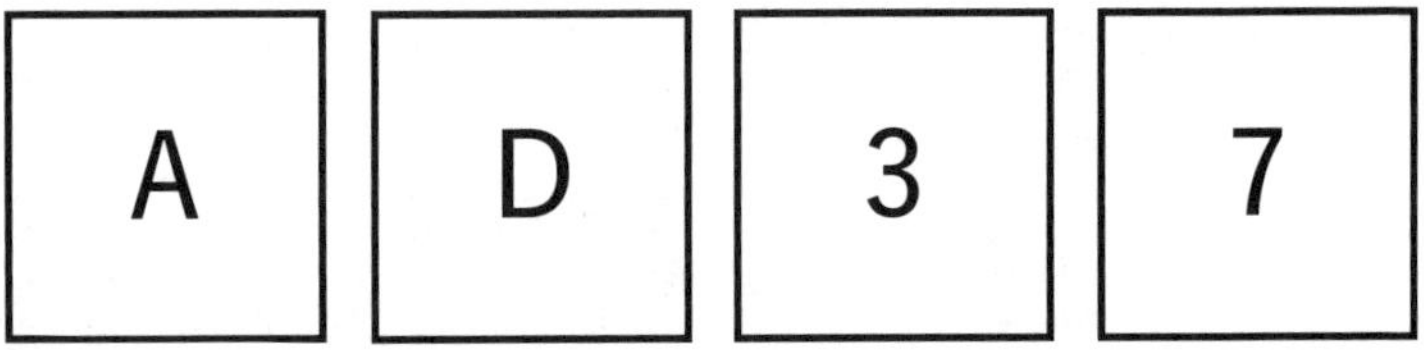

図1　ウェイソン選択課題。あなたはカードゲームメーカーの品質管理技士だ。商品であるカードが、「Aの裏は必ず3」というルールに沿って製造されているかどうか確認しなければならない。

１９６６年に考案された有名なロジックパズル「ウェイソン選択課題」は、この性質を見事に浮き彫りにする。この問題で提示されるのは４枚のカードだ（図１参照）。テーブルに置かれた４枚は、片面に文字、もう片面に数字が書いてある。今、目の前に置かれている１枚目のカードは「Ａ」、２枚目は「Ｄ」、３枚目は「３」、４枚目は「７」だ。ここで「Ａの裏は必ず３」という命題が与えられる。命題が正しいという確証を得るためには、どのカードをめくればいいだろうか。

どのカードも片面に文字、もう片面に一桁の数字があることは確かにわかっている。４枚のカードが前述のルールのとおりになっていることを確認するにあたり、めくるカードは１枚か複数か、いずれにしても命題が正しいことが確認できるカードを特定しなければならない。

多くの人がこの問題に同じ対応をする。とっさに「Ａ」のカードをめくって、裏が「３」であることを確かめるのだ。だが、「７」のカードをめくって裏が「Ａ」ではないことを確かめ、命題が不成立となっていないことも確認しておくという考えは、とっさには浮かんでこない（「Ｄ」と「３」のカードはめくっても意味がない。

「3」をめくらない理由は、命題が「3の裏は必ずA」ではないからだ。あくまでも「Aの裏は必ず3」としか言っていない）。

この問題は、人がつい確証情報を探してしまい、想定の反証となる情報を探そうと思い至らない傾向を表している。自分の行動が成功することを期待していると、それを確認する情報ばかりを求め、反証となる情報は求めないのだ。ゆえに、失敗から学ぶことが難しくなるのである。

ネガティブなフィードバックから「学習してしまった」場合

心理学者のマーティン・セリグマンが1960年代後半に行なった実験は、現代ならばほぼ例外なく誰もが残酷だとみなすだろう。しかし、残酷であるとはいえ、これは人間（および動物）の本質について重要なことを明らかにした実験だった。

セリグマンは、同じく心理学者のスティーブン・メイヤーとともに、実験用の犬を3グループに分け、ハンモック型ハーネスで身体を固定した[10]。第1グループの犬は、ただハーネスをつけたままにしておく。第2グループの犬は、パネルの前に立たせて、電気ショックを与える。犬が鼻先でパネルを押せば電気ショックが止まる仕掛けだ。第3グループの（一番不幸な）犬も電気ショックを与えられるのだが、こちらは押すべきパネルがないので、痛みを避ける手段がない。

第2グループの犬は、電気ショックから逃げるためにできることがあると学んだ。第3グループの犬は、電気ショックを避けることは不可能だと学んだ。この学習が済んだところで、今度は

1匹ずつ箱に入れる。箱は中央の低い仕切りで2部屋になっている。1部屋——犬が入れられたほう——の床には電流が流れる。その部屋にいる限りはどこに立とうと電気ショックを受けるのだ。だが、もう1部屋のほうには電流は流れていないので、仕切りを飛び越えれば電流から逃げることができる。

すると、仕切りを飛び越えたのは、最初の実験で第1グループまたは第2グループだった犬だけだった。第3グループ——最初の実験で痛みから逃げる手段がなく、ただ耐えなければならなかった犬たち——のほとんどは、床の電流から逃げることを試そうともしなかった。電流の流れる床に腹ばいになって哀れな鳴き声をあげていただけだ。

のちにセリグマンは同様の実験を人間で行なっている（ただし電気ショックは流さなかった——それは残酷すぎると、さすがのセリグマンもわかっていた）[11]。人間の被験者に与えたのは騒音だ。文字を並べ替えて単語を作るパズル（たとえばＢＩＡＴＨを並べ替えて「ＨＡＢＩＴ（習慣）」にする）などに取り組んでいる途中で、うるさくて気が散る騒音を流す。犬のときと同様、まず被験者を3グループに分けた。第1グループは騒音を聞かない。第2グループは騒音を聞かされるが、ボタンを4回押せば消音できる。第3グループは騒音を消すすべがない。その後、全員を新たなシチュエーションに置いた。今度も騒音は鳴るが、自分が望めば騒音を消すことができる。すると犬のときと同様に、最初に騒音を聞かなかった第1グループと、騒音を消すことができた第2グループだけが、騒音をオフにしていた。第3グループの被験者の大半は、消音ボタンを押せるにもかかわらず、押そうとしなかった。

繰り返し罰に接すると、その罰を消極的に受容するようになるという、動物と人間の両方に見られたこの傾向を、セリグマンは「学習性無力感」と呼んだ。ネガティブなフィードバックからの学習のなかでも、これほど凝り固まった学習はない。悪いことが起きたらそれに対して自分にできることは何もない、と学んでしまうのだ。ネガティブなフィードバックが「この世は非情だ」ということしか教えてこないのだとしたら、私たちはネガティブな結果を甘んじて受け入れ、改善などできるわけがないと思い込む。

学習性無力感を抱いた人は、ネガティブなフィードバックから学習はしたのだが、間違った教訓を学んでいる。結果をコントロールする自分自身の力を正しく反映しない学びを得ているのだ。本書をここまで読んできた読者ならおわかりのとおり、目標追求への固い決意（コミットメント）は、目標には価値があるという認識と、目標は手の届く範囲にあるという認識、その両方から生じる。しかし学習性無力感を抱いていると、目標は手が届かないものと感じられてしまう。自分に起きることは自分にはコントロールできないと考えるので、がんばる決意は極限まで弱くなる。

虐待を受けた女性が、虐待する者からなかなか逃げられないのも、これが理由の一つだ。虐待的な人間関係に陥った経験のない人から見れば、多くの場合、なぜさっさと離れないのか合点がいかない。だが、セリグマンの実験からわかるように、不可避と感じられる虐待を受けると、今後の虐待を避ける力も自分にはないと信じ込む。こんな悲劇的な例ではなく、別の例で言うとすれば、禁煙できない人も同じだ。過去に禁煙に失敗した経験のある人は、自分は喫煙習慣を捨てることなど決してできないと信じ込む。投票に行かない人も同じで、投票に行っても何の変化もなかった（票を入れた候補者が選ばれなかったなど）という経験から間違った学習をしてしまい、投票は無意味な制度だと決めつける。

「成長型マインドセット」と「固定型マインドセット」

幸い、私たちがネガティブなフィードバックから学ぶ教訓は、必ずコミットメントを損なうとは限らない。挫折を体験したとき、そのネガティブなフィードバックが進捗の遅れを知らせるシグナルになり、行動を起こす動機づけとなることもある。つまり、ネガティブなフィードバックから、どう学習したか、それがモチベーションに対する影響を左右するのだ。決意の弱さを痛感したなら、あきらめてしまう。目標に向けて進捗が足りないと解釈したなら、いっそう努力する動機を抱く。

体重計に乗る場面を想像してみてほしい。体重を減らそうと努力しているのに、数字が下がっていないなら、そのネガティブなフィードバックの解釈は二通りある。自分は健康的な体重を維持する能力がない、維持したい気持ちもない、という示唆として受け止めたなら、やる気をなくし、減量の努力をやめるだろう。一方で、努力が足りなかったんだな、と解釈するなら、正反対の効果がある。減量のためにもっとがんばろうというモチベーションを抱く。

心理学者キャロル・ドゥエックによると、人が自分の知性について抱く思考回路は2種類ある。[12]

自分の知性は訓練しだいで伸びると信じるのは、「成長型マインドセット」だ。自分の知性は固定のままで変わらないと信じるのは、「固定型マインドセット」である。この2種類の思考回路が、ネガティブなフィードバックからの学び方を左右する。知性は意欲と努力で伸びると信じる人は、ネガティブなフィードバックを受けると、もっと勉強する余地があると受け止める。知性は生まれつきのものでどんなに努力しても変わらないと信じる人がネガティブなフィードバックを受けると、自分には知性が足りないからどうしようもないと解釈し、それ以上の勉強をしたいという発想にはならない。

では、どんな人が本能的に成長型マインドセットを発揮するのだろうか。ネガティブなフィードバックを受けて、いっそう努力をするのは、どんな人だろうか。実は、私たちは誰でも成長型マインドセットが備わっている。もしくは、少なくとも、成長型マインドセットを伸ばす力は備わっている。

コミットメントの強さや専門知識の多さと、ネガティブなフィードバックへの反応

あなたにとって大切な目標を一つ思い浮かべてほしい。あなたはその目標実現に固い決意を抱いている。身だしなみをきちんとするというような、平凡な目標かもしれない。あるいは、親になる、教師になるというような、アイデンティティにかかわる目標かもしれない。いずれにせよ、

決意が固ければ固いほど、「私は固い決意を抱いているか？」とは自問しないだろう。ネガティブなフィードバックを受けたとしても、それで自分の決意を疑う可能性は低い。

たとえば、身だしなみをきちんとすると心に固く誓っているなら、他人からシャツのしみや体臭を指摘されたとしても、「身だしなみは私にとって大切なことだろうか」と考え直したりはしない。シャワーに直行するか、急いで着替えるかだ。子をもつ親であることが自分のアイデンティティの中心であるなら、子どもが癇癪をぶつけてきても、引き続き親でありたいかどうか考え直したりはしない。状況を修復する方法、この場合は子の癇癪に向き合う最善の方法に意識を集中するだけだ。

決意が固ければ固いほど、ネガティブなフィードバックによって意欲を失いにくい。だが、固い決意を抱いていないならば、ネガティブなフィードバックを「自分はこの仕事にそれほど本気ではない」というシグナルとして受け止めるかもしれない。本気でないなら、失敗後もモチベーションを保ち続けるのは困難だ。自動車販売店で働き始めたばかりで、セールスチームのメンバー順位表で自分が最下位であることを知ったなら、車を売るのは自分に適した仕事ではないと判断するかもしれない。

経験や専門知識も、同様の影響力を発揮する。経験や専門知識があれば、ネガティブなフィードバックを受けてもあきらめるのではなく、進捗の遅れを教えてくれるサインとして受け止めることができる。知識や技術が身につくと、自然と決意も固くなるので、むしろネガティブなフィードバックはモチベーションになるのだ。さらなる努力が必要だ、という情報を学びとる。

自動車販売店で数十年も車を売ってきたのなら、今回の順位表で最下位になったからといってやる気を失わない。むしろ、なんとかトップに返り咲こうと奮起する。同じ目標に向けて何年、何十年も取り組んでいる人は、いまさら自分の本気度を疑わないので、ネガティブなフィードバックを受けても「よし、もっとがんばろう」としか理解しないのだ。一種の成長型マインドセットが発達している。

私とステイシー・フィンケルシュタインとの研究で、リサイクル習慣に関するフィードバックへの反応を比べたときにも、熟練者と素人という違いで同様の差が確認された。[13] 環境保護団体に参加している学生と、参加していない学生に対し、それぞれ当人のリサイクルのやり方についてフィードバックをする。学生の半分には正しいリサイクルの実施を褒め、残り半分にはやり方が不正確であることを指摘した。リサイクルの分別は複雑なので、褒めるべき点や批判すべき点を指摘するにあたり、特に嘘をつく必要はなかった。ほぼ全員が何かしら間違っていたし、ほぼ全員が正しく行なってもいたからだ。

環境保護団体に属していて、リサイクルに対して意識の高い学生は、自分のやり方が間違っていると聞かされると、その後の活動にいっそう意欲的になった。この実験では、あらかじめ被験者に25ドルが当たる抽選に参加させている。リサイクル調査が終わってから抽選結果を発表するのだが、発表前に、当選したら環境保護のためにいくら寄付するかと尋ねた。すると、リサイクル手法についてネガティブなフィードバックを受け取った環境保護団体メンバーは、ポジティブなフィードバックを受け取ったメンバーよりも多くを寄付すると答えるのだった。環境保護団体に属していない学生では、ネガティブなフィードバックを受け取っても、そうした影響は見られなかった。むしろ、正しくリサイクルをしていると褒められた学生のほうが、多く寄付する意欲を示した。

経験や専門知識があるなら、ネガティブなフィードバックを許容することはたやすくなる。やると決めていることに対し、自分に対応能力があるのはすでにわかっているし、ちゃんとやりたいという熱意がある。そのため、ネガティブなフィードバックは有益な情報になるだけでなく、モチベーションをいっそう強めるのだ。

それに、知識があるならネガティブなフィードバックを受ける機会はそうそう生じない。熟練者は素人よりも、正しく実施することが多いからだ。たとえばプロのピアニストはたいていの場面でうまく弾く。まれに指摘を受けたら、それは希少かつ有益な情報だ。ゆえに、プロのピアニストに演奏のミスについて伝えることは、演奏が巧みだったと伝えることよりも、本人の練習に役立つのである。

レベルに応じたフィードバックを求め、与える

決意と専門知識があれば、ネガティブなフィードバックの受け止め方が変わるだけではない。フィードバックの求め方も変わる。人は目標を目指すときにネガティブなフィードバックを探さない傾向があるが、断固たる決意を抱いた熟練者なら、初心者よりも、ネガティブなフィードバ

ックを積極的に求める。自分の能力や行動に自信があると、さらなるスキルアップの情報に対してオープンな姿勢になるのだ。

私がフィンケルシュタインとともに行なった実験でも、そのことを確認した。被験者はフランス語を学ぶアメリカの大学生だ。初級講座または上級講座を受講した学生に、どちらのタイプの講師がよいか尋ねた。よくできた点に着目し、長所について指摘する講師か。それとも、ミスについて建設的な指摘をする講師か。すると、初級講座の学生よりも上級講座の学生のほうが、ネガティブなフィードバックをする講師を積極的に求めることがわかった。ある科目を長く勉強していると、ネガティブなフィードバックで自分の決意がずたずたになるという心配はあまりしない。むしろ、指摘のおかげでいっそう気合が入ると期待するのである。

指摘をする側は、相手がネガティブなフィードバックに耐えられるのか、耐えられないのか、たいてい直感で区別している。一般的に、専門家や熟練者だと思われる相手のほうに、人はネガティブなフィードバックをしやすい。モチベーションサイエンスを研究していなくても、素人にはあまり厳しく言わないほうがいいことはわかる。たとえば、バスケの練習でシュートが決まらない子どもに対し、キツい言葉を投げかけるのはよくないと察しがつくだろう。私が習っているヨガのインストラクターも、レッスンを受け始めて3カ月も経たない私にはやさしめの指導がよいと心得ている。私たちの研究で、職場における指導の仕方を調べたときも、このことは確認された。[14] 被験者は、従業員のプレゼンを見てコメントをするときに、プレゼンをした従業員の勤続年数が長いと認識していれば、厳しめのフィードバックをするのだった。

ネガティブなフィードバック後もモチベーションを保つための四つの対策

ネガティブなフィードバックに対する一般的な反応を理解したところで、では、自分が失敗から学び、モチベーションを維持できるようにするには、どうしたらいいだろうか。

第1に必要なのは、**進捗を確認すること**。ネガティブなフィードバックを受けたとき、それを自分の決意の弱さとして受け止めるのではなく、進捗の遅れとして認識することができれば、モチベーションを維持できる。失敗したときやネガティブなフィードバックを受けたときは、それに対する反応として、意識的に進捗確認をするといいだろう。たとえば「目標に向けて進んでいない、と自分でも思うだろうか」と自問することで、そのネガティブな体験を、目標に向けて進むためのモチベーション要因として位置づける。確かに進みが遅すぎるな、と感じたら、ペースをあげる動機になる。

仮に、「決意が弱い、と自分でも思うだろうか」と自問したらどうなるだろうか。自分の決意のほどを見直したら、確かに本気度が足りないという結論になってしまうかもしれない。この作業や目標は自分に適していないのではないか、という疑念がつのり、モチベーションは減退するだろう。

自分の本気度に自信があるなら、おそらく自然と進捗について自問する。実のところ、現時点で実際に能力や見込みがあるかどうかという点よりも、能力または見込みに自信があるかどうかという点のほうが、この先本当にその能力をマスターできるかどうかにつながることが多い。歩き方をマスターしようとする乳児を導くのは、実証済みの歩行能力ではない。本人はただただ、自分は歩けるということを疑っていない。読み書きを覚えるときも同様だ。水泳でも、プールの往復なんてとてもできない段階で、自分が水に浮かべることはなぜだかわかっていたりする。実際にできた前例がないうちから、スキルを習得できる気でまんまんだ。本当のエビデンスよりも、こうした自信が、本人に最初の一歩を踏み出させる。途中で受けるネガティブなフィードバックで心が折れないという役割も果たす。

第2に、ネガティブなフィードバックを活かすための対策として、**学習志向のマインドセットをもつ**こと。成長を重視して学んでいこうとする思考回路だ。今の自分が学習をしているのだとすれば、その目標は「課題をやっつける」ことではない。継続的にスキルを伸ばしていくことだ。ミスや挫折は、課題をやっつけるという目標からは遠ざかるかもしれないが、スキルの継続的な上達という目標に照らすならば、正しい方向に進ませてくれる。レシピを読み間違えたなら、おいしい料理は完成しなくても、料理に関する貴重な教訓を学ぶ。つまり、何かを完璧にやっつけることではなく、学習自体を目標として掲げているのなら、失敗したときにも進歩したと言える。

成長型マインドセットのトレーニングによって、苛立ち、難題、挫折などの逆境でも折れずに伸びるしなやかな力、すなわちレジリエンスが向上することは、研究で確認済みだ。成長型マインドセットを伸ばすためには、学習には体験が必要であること、困難にも耐える必要があることを理解しなければならない。そうしたトレーニングを受けた人は、試練に直面し克服するたびに脳が発達するという自信が芽生える。

失敗しようが成功しようが、その経験から学べるのなら、脳は実際に育つのだ。成長型マインドセットに関する心理学者デイヴィッド・イェーガーの研究では、GPA〔訳注　アメリカの成績評価方式〕の低い9年生〔訳注　中学3年生に相当〕に1時間未満のマインドセット・トレーニングを受けさせ、学べば伸びるという思考回路を根づかせたところ、数カ月後には本当に主要科目で成績が伸びていた。[15]

第3の対策は、**距離を置くこと**。失敗の体験から距離をとってみる。他人の成功を見習うのと同じように、他人の失敗からは学習しやすいと説明したことを思い出してほしい。自我が傷つかないなら、目を背けずにいられるからだ。自分の失敗から少し距離を置いて眺めてみれば――たとえば、他人に起きたことだと想像してみる――学習し、モチベーションを維持するのも、比較的楽になる。

最後に第4の対策として、似たような問題で苦戦している他人に**アドバイスをする**。今のあなたの困りごとを思い浮かべてみてほしい。金銭面の悩みか、それとも、怒りっぽい自分の気質を抑える方法に悩んでいるのか。次に、同じ問題で困っている他人にアドバイスをすると想像してみよう。たいていの人は、自分が克服していないことを人に教えるのはためらうものだ。そもそも自分が上手にできていないのなら、他人を手伝えるわけがないと思ってしまう。だが、あえてそれをやってみてほしい。他人へのアドバイスを通じて自分自身がモチベーションを取り戻し、自信を回復する後押しになることが研究で示唆されているからだ。

アドバイスをするなら、記憶を探って、目標到達のために（もしくは回避のために）自分がこれまで何を学んだか把握しなければならない。この記憶探索の作業で、自分が積み重ねた知識をあらためて思い出す。また、アドバイスをするなら意図を明確にして、具体的な行動計画を立てる必要があるので、それも自分のモチベーション向上を促す。それだけではない。人にアドバイスをすること自体で、自分の能力に対する自信も高められるのだ。

私はエスクレイズ＝ウィンクラーおよびアンジェラ・ダックワースとの研究で、アドバイスをすることのパワーを調べた。[16] 中学生が下級生にモチベーションアップのアドバイスをする場合と、教師からモチベーションアップのアドバイスを受ける場合を比較したところ、前者のほうが翌月に宿題をする時間が長くなった。

この現象は子どもだけに見られるものではない。大人を対象として調べたときも、自分自身が節約が苦手だったり、すぐカッとなる気質を抑えられなかったり、減量や仕事探しに苦戦していたりという場合に、専門家からアドバイスをもらうよりも、誰かにアドバイスをするよう頼まれたときのほうが、それぞれの目標実現に向けたモチベーションが高まった。たとえば求職中の被験者に、人脈の重要性について人にアドバイスするよう求めた場合と、人脈の重要性について求職情報サイト「ミューズ」で学習させた場合を比べると、前者のほうが仕事探しの意欲が強くなっていた。

失敗は隠されがちである

起死回生を狙うシェフが莫大な金銭的リスクを覚悟して自分の店を開き、大成功して大金持ちになった——というエピソードは、ニュースで頻繁に見聞きするものだ。同様に、売れないミュージシャンが最終的には超大型コンサートで世界中を回るようになったというのも、よく聞くストーリーである。ハーバード大学を中退して起業したビル・ゲイツやマーク・ザッカーバーグのような人物が、現代でもっとも大きな影響力をもつテクノロジー企業を築き上げたという話も、しょっちゅう耳に入ってくることだろう。こうした刺激的なサクセスストーリーを根拠に、大学を中退する、レストランを開く、音楽の道を突っ走るというのは大儲けにつながる賢い判断だと納得したくなるかもしれない。何しろ、あの話もこの話も、成功しかしていないのだ。

だが、レストランを開業して1年未満で閉店せざるを得なかった人や、ヒットを夢見て音楽に生涯を捧げたが地元のバー以外では一度も演奏しなかった人、次なるビッグなテクノロジー企業を作ってやろうと大学を中退したが頓挫した人の数を知ったなら、印象はどう変わってくるだろうか。

この世界は情報が非対称的なのだ。失敗した人の話よりも、成功した人の話のほうが、かたよって多く耳に入ってくる。もしも失敗の話も聞いていたなら、先に挙げたような道を進むのは必ずしも金銭的に賢明な判断ではないと気づくだろう。平均すると、大学中退者の稼ぎは、卒業した者よりも少ない。飲食店とミュージシャンの大半は一度も大繁盛や大ヒットを経験しない。だが、こうしたストーリーは耳に入ってこない、あるいは少なくともサクセスストーリーほど頻繁には耳に入ってこないので、学習にバイアスが生じるのだ。

人はたいてい自分のすてきなニュースだけを声高に伝える。ソーシャルメディアを使って昇進や大学合格を華々しく発表し、人生のハイライトを切り取った写真を投稿する。ソーシャルメディアに投稿した写真だけを根拠に、私という人間が判断されるとしたら、陽射しがきらめくリゾート地で人生を過ごしている人だと思われるだろう——本当は、冷え込む日の多いシカゴに住んでいるにもかかわらず。失業したとか、不合格だったとか、長く厳しい冬の日々とか、そういうものを私たちは宣伝しない。悪いニュースは見せないことが多い。

しかも、人は一般的にポジティブなニュースのほうを、より大規模なオーディエンスに向けて発表しようとする。婚約したというニュースは、聞いてくれる人には誰彼かまわず触れ回るし、ときには新聞広告も出す。それとは対照的に、破局のニュースは、ごく親しい友人にしか伝えない。

こうした非対称性は簡単に目視できる。ためしにグーグルやユーチューブで「成功」の検索結果と「失敗」の検索結果を比べてみてほしい。前者のほうが倍くらいも多くヒットしてくるはずだ。

もしかしたら成功例のほうがありふれているのではないか、と思うかもしれないが、それは世界が情報の非対称性で満ちている説明にはならないようだ。たとえ失敗のほうが一般的、もしくは成功と失敗が同じくらいの頻度で起きる環境だったとしても、情報として入ってくるのは成功の話が多い。

典型的な例が大学の合否情報だ。アメリカの一流大学では、入学志望者の90％以上が不合格となる。だが、不合格となった若者の話よりも、合格した若者のエピソードのほうが、おそらく多く耳に入ってくる。スポーツの試合も同様だ。試合にはほぼ必ず勝ったチームと負けたチームがいる。成功と失敗の頻度は同じだ。ところが、私たちの研究で、『ニューヨーク・タイムズ』紙におけるスポーツの試合結果記事を１８５１年の創刊からすべて洗い出したところ、勝者に関する記述のほうが、敗者に関する記述を圧倒的に上回っていることがわかった（「負けた（lost）」という単語の記述１回あたり、「勝った（won）」は１・４回登場している）。たとえ失敗のほうが頻繁に起きていたとしても、その話はあまり耳に入ってこないのだ。

なぜ失敗は隠れてしまうのか

失敗が隠れてしまう理由は、オーディエンスのほうにバイアスがあるせいだとも考えられる。人間が成功の話を聞きたがるなら、当然、伝える側は聴衆にサクセスストーリーをお届けしたがるものだ。新聞は悲報を飯のタネにしているとよく言われる。だが、『ニューヨーク・タイムズ』紙を調べた調査では、むしろその反対だった。スポーツ記事に限らず、成功を報じる記事のほうが失敗に関する記事よりも2倍多いのだ。ニュースを読んだり見たりするときも、たとえば公教育の惨憺たる状況を報じる暗い記事よりも、セレブに関する軽くて楽しいストーリーを目にする確率のほうが、はるかに高い。新型コロナウイルスの感染が拡大していた時期でさえ、同紙では「成功（success）」や「嬉しい（happy）」といった単語のほうが、「失敗（failure）」や「悲しい（sad）」といった単語よりも多く登場していた。

情報に非対称性が生じる理由はほかにもある。できるだけ自分をよく見せて、自我が傷つかないよう守っておきたいという、私たち自身の願望だ。たとえば賞の候補者になったけれど落選したという話より、賞を受賞したという話のほうが、聞いた人は強く感銘を受けてくれる。ゆえに私は履歴書に受賞歴しか書かない。同様に、あらゆる科学的発見の陰で数多くの実験が失敗しているのだが、そのことは公然の秘密のようなもので、特に語られることはない。

トーマス・エジソンの名言「私は失敗したことがない。うまくいかない方法を1万通り発見してきただけだ」は、失敗に終わった実験の現実を実に巧みに表現している。科学者にとって失敗を整理するのは日課に近い。そのなかでごくまれに何か興味深いものを発見する。芽が出なかったアイディアについて論文を書くことはない。自分の胸のうちにしまっておくだけだ。

失敗を隠しておく傾向のほかに、「失敗に有益な情報など含まれていない」という誤解からも、成功談と失敗談の非対称性が生じる。失敗からは何も学ばなかった、学ぶことはほとんどなかったと信じているなら、その体験を公表しようとは思わない。失敗から学べる教訓に気づくことも難しいので、ほとんどの失敗経験は語られないままとなる。

私が携わった実験がこれを証明している。[17]被験者から他人に情報を説明させるのだが、その際どちらの情報を教えたいか選ばせる。間違いだとわかっている情報か、それとも、半分の確率で正しい情報か。前者の情報を伝えて「私はAが答えだと思ったんですが、それは違うそうです」と言ってもいいし、後者の情報を伝えて「Bが答えだと思いますが、私はこれが正解かどうかわかりません」と言ってもいい。間違いが確定している情報を伝えたほうが、正しい答えを知る手がかりとしては有益なのだが、被験者の大半は、正誤が未確認の情報を教えるほうを選んでいた。

この実験では、教えるという単純なタスクで、失敗からの学習を共有したがらない心理を浮き上がらせている。私たちは嬉々として友人に商品を教えたり、講義の受講を勧めたり、よさそうな恋人候補を引き合わせたりする一方で、避けるべき商品、講義、交際相手について友達に打ち明けるのはためらう。この心理が、情報の非対称性が横行する世界を作る。失敗は隠されて成功だけが拡散する世界だ。こうした非対称性は目標追求にどんな影響をもたらすのだろうか。

ネガティブなフィードバックが有益である二つの理由

実のところ、失敗を隠すと、きわめて有益な情報も隠されてしまう。成功よりも往々にして失敗のほうが、うまくいくための情報という点で、質でも量でも勝っているのだ。失敗を指摘するネガティブなフィードバックには二つの特徴があり、その二つが情報の有益性を高めている。一つは、失敗の情報はたいていユニークであるという点。そしてもう一つは、まれであるにもかかわらず、より詳細である点だ。

理由①——ネガティブな情報はユニークである

文豪トルストイの『アンナ・カレーニナ』は、こんな一文から始まる。「幸せな家族はみな似通っているが、不幸な家族はそれぞれが異なる形で不幸だ」。モチベーションサイエンスの研究者もこれには同意する。失敗に関するネガティブな情報は、一つひとつがユニークだ。それとは反対に、おいしいチョコチップクッキーのレシピがだいたい同じになるように、成功のレシピはどれもほとんど同じである。ネガティブな情報が二つあれば、それは違う内容を伝えている可能性が高いが、ポジティブな情報が二つあれば、内容は大差ない可能性が高い。クリスチャン・ウンケルバッハ、アレックス・コッホ、ハンス・アルヴェス、トビアス・クルーガーの共著論文が、このことを明らかにしている[18]。

彼らの研究によると、ばらつきに差が出る理由は、ものごとが成功と定義される範囲——統計的な「分散」——が、同じものごとが失敗と定義される範囲よりも狭いためだ。人間の性質で考えてみよう。どんな性質でも、それが「望ましい」「よい」とみなされる範囲は、比較的狭い。優れた性質であっても発揮しすぎるのはよくないし、発揮しなさすぎるのもよくないからだ。

フレンドリーという性質で言うならば、フレンドリーな人間は、人との交流において、誰でもほぼ同じような行動をする。礼儀正しく、親切で、相手の発言をしっかり聞く。だが、過剰なフレンドリーさは望ましくない。集まりではしゃぎすぎたり、喋りすぎたりして、誰彼かまわず話しかけたりすると、ガツガツしていると見られる。一方、あまりにもフレンドリーさが足りないのも望ましくない。パーティで壁にはりついているだけの人物は、びくびくしすぎだと言われる。ガツガツとびくびくではまるで違うが、どちらも当人が示すフレンドリーさの量の問題だ。つまり、フレンドリーさの間違い方は対極的となりうるのである。

気前のよさのような性質にも同じ法則が当てはまる。気前のよさをうまく発揮する人の行動は、たいてい誰でも同じだ。持ち物を惜しみなく分けようとする。ところが気前のよさをうまく発揮できない人は、お金や時間にケチすぎたり、反対に軽々しく浪費しすぎたりする。ここでもやはり、気前のよさに「成功」している人が画一的であるのに対し、「失敗」している人は、一人ひとりズレ方が違う。気前のいい人二人のあいだにも差はあるだろうが、ケチと浪費の違いのほうが差は大きい。一般的に言っても、あなたと私が二人とも失敗したとき、あなたの失敗内容は私の失敗内容とは別である可能性が高い。間違い方は一つひとつがユニークで、それゆえに、情報量が多いのだ。

目標追求のために情報収集をするにあたり、これがおおいに関係してくる。たいていの場合、目標実現の手段や方法は多くが似通っているのに対し、失敗に至る道は実に多彩だ。運動をするという目標でも、運動しすぎてけがをする人がいるかと思えば、運動しなさすぎて体形が崩れる人もいる。これらの失敗は、それぞれが健康に関する異なる情報を伝えている。ミス、失敗、ネガティブな情報のほうが多様であり、得られる教訓も多いのだ。全員が失敗したとき、それぞれユニークな形で失敗をしたなら、お互い自分の失敗について語り合うことで、貴重な情報提供ができる。全員が同じように成功したなら、体験を共有しても得られる情報は多くない。

理由②――ネガティブな情報は詳細である

人はものごとがうまくいくことを期待しながら人生を歩んでいく。そのため、ものごとがうまくいっているときには、理由を説明する必要性を感じない。期待したとおりだからだ。うまくいかなかったことは見なかったことにしておきたいが、そうできない場合は期待とのズレを痛感し、なぜそうなってしまったのだと問い詰めたい気持ちを抱く。失敗を無視できないなら、せめて理由に納得はしたいのだ。

ネガティブな結果に説明をつけたがる傾向は、日常的な言葉遣いにも表れる。よい牛乳は「よい牛乳」とは言わない。ただ単に「牛乳」だ。それとは対照的に、悪くなった牛乳は「傷んだ牛乳」などと呼ぶ。ポジティブな状態は期待したとおりなので、それ以上の説明を要さないが、ネガティブな状態はくわしく語る必要がある。打合せに時間どおりに行ったなら、その時間に来た理由の説明は要らない。遅刻したなら、バスが遅れたとか、途中で渋滞に巻き込まれたとか、説明の必要性を感じる。

さまざまな言語において、ポジティブな感情よりネガティブな感情を表す単語のほうが多いのも、ネガティブな体験には詳細な説明が求められるからだ。[19] たとえばいやな気持ちになったときに、自分は悲しいのであって怒っているわけでもなければ苛立ってるわけでもない、と伝えたいと考える。正しく伝えるために、ネガティブな感情を表す豊富な語彙に頼るのだ。一方、ハッピーな気持ちのときには、表現の正確さはさほど気にしない。あなたのハッピーな気持ちは嬉しいのか、それとも楽しいのか、私が勘違いして解釈したとしても、特別に不都合はない。それらの感情は実際に重なるものだからだ。

ネガティブな体験を詳細に語りたがる例として、わかりやすいのは商品レビューだ。ネガティブな商品レビューは、数で見れば、ポジティブな商品レビューよりも少ない。自分が購入判断を間違った商品のことは吹聴したがらないからだ。しかし、それでもネガティブなレビューを書くとなったなら、人はより詳細に書きたがる。新しいシューズが気に入ったときは、おそらく短いレビューを投稿するだけ（「よかったです！」など）だとしても、シューズに不満があり、その感情を自分や世界に対して隠さないことにしたならば、ソールがダメ、靴紐がイマイチ、デザインがひどい、配送方法が悪かった、と何行も使って説明する。

その結果として、失敗はまれであるにもかかわらず、ネガティブな評価や分析のほうが、ポジティブな評価や成功の分析よりも情報量が多くなるのだ。私が携わった実験が実に興味深い形でこれを明らかにした。[20] 被験者には数店のレストランに関するレビューを読ませ、どの店がランキングで一番上か当てさせる。半分の被験者にはポジティブなレビューだけを読ませ、残り半分の被験者にはネガティブなレビューだけを読ませた。ポジティブなレビューは気味が悪いほど似通った内容だ。食事がすばらしかったと書いているばかりなので、最高のレストランとほどほどのレストランの区別はつかない。一方、ネガティブなレビューの内容は多岐にわたっていた。高すぎるという批判もあれば、食べ物がパサパサだったという指摘もあった。こうしたレビューを読んだ被験者のほうが、ランキング上位のレストランを特定しやすかった。

ネガティブな評価は、将来的な成果を占うにあたっても参考になることがわかった。被験者に映画レビューを読ませて、どれがオスカーを受賞するか予想させたところ、ネガティブな映画レビューを読んだ被験者は正しく受賞作品を当てていたのに対し、ポジティブなレビューだけを読んだ被験者の予想は当たっていなかった。

この二つの特徴——ユニークであること、まれではあるが詳細であること——をもった失敗の情報は、成功のレシピなのだ。失敗は私たちに多くのことを教えてくれる。

自分を動かすためのヒント

この章では、人が失敗からはほとんど学ばない理由について考察した。ネガティブなフィードバックを受けると、目と耳をふさぎ、関心を払うことをやめてしまうので、学習ができない。極端な場合では間違った情報を吸収して、学習性無力感に陥る。ここには一種のパラドックスがある——失敗は隠されやすいが、失敗をくわしく語り、失敗から学ぼうとするならば、そこから貴重な情報を吸収できるのだ。だとすれば私たちは、ネガティブな結果は成功に欠かせないユニークな情報を提示していると心得て、失敗に関する情報を自主的に求め、学んでいかなくてはならない。まずは、次に挙げる問いを考えてみよう。

1 自分は目標に対して決意が固いだろうか。そのことについての熟練者だろうか。そう思う根拠は何だろう。目標が夢物語ではなく、自分にとって手の届く範囲だという自信があれば、ネガティブなフィードバックからも学ぶことができる。

2 能力を証明することではなく、能力を伸ばし続けるという観点から、自分の目標追求を考えることはできないか。成功しても失敗しても、自分はつねに学習するのだ、という意識をもとう。

3 自分自身の失敗にもとづいて、他人にアドバイスができないか。人にアドバイスをするという設定で、自分が学んだ教訓を具体的に説明してみよう。

4 他人の成功や失敗を観察して、何を学べるか。人のつまずきを参考にしたほうが、学習のハードルは低いことが多い。

5 目標に至る最善の道を特定するにあたり、失敗に関する情報も吟味することができるか。自分の失敗でなくてもかまわない。成功した人の話だけでなく、失敗した人の話も聞いて、彼らの体験から教訓を引き出そう。

第3部

目標と目標がぶつかるとき

複数の目標を整理する

実存主義の始祖と言われる19世紀デンマークの哲学者、セーレン・キルケゴールは、「心の純粋さとは、ただ一つを望むこと」と述べた。ぐっと来る言葉だが、モチベーション研究から見れば、このアドバイスは正確でもないし、役にも立たない。人はいつでも二つ以上の望みを抱くものだ。買いたい、食べたい、働きたい、遊びたい、といった希望を同時進行で考えている。おそらくこの文章を読んでいる今も、ほかのことをしたい気持ちがいくつもわきあがっているだろう。ギャラップ社の世論調査によれば、アメリカ人の半分は、一日のうちでしたいことをする時間が足りていないと感じている。[1]目標がどんどん積み重なり、実現が追いつかないのだ。

複数の目標があるなら、順番に追求すればいい――つまり、一つを終えてから別の一つを始めればいい――という考えもあるが、これは非現実的だ。そもそも目標実現には時間がかかる。生涯かけて叶えていくものもあるだろう。恋人を見つけるまで学業はお預けというわけにはいかないし、キャリアアップを目指すあいだ健康は度外視というわけにはいかない。そして人間は複雑な生き物であり、この世界も等しく複雑な世界なので、生きる上では複数のニーズが同時に発生する。必要なもの（ニーズ）と欲しいもの（ウォンツ）をいくつも同時進行で求めざるを得ない。

このように、「ただ一つを望む」というキルケゴールの示唆は非現実的ではあるが、大切な点を指摘している。一度に複数の目標を目指すのは難しいのだ。成功への道のりでぶつかるさまざまな壁にも注意しなければならない。私からのアドバイスは、先ほどのキルケゴールの格言を別の表現に言い換えることだ。こちらのアドバイスはぐっと来るという類いのものではないが、妥当性はある。「戦う土俵を選べ」だ。

目標追求という観点で、戦う土俵を選ぶというのは、一部の目標を優先し残りの目標を後回しにするという意味だ。いくつかの目標の皿回しをしながら、どのタイミングでどの目標に注意を向けるか判断する。運がよければ、その過程で、複数の目標を同時に達成できる道が見つかるかもしれない。たとえばジムのパーソナルトレーナーに恋をして、幸運にも両想いになれたなら、恋人を作るという目標と運動面での目標が同時に叶う。だが、そんな完璧な組み合わせはめったに起きない。

人生の異なる領域で異なる目標を同時に掲げていると、目標同士が足を引っ張り合い、別々の方向へ向かわせることになりやすい。仮に仕事で昇進を目指すのがダーツを的に当てるようなものだとしたら、子犬をもらいうけてしつけをするという目標や、マラソンに向けて練習するという目標は、ダーツの的を狙う腕にぶらさがったお荷物になるかもしれない。

モチベーションサイエンスでは、「ゴールシステム（目標体系）」という言葉で、頭の中にあるさまざまな目標を整理する。目標一つひとつの下に、その達成につながる手段が数多くぶらさがった階層構造のことだ。ぶらさがった手段は、メインの目標に対する「下位目標」と言える。そして全体にまたがる大きな目標があり、すべての目標がそこに結びついている。こちらは、いわば人生の「上位目標」だ。たとえばフルマラソン完走という目標を掲げるなら、下位目標の一つは新しいスニーカーの購入で、上位目標は健康とスタイル維持だろう。上位目標が仕事人生を充実させることで、そのための手段として昇進を目標にするのだとすれば、その昇進を叶えるためのさまざまな下位目標に細かい期日を設けて達成していく。

キャリアに邁進しつつ家族を支えるというように、複数の目標が並行する場合には、片方が他方を「抑制」する関係になるかもしれないし、「促進」する関係になるかもしれない。安定した職に就いて家族に楽な暮らしをさせられるなら、キャリアアップの目標は家族に関する目標実現も促進すると言える。反対に、仕事に没頭しすぎて家族を犠牲にしたり、あるいは家庭の事情で仕事に集中できなかったりするのであれば、それは抑制の関係になっている。雪のひとひらひとひらにまったく同じものなど存在しないように、目標の具体的な組み合わせは人によって千差万別だ。それでも、さまざまなゴールシステムに共通する普遍的な法則を理解すれば、より賢く目標設定を行ない、適切な行動を選んでいくことができる。

第3部では、まず効果的なゴールシステムの構築について論じる（第9章）。次に、衝動や自制心の欠如が邪魔をするのはどんな場面か、自分自身で気づく方法を考えていく（第10章）。さらに、複数の目標を扱う際の忍耐の重要性について掘り下げていきたい（第11章）。何か一つだけを望んで生きていくことはできないかもしれないが、賢く選んだ土俵で勝利していく方法は学べるはずだ。

第9章　目標の皿回し

「成果最大化の法則」のもとでの妥協と優先順位づけ

本を書きたい。体形を戻したい。友達と会いたい。配偶者とゆっくり過ごしたい。仕事よりも子どもたちと一緒にいたい。こうした望みを今日、全部叶えたい……。たった今の私自身の心の声だ。したいことはあれこれあるのに、今日はまだランチにすら行けていない。

願い事がたくさんあると、実現性にはどんな影響が生じるだろうか。この問いの答えを出すためには、まずゴールシステム（目標体系）を理解する必要がある。ゴールシステムとは、主眼を置く目標と、同時進行の目標、各目標の獲得手段、そして各目標を達成することで実現する最重要目標、これらすべてのつながりや階層のことだ。

一つの行動が、複数の目標に貢献するならば、自然と目標同士が促進しあう関係が生じる。手作りの食事は安くすむし、外食よりも健康的なので、節約という目標のために昼食を自宅から持参すれば、健康的な食事をするという目標も同時に叶う。反対に、複数の目標にそれぞれ異なる行動が必要ならば、特定の目標を追求することで、別の目標が損なわれたり、衝突が起きたりするかもしれない。昼食持参は安上がりで健康的だとしても、私は手際がよいわけではないし、ただでさえ朝は忙しいので、昼食の用意は「遅刻せずに出勤する」という目標の足を引っ張る。目標同士が衝突していると、先行きは怪しい。大切な目標を損なう行動を継続するのは難しいからだ。

「ゴールシステムに複数の目標があるとき、モチベーションには「成果最大化の法則」がはたらく。できるだけ多くの目標に最大のプラスをもたらす行動を選ぼうとするのだ。一方で、ある目標のための活動が別の目標を損なう事態を最小限にとどめようとする。たとえば倫理的に正しいこと、人間関係を円滑にすること、その二つの目標両方に貢献する行動として、正直な言動をするとしよう。だが、仮に正直な言動が人間関係を損なうとしたら——上司がプロジェクトを破綻させそうであることを本人に伝えるとか、友人が着ている新しいワンピースがダサいと思うことを直接告げるとか——本当に正直になっていいのかどうか考え直すだろう。昇進がふいになったり、友情が壊れたりする可能性を考えれば、もしかしたら、自分の倫理観を優先する価値はないのかもしれない。

成果最大化の法則のもとでは、起こすべき行動の選択肢が絞られる。妥協（この場合では、正直さと人間関係維持の妥協点）を探る、もしくは目標に優先順位をつけることになるからだ。妥協をするのであれば、ゴールシステムの構成や、目標達成に要する手段同士の関係に応じて、行動を少しずつ入れ替えながら目標間のバランスをとる。優先順位をつけるのであれば、一つの目標に集中し、ほかの目標を意識の外に追い出す。

多目的型の手段と等結果性の手段

同時に複数の目標があるとき（誰でもつねに複数の目標があるものだ）、人は目標にヒエラルキーを作る。生物の分類は界、門、綱、目、科、属、種という階層になっているが、目標も似たような構造になる（図2に示した）。階層のトップには全般的で抽象的な目標がある。図2で言うと、社会的つながりや富や健康を求める目標だ。その下に下位目標がぶらさがる。下位目標は上の目標を叶えるための手段でもある。この場合、社会的つながりを広げたいという目標の手段として、新しい友人を作るという下位目標を設定する。この下位目標や手段の下に、またそれぞれの下位目標や手段がぶらさがる。たとえば植物への興味を共有する友人を作るために、ガーデニンググループに加入する。ヒエラルキーの最上位の目標（「充実した人生を送る」など）から遠く離れるにつれ、一つの手段が複数の目標に貢献することになる。

ゴールシステムのなかで、一つの活動が複数の目標に貢献しているのだとすれば、その活動は「多目的型」の手段だ。「石1個で鳥2羽を殺す」（一石二鳥）ようなものだが、もう少し動物に

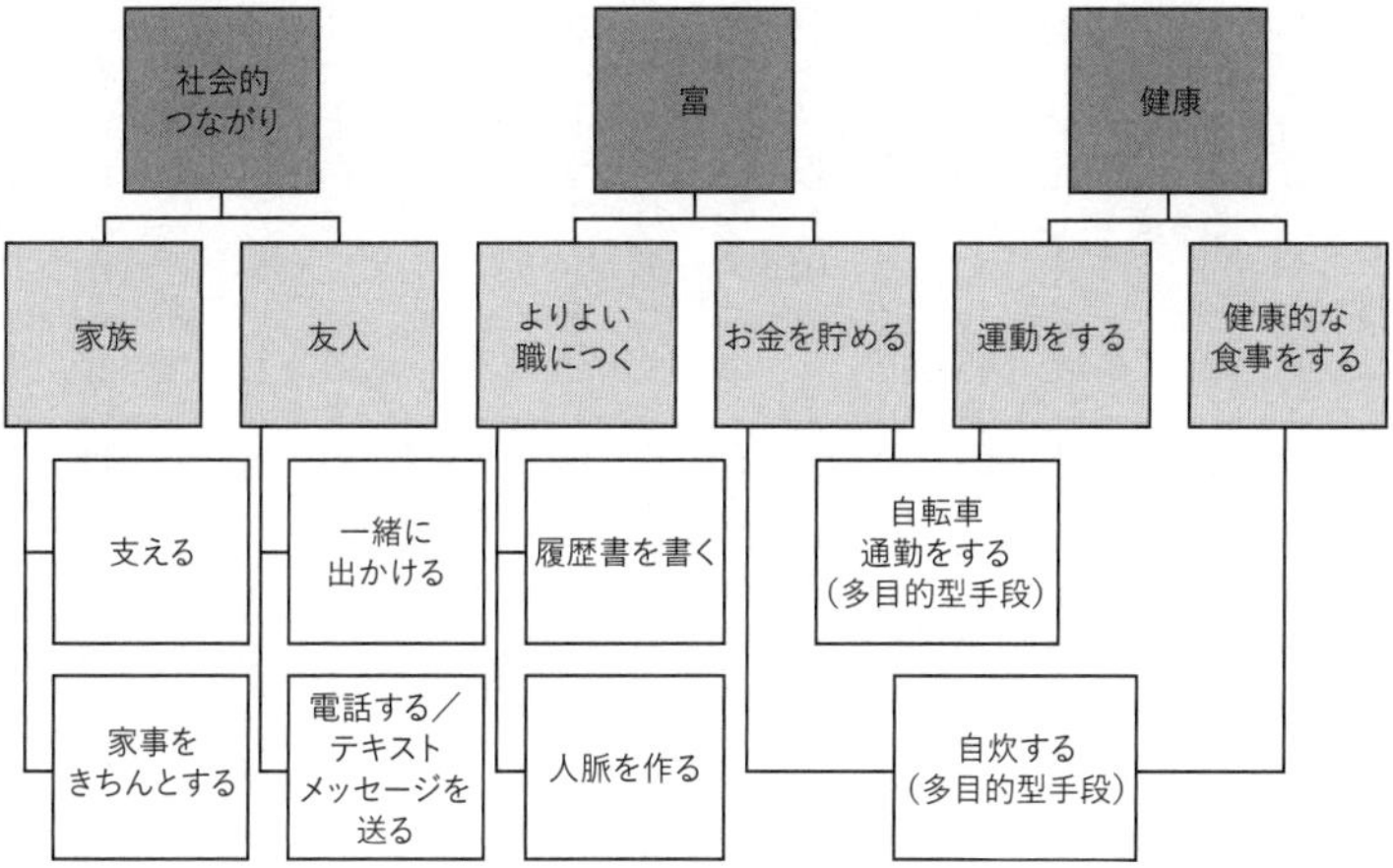

図2　シンプルなゴールシステム（目標体系）。トップに3つの全般的な目標があり、その下に下位目標がぶらさがる。下位目標それぞれに、達成のための手段がぶらさがる。右側にある手段は多目的型だ。複数（ここでは2つ）の目標に同時に貢献している。自転車通勤は運動になると同時に、お金の節約になる。自炊をすれば健康と財布の両方に貢献する。

配慮した昨今の表現で、「スコーン1個で鳥2羽にエサをやる」と言ったほうがいいのかもしれない。自転車通勤の例で言うならば、自転車に乗るのは健康によいし、環境負荷が少ないし、交通手段として安価だ。複数の目標（運動量を増やす、炭素排出量を減らす、交通費を節約する）に貢献するので、これは多目的型の活動と言える。

成果最大化の法則にのっとるならば、多目的型の手段が理想的だ。同時に二つ以上の目標達成に役立つなら、ぜひその活動をしたほうがいい。だが、同時に掲げる目標が多ければ多いほど、一つの手段がすべてに役立つという組み合わせは成り立ちにくい。

自分が今フードコートにいると想像してみてほしい。周りを見回し、何を食べればいいか決められずに途方にくれる。空腹を満たす選択肢は数限りなくあるのに、何を食べたいかわからない理由は、単純に食べ物を選ぶのではなく、さまざまな目的を同時に満たさねばならないと考えているからだ。おいしくて、ヘルシーで、安くて、最近食べていないようなものも食べたい。しかも、できるだけてっとりばやく出てくるものを食べたい。何しろ忙しいのだ。ずっと待っているわけにもいかない。

目標が多いとランチの選択肢が限られるという、このプロセスについて、私はカタリナ・クペッツ、ティム・フェイバー、アリエ・クルグランスキとともに調査をしている。[1] ランチタイムにフードコートを訪れた人に、その日一日の用事を書いてもらう。次に、今から食べてもよいと思うランチの選択肢もリストアップしてもらう。フードコートに並んでいる10店以上の店が、何十種類というメニューを提供しているが、そのなかでいくつのランチが実際に選択肢に入るか。結果は、あまり多くなかった。しかも、その日の用事を書き出した人のほうが、食べてもいいと思うランチの選択肢が少なかった。午後の予定に頭をめぐらせたことで、時間が限られていて、集中力を持続する必要があって、しかも夕食までしっかり腹を満たしておかなければならないことを思い出したのだ。だとすれば選べるのはサンドイッチくらいしかない。

悲しいことに、これと同じプロセスが、魂の伴侶探しでも起きる。愛し合える人を見つけることが主たる目標なのに、その他の目標、たとえば経済的に楽をさせてくれる人がいいとか、家族が認める人がいいといった目標が介入するせいで、選択肢が限られる。愛情さえあればいいと言いながら、実際には、愛と、稼ぎと、家族の承認を求めているというわけだ。背景に別の目標が加わると、選択肢は大幅に少なくなる。

ゴールシステムの中に「等結果性の手段」が見つかる場合もある。複数の手段が等しい結果、つまり一つの目標につながるという状況だ。「すべての道はローマに通ず」ということわざは、まさにこれを言い表している。たとえば、自転車に乗る、ゴルフをする、ロッククライミングをするといった活動は、すべて「身体を動かす」という目標の実現に貢献する。等結果性の手段は入れ替え可能で、どれでも効果がある。

等結果性の手段はたいていぶつかる。どれかを追求すれば、別のどれかはダブってしまうのだ。自転車に乗るのは身体を動かすという目標につながるが、スポーツジムで新しいレッスンに登録したなら、自転車に乗るのはやめてもいい――どちらの活動も運動目標の実現に貢献する手段なので、片方を選ばねばならないという気持ちにかられる。

だが、自転車は別の目標にも同時に貢献すると考察したことを思い出してほしい。交通費の節約や炭素排出の低減にもつながる。そしてこの場合、ジムのレッスンに加わるのは、自転車が貢献する複数の目標のうち一つにしか貢献しない。それなら、ジムのレッスンに加わったとしても、自転車に乗ることを続けてもいいと思われる。

等結果性の手段は、たとえ互いにダブるとしても、手段が複数あること自体に目標への決意を強める効果が期待できる。第5章で論じたように、決意（コミットメント）を固める重要な条件としては、目標が手の届く範囲にあると思えることが必要だ。等結果性の手段が複数あるなら、望む場所に至る道は一つではないとわかるので、励まされる。特に、目標の実現性に自信のない初心者にとっては、こうした形で決意を強化することが大切だ。

たとえばジムに入会して、身体を鍛える選択肢が多種多様にある（ダンスレッスン、ランニングマシン、ステッパー、プールなど）とわかると、モチベーションも高まる。[2] ボクシングクラスやフラフープのレッスンには加わらないとしても、選択肢が多いと知っていれば、自分に合うものもきっとあるだろうと安心できる。これがモチベーションとなるので、スポーツウェアに着替えてジムに向かおうという気になる。

ただし、手段の多彩さはスタート時には決意を強めてくれるものの、道を決定し決意を固めたあとで多彩な手段を紹介されても、たいして後押しにはならない。すでにズンバのレッスンに入ったなら、ウォーターエアロビクスのレッスンがあると聞いても、だからといってことさらにモチベーションが高まることはないだろう。

目標達成の手段として正しいと思えるか

私がこれまでの人生で経験した食事、この先の人生で経験する食事のどれと比べても、竹を食べるパンダのほうが絶対に食事を楽しんでいる。竹に対するパンダの客観的喜びを明確に評価する方法はないけれど、それでも断言できる。理由は、私にとって、食欲や嗜好を完全無欠に満たす唯一の食材というものが存在しないからだ。パンダの食生活は、竹の葉と茎と芽で、ほぼ全面的に構成されている。パンダにとって、空腹を満たすという目標は、竹を食べるというたった一つの活動と固く連結している。竹は、パンダが生涯に口に入れる食べ物のなかで、まぎれもなく一番おいしい。匹敵しうるものなど何もない。

人間はそれとは対照的で、空腹を満たす食べ物の種類がたくさんある。そして食べ物の一つひとつが、別の検討事項（予算に合う、健康を維持するなど）のあれこれにかかわる。人間にとっての食事とは、等結果型であると同時に多目的型でもあるのだ。口に入れる食べ物と、食べ物が貢献する目的、その二つの連結パターンが無限に存在するので、私たちは何か一つの食べ物だけを生涯食べ続けることが正しいとは考えない。

この一例からもわかるように、目標を満たす方法がたくさんあると、どれか一つについて「この手段は間違いなく正しい」とは思えなくなる。そして、成果最大化の法則に沿って、複数の目標に貢献する活動が得だと感じる。歩くことは運動にもなるし移動にもなるからよい、という考えだ。こうした多目的型の活動の厄介な点は、目標が増えるごとに「この活動をすることは、目標を達成する手段として正しい」という認識が薄れてしまうことだ。

手段（活動だけでなく、モノや人かもしれないし、竹かもしれないが）と目標とを結びつける脳内リンクは、その手段や目標と連結した別のリンクが増えれば増えるほど、結びつきが弱くなる。一つの手段が複数の目標に貢献する場合や、一つの目標に複数の手段がある場合、手段―目標の連結が薄弱になるのだ。道と到着地点との脳内リンクが弱まれば、その道を歩いているときに、当該の到着地点は頭に浮かびにくい。到着の方法を探すときにも、当該の道が頭に浮かびにくい。

脳内リンクが強固につながっているときは、活動やモノや人が、その目標達成を叶える有用な道具と思えるだろう。たとえば、身体を動かすにあたり、自転車に乗る以外に優れた方法はないと思っているとしたら、自転車は脳内で運動と強く結びついている。だが、自転車と同じくらい簡単な運動方法がほかにもあると気づいたり（自転車は等結果型の活動の一つ）、自転車に乗ることで運動以外の目標も達成できると気づいたりすれば（自転車は多目的型の活動）、運動に対する自転車の有用性の認識が薄れる。身体を鍛える効果的な方法はほかにも多く思いつくし、自転車に乗るべき理由もいろいろと思いつく。結果として、運動のために自転車に乗るという行動に対して、さほど必然性を感じなくなる。

こうした希薄化が理由で、人は往々にして成果最大化の法則に従わず、「単目的」型の手段を好む。たった一つの目標だけに貢献する、つまり単一の目標と強く連結した活動、モノ、人を選ぶのだ。

第3章で、これと類似した考察を展開したことを思い出してほしい。多用途型の商品が支持されない理由として、多用途だと機能一つひとつの有用性が薄弱に感じられると説明した。レーザーポインター・ペンは、二つの機能を果たすにもかかわらず、レーザーポインターとしては物足りなく、ペンとしても中途半端という印象を与える。ためば壁掛け鏡になるアイロン台、コーヒーホルダーのついた傘なども、生活に即した独創的な発明なのに、ヒットしなかった。複数の機能があるなら、どの機能もそこそこだろうと思われてしまったのだ。

一つの手段が貢献する目標が増えることで、主眼を置く目標に対する有用性の認識が薄れると、人は多目的型の手段をまるごと拒絶する。特に、増えた目標がさほど重要ではない場合には、こういうことが起きやすい。メリットが増えても、自分にはあまり役立たない、もしくはまったく役に立たないという場合だ。

コーシャーフード〔訳注　ユダヤ教の戒律に従った食べ物のこと〕の例で考えてみよう。あなたがコーシャーに興味がなく、近所の食料品店にコーシャーコーナーがあったとしたら、賭けてもいい、あなたはそのコーナーで立ち止まりもしない。コーシャーフードが誰かの食の好みと宗教的ライフスタイルの両方に貢献することは理解しているが、食品が二つの狙いと連結しているならば、きっとおいしくはないだろうと思うのだ。イタマール・サイモンソン、スティーブン・ノウリス、ヤエル・サイモンソンの共著論文が、実際にこれを調べた実験を紹介している。[3] アイスクリームをコーシャーとして宣伝すると、ユダヤ教の信者以外は、そのアイスクリームに関心を示さなくなった。コーシャーであることは無視して当該のアイスを選んでもいいはずなのに、自分に関係ないメリットが宣伝されているのなら、それは商品がおいしくないというサインとして受け止めたのである。

一つの目標に貢献するが別の目標を損なう商品や活動（逆・多目的型）が好まれるのも、多目的型手段を忌避するいっそう顕著な例と言えるかもしれない。人は、苦労したほうが得が増えるという、間違った認識をもっている——「痛みなくして得るものなし《ノー・ペイン、ノー・ゲイン》」という（往々にしてミスリーディングな）慣用表現をそのまま受け止めているのだ。このフレーズ自体は大昔からあり、広めたのは女優のジェーン・フォンダだった。１９８０年代に出演したエアロビクスのレッスンビデオにおけるモットーで、エアロビクスはハードなほうが効果があるという意味だったが、その後は運動強度に限らずさまざまな場面に当てはめられるようになった。たとえば研究によると、舌にピリピリするマウスウォッシュのほうが、刺激のないマウスウォッシュよりも口腔内細菌を減らす効果が高いと多くの人が信じている。[4] ある活動や商品が、一つの目標（使い心地がよい）を損なうと知ることで、別の目標（口腔内細菌を殺す）にはいっそう役立つように感じられたのだ。

10代の若者が軽はずみで自己破壊的な判断をしやすいのも、同じ心理がはたらいている。若者はしばしばあえて煙草にハマってみたり、アルコールや薬物など依存性のあるもの、非合法なものを試したりする。初めて吸う煙草、初めて飲むビールはまったくおいしくないのだから、初回の楽しさに押されて選ぶわけではない。仲間の輪に入るために選んでいるだけだ。だとすれば、なぜ自己破壊的な行動が交友関係の望みを叶えるチケットになると思うのか。理由の一つは、自己破壊的行動は健康や安全など、交友関係以外の基本的目標を損なうものだからだ。喫煙開始直後に得られるメリットは「仲間に加われる」以外に存在せず、しかも多大なリスクを伴うため、そこまでして喫煙仲間と一緒にいたいのだ、という明確なシグナルを伝えられる。自分の居場所を強く求める若者にとって、喫煙は、喜んで払いたい犠牲というわけだ。

過激派集団に加わるなど、社会に害をなす行動にも、同様の分析があてはまる。過激主義に走る理由は、たいていの場合、重要人物になるため、尊敬の目で見られるためだ。過激派集団に加われば、安定した人生の構築や、他者への思いやりを示すなど、別の目標が損なわれる。ゆえに当人にとっては、それだけの犠牲を払って過激派集団に加わることが、尊敬の目で見られるという大切な目標を満たす選択となる。

要するに、人は成果を最大化する多目的型の手段を求めるし、目標への決意（コミットメント）を強める等結果型の手段も求めるのだが、これらの道にはデメリットもあるのだ。二つ以上の目標に貢献する多目的型の活動やモノは、主眼を置く目標の実現には有用度が低いと感じられてしまう。目標に対して等結果型の手段が複数あって、どれでもかまわないという場合にも、やはり主眼を置く目標達成への有用度は低いと感じられてしまう。その点、目標が複数あり、主眼を置く目標だけが飛び抜けて重要である場合は、そのたった一つの目標だけに貢献する単目的型の活動や商品を好ましく感じる。単目的型の手段は、それを実行することが目標達成とイコールであるように感じられて気分がいいので、なおさら好ましい。有用度の高い単目的型の手段を実行しているとき、人は内発的なモチベーションを感じる。どんぴしゃな行動をしているという実感があり、より優れた方法など考えられない。ランニングに熱中している人が、たいていランニングのない人生を思い浮かべられないのは、それが理由だ。パンダだって、竹以外のものを食べてみたいとは、きっと考えもしない。

目標のトレードオフ

有機食材を食べることに重きを置いていて、しかしお金を節約したいという気持ちもあるなら、

「あちらを立てればこちらが立たず」の状態だ。有機食材はたいてい値段が高い。有機食材の購入と予算内の買い物という、二つの目標の衝突を解決するには、どうすればいいだろうか。そこそこの値段とそこそこの食材で妥協するか、あるときは有機を買って別なときは非有機を買うことにするか。それとも、片方の目標を重視し、もう片方の目標は完全にあきらめるのか。

目標の衝突・葛藤を解決する方法として、まさに正反対の選択肢だ。妥協で解決する場合は、複数の目標のバランスをとり、すべての目標をそれなりに満たす。どの目標も完全には達成しないが、どの目標も完全には投げ出さない。全方位的に多少の進歩をすることを選ぶのだ。それとは反対に、重視する優先順位を決めることによって解決する場合は、一つの目標に専念し、ほかの目標を犠牲にする。

たとえば仕事と家族のバランスをとるのは妥協だ。だが、キャリアアップのために家庭を持つことを延期する、もしくは家族と過ごすためにキャリアを棚上げするのなら、それは目標に優先順位をつけている。ヘルシーな食材とカロリー過多な食べ物のバランスをとるのは、妥協だ。健康的な食事を厳守する、あるいは健康的な食事をあきらめるのは、優先順位をつけている。

目標に向けて大きく進捗していると感じるとき、人は妥協をしやすい。そこまでの積み重ねを振り返って、少し努力を休んでもよいとか、衝突する別の目標のほうに関心を向けてもよいという気持ちになる（第6章でも指摘したように）。このタイプの妥協は、重大な目標をあきらめる言い訳であることも少なくない。自分は善良だという認識がある人間が、それを言い訳に不適切なふるまいをする――家族に無礼な態度をとる、店でサービスを受けてもチップを払わないなど

──ことを、モチベーション研究では「免罪符効果《ライセンシング》」と呼ぶ。一つの目標に向けてちゃんとやっているという実感があると、それを理由に、本来ならば許容されない別の行動が許されたかのようにふるまってしまうのだ。目標追求が「免罪符」となって、一貫性のない行動をとってもいいと言い訳させる。

たとえば、正義の行動と安易な行動で妥協してバランスをとる人は、正義の行動をした自分は安易なほうの行動をしてもかまわない、という気持ちが生じている。ブノワ・モナンとデイル・ミラーの実験では、免罪符効果を生じさせた。[5] プリンストン大学の男子学生にあからさまに性差別的な意見を評価させることによって、免罪符効果を生じさせた。幸いなことに被験者たちは性差別的な意見をきちんと否定したのだが、その後、性差別的見解で自分の判断をくもらせることに甘くなった。彼らは「女性は基本的に家庭で育児をしていたほうがいい」「女性は基本的にさほど賢くない」といった意見をはっきりと否定しておきながら、建設業は女性には向かないという評価をつけた。最初にフェミニズムに沿った認識を表明するという実績を出した自分は、その後に性差別的な認識を表に出しても許されるのだ──と感じていたのである。

別の研究では、2008年の大統領選直前にバラク・オバマ支持を表明した白人のアメリカ人が、選挙後、人種差別まがいの発言をしても断罪されないという気持ちになることが確認された(この実験でも、特定の職業は黒人には向いていない、という評価を出した)。[6] オバマに投票したからといって、すなわち公民権支持者であることを意味したわけではないのだが、オバマに投票したという実績のある自分は人種差別意識を表に出しても許される、と感じさせたのである。黒人の大統領候補者を支持するという平等主義的な行動をしたことで、褒められない言動も目こぼしされる気になっていたのだ。

目標に向けた進捗を実感した人が必ず妥協をするわけではない。自分の行動が目標に対する決意表明になると感じるときは、妥協ではなく優先順位づけをする。そこまでの進捗に満足するのではなく、むしろそこまでの行動によって決意が新たに固まり、さらにがんばりたいという気になるのだ。一つの目標に対する決意が強まり、衝突するほかの目標の魅力が薄れる。先ほどの例で言うならば、最初の行動によって、人種やジェンダーの平等を守ろうという決意が強まったなら、その後に差別的な行動をする可能性は低い。

一方で、ばらつきを求めて妥協をすることもある（バラエティ・シーキング）。お気に入りの商品一つや体験一つを貫き通すのではなく、多彩な商品や体験が欲しいと考えるのだ。毎週月曜に1週間分のお菓子を用意するのだとしたら、その週に食べる中身にバリエーションをつけようと考えて、詰め合わせのお菓子を選ぶ可能性が高い。検討する時間的余裕があると、たいていの人は、自分はお菓子のバリエーションを喜ぶだろうと予想する。

ただし、毎朝の出勤前に急いで当日のお菓子を調達するのだとしたら、毎回同じお気に入りの一品を選ぶ可能性が高い――その一品に高い優先順位をつけるのだ。選ぶ時間が数秒しかないときは同じものばかりを選ぶことになりやすい。ほとんどの場合、人は自分が思っているよりも、実は食べ物にバリエーションがないことを望んでいるのである。

その他の妥協の形式として「多角化効果」がある。衝突する目標間ではなく、目標に向けた手段と手段のあいだでバランスをとろうとする場合のことだ。たとえば投資を振り分けるのは多角化だ。どれに投資すれば儲かるかわからないので、多種多様な資産に分散する（成功する投資という目標に向けた複数の手段のなかで、バランスをとる）。交際相手が運命の相手かどうかわからないので、さまざまな相手との初デートにエネルギーを分散するのも多角化と言えるのだろう。いずれの場合も、一つの目標のための複数の手段に投資をしている。

反対に、優先順位をつける場合は一貫性を求め、同じ行動を繰り返す。恋愛で重視すべき相手が決まったなら、その一人との関係発展に焦点を絞るというわけだ。

ネーミングにひねりはないが、妥協の究極の形式は「妥協効果」という。適度な選択を好み、極端に走ることを嫌う。ほどほどの、すなわち「中間」の選択肢は、複数の目標を部分的に満たすが、どの目標も完全には満たさない。そこそこの値段のコーヒーや平均的な価格のスマートフォンを買うのは、節約と品質のあいだでの妥協だ。軽めの距離のハイキングコースを選ぶのは、景観と体力的な楽さを天秤にかけたうえでの妥協だ。

こうした妥協効果が起きやすいことを踏まえ、中間を好む消費者心理を利用して商品をアピールすることがある。選択肢に極端な選択を増やし、当初は「極端」だった商品を「中間」、すなわち妥協の商品に変えるだけでいい。たとえばレストランで、超高価なワインボトルをメニューに加えれば、それまでは高価に見えたワインが中くらいの価格帯に変わる。客はこのワインを適度な選択肢と受け止めるので、売上が伸びるというわけだ。

中庸や適度が魅力的に見えることが多い一方で、人は妥協に抵抗し、順位付けを選ぶことも少なくない。たとえばディナーパーティで安いワインと高いワインを混ぜて出すのが吉と出るとは考えないし、気前のいいもてなしとお財布事情のバランスをとるために客の半分だけにワインを注ごうという発想には二の足を踏む。こうした状況では、人は金銭面での目標を満たすか、それとも気前がいいという評価を求めるか、どちらか片方を優先するのである。

妥協を選ぶか、優先順位をつけることを選ぶか

複数の目標がある。さて、妥協するのか、優先順位をつけるのか。この分かれ道を決める要因はいくつか考えられる。一つは、行動が人格を表すかどうかという点だ。自分の行動は自分自身に対し、もしくは世間に対し、自分のアイデンティティや道徳観を物語るものとなるだろうか。

答えがＹＥＳなら、選ぶ道はおそらく優先順位のほうだ。こうした状況で妥協をすると、自分の人間性を伝えるシグナルにブレが生じるので、それは避けなければならない。電気自動車を購入したのに、家の照明はいつもつけっぱなしにしていたら、あなたの環境意識には矛盾があるというメッセージをご近所に伝えることになってしまう。だから、電気自動車を購入したら、あなたはおそらく照明をこまめに消す。

私がフランクリン・シャディおよびイタマール・サイモンソンとともに実施した、スナック菓子の選択における妥協と優先順位の実験を説明したい。[7] まずは基準条件《ベースライン》として、ヘルシーな野菜チップスの袋と、カロリーの高いポテトチップスの袋を並べて、無料のスナック菓子を2袋どう

ぞ、と通行人に呼びかける。この条件で実施すると、通行人のおよそ半分の人が、両方から1袋ずつを選んだ。バリエーションを求め、妥協したのである。

ところが、スナック菓子と一緒に看板を掲示し、「あなたは健康を意識した食事をする人ですか」「自分にご褒美をあげて、おいしいものを楽しみたいタイプですか」と問いかけたときには、両方から1袋ずつ選ぶ人はごくわずかだった。この条件のもとでは、通行人の大半が同じスナック菓子から2袋選んだ。看板は、スナック菓子の選択が人間性を語ると示唆している。この条件のもとでは、通行人の大半が同じスナックから2袋選んだ。優先すべき順位をつけたのである。自分は一つの目標を貫く人間であるというメッセージになるからだ。優先すべき順位をつけたのである。行動は人間性を表すと思わせる環境を用意すれば、目標のトレードオフに対するアプローチが自然と変わるということを、この実験は明らかにしている。

妥協か優先順位かという分かれ道で優先順位を選びやすい場面はほかにもある。これを説明するにあたり、次の二つの問いに正直に答えてみてほしい。

1　臓器を一つ50万ドルで売るか。

2　報酬と引き換えにセックスをするか。

質問にドン引きするのはあなただけではない。たいていの人が、不快で不適切な選択を迫っている、と感じる。これは心理学者フィリップ・テトロックが呼ぶところの「タブー・トレードオフ」だ。[8]神聖な価値（人間の身体）と卑俗なもの（お金）を天秤にかけており、それゆえに不道徳だと感じさせるトレードオフのことである。こうしたモラルジレンマに直面した人は、神聖な事柄だけに全力投入する答えを選ぶ。卑俗な事柄のほうを切り捨てる選択だ。優先順位をつけることが正しいと確信し、この例で言うならカネよりも身体を優先する。

タブー・トレードオフが客観的に不道徳かどうかが問題なのではない。単に、こうしたことを天秤にかけるのは間違いだと多くの人が認識する、という話をしている。この手のトレードオフの正当性は哲学的問いであり、哲学者たちは問いを未解決にしておきたがる。もしあなたが、行動の是非を行動の結果によって評価するのだとしたら、その場合あなたは「帰結主義者」の哲学者だ。たとえ不快な選択であったとしても、結果のために妥協することを肯定する。反対に、あなたが行動の是非を、その行動を導く道徳原則で評価するのだとしたら、あなたは「義務論者」の哲学者だ。タブーなことで妥協するのは間違いだと確信し、目標の優先順位付けを肯定する。

自動車購入の例で考えてみよう。車を選ぶときは、まず間違いなく、安全性と予算目標のトレードオフをしなければならない。値段の高い車ほど、安全性能も高いものだからだ。この買い物をモラルジレンマと受け止め、自分は義務論者だと考える人は、予算の許す限りもっとも安全性能の高い車を選ぶだろう。反対に、この買い物に道徳的な意味を感じない、もしくはそれほど気にしない人ならば、帰結主義者として、妥協点を探すだろう――それなりに安全で値段が高すぎない車を選ぶ。安全性と予算のあいだで妥協をする。

目標達成のために行なう行動と行動の関係性も、妥協と優先順位の選択に影響する。たとえば、読書をするという行動と、テレビを見るという行動は、どちらをしてもかまわないもの、つまり入れ替え可能な関係だと思っているのだとしたら、本とテレビを行き来してまんべんなくそここに楽しむ。反対に、読書とは補完するものだと認識しているのだとしたら、1冊読み終わった時点で、その読書を補完するような別の本を読み始める。

一般論として、行動と行動が入れ替え可能なものであるとき、人は妥協してバランスをとろうとする。ある行動をし終えたら、そのことに使っていたリソースが解放されるので、別の行動をすることにリソースを使うのである。一方、行動が補完関係であるときは、一つの行動をしたことで続きの行動が魅力的になるので、あれこれバランスをとろうとせずに、一つの方向で優先順位を絞る。特定のテーマ（たとえば行動科学）について知識を得るために読書をしているなら、1冊読み終えることで、次の1冊を読みたいという気持ちを抱く。

数字情報を示すと、人は妥協を選ぶ傾向がある。エンジンの馬力やアパートの床面積など、数字を伴う選択肢を考えてみてほしい。カロリーであれ、値段であれ、主観的な品質評価であれ、人は数字を見ると妥協点を探る傾向がある。たとえば、ブロッコリー・チェダー・スープか、それともギリシャ風サラダか、という選択を提示されたなら、両方を半分ずつ注文しようとは考えない。だが、スープが800キロカロリー、サラダが200キロカロリーと表示されていたならば、半スープ・半サラダのスペシャルメニューにするのが正しい選択だと思えてくる。

さらにもう一つ、妥協を選ばせる要素となるのが、検討している目標の性質だ。第5章で考察したように、週に複数回は運動するといった蓄積型の目標の場合、「限界価値」――行動の増分1回ごとの価値――は逓減していく。たとえば私は旅行先でハイキングをするときは、本格的な長めのハイキングではなく、短めのハイキングを好む。ある程度歩いたあとの数マイルは、もう最初の数マイルほどメリットを感じられないと知っているからだ。ハイキングを長く続けると、歩くことで得られる付加価値が少なくなっていくので、もう別なことに切り替えたくなる。ハイキングはこのへんにしてホテルのスパで過ごそうか、というふうに。

このように限界価値が逓減していく目標の場合、人は妥協しようとする。例をもう一つ挙げよう。子をもつ大人の多くが、よい育児にはわが子と一緒に過ごす時間が必須だと信じている。しかし、自分の時間をすべて育児に費やすのは過剰だ。限界価値は逓減する。そこで妥協の道を探る。育児と、仕事や余暇など人生のほかの領域とのバランスをとろうとする。

反対に、限界効用が増大する目標（オール・オア・ナッシング型の目標）を追求している場合は、優先する目標を絞ったほうが好ましいと感じる。ある目標の恩恵が、目標を完全達成して初めて手に入るものであるときは、完遂するまでその目標だけを優先させるのだ。たとえば運転技術を学ぶときは、訓練が進めば進むほど、訓練をやめて別の活動に切り替えたりはしなくなる。完遂することに価値があるからだ。運転技術を半分だけ習得しても、まったく習得していないこととと変わりがない。訓練を完全に修了して初めて、運転免許の取得が可能になる。

最後に、複数の目標に関心を向けるときの順番も、トレードオフの判断に影響する。さほど重要でない目標から、より重要な目標へと移行する妥協のほうが、反対に移行する目標よりも好ましい。若き修道士が祈りを捧げながら喫煙をしてもよいかとお伺いを立てたとき、師はそれを許さなかったが、喫煙しながら祈ってもよいかと尋ねたら、かまわないと言われた——というジョークがある。喫煙も祈祷もしないなら、こんなふうに読み替えてもいいだろう。アイスクリームにフルーツを添えるのは、ヘルシーさとおいしさのバランスをとった良識的なデザートとみなされる。だが、フルーツにアイスクリームを添えるなら、それは自分を甘やかす贅沢なデザートだ。この順番で提示したならば、ほとんどの人は、甘やかしを許さず、ヘルシーさを優先する選択をする。

自分を動かすためのヒント

この章では、複数の目標を回していく方法について論じてきた。複数の目標があるなら、メインの目標はどれなのか、それを叶える手段としてどんな下位目標があり、それらがどういう関係になっているのか、ゴールシステムを把握しなくてはならない。手段とは活動や行動だけでなく、モノや支援者の存在も含む。また、自分がどんなトレードオフをしているのか理解して、最優先目標の達成に必要なトレードオフを特定する力も必要だ。複数の目標があるなら、次の点を検討してみよう。

1　自分のゴールシステム（目標体系）を図にしてみる。まず、広く全般的な上位目標を挙げる。「仕事に邁進する、人間関係を充実させる、余暇を満喫する」といった一般的によくある目標かもしれないし、あなた独自の目標、たとえばボランティア活動をする、環境保護活動を行なうといった志があるかもしれない。リストアップしたら、それぞれの目標の下に、主な下位目標を書き出す。上位目標を叶えるための手段だ。「健康」という上位目標の下には、「運動、散歩、充分な睡眠、バランスのよい食事」と書くかもしれない。網羅できなくてもよいので、中心的な事柄がもれないように気をつけよう。そして下位目標や手段同士のつながりに線を引く。実現を促すつながりは実線、足を引っ張るつながりは点線で結ぶ。仮に、運動をすることで睡眠の質の向上につながるなら、促進の関係にあるので、その二つを実線で結ぶ。運動するためにかなり早起きする必要があり、睡眠時間が削られるなら、抑制の関係にあるので、点線で結ぶ。この作業で自分のゴールシステムが図になる。

2 多目的型の手段を特定する。一つの目標に貢献すると同時に、別の目標や下位目標にも役立つ道のことだ。成果最大化の法則にのっとって考えるならば、そうした手段に邁進することが好ましい。たとえば新しいコンピューターの購入は、フリーランスとしての仕事効率の向上と、ネットフリックスを好きなだけ見たいという願望、その両方に貢献する。

3 等結果型の手段を特定する。等結果型の手段は入れ替え可能で、どれでも同じように役立つので、取捨選択をしたほうがよい。

4 たった一つの手段しかない目標を特定する。ほかの方法では実現できないのだから、そのたった一つの手段に確実にリソースを割り当てること。

5 どんなトレードオフをすべきか考える。仕事と家族、学術研究と交流活動、健康維持と娯楽追求のあいだで、トレードオフが必要かもしれない。目標同士が衝突しているなら、妥協を探るべきだろうか。それとも優先順位をつけるべきだろうか。適切な解決策を選ぶにあたっては、目標が自分の人間性に深くかかわるか、道徳や倫理の問題として大事にしているのか、考えてみよう。当てはまるなら、妥協ではなく、優先すべき順位を決めたほうがいい。一つの目標追求のための行動を増やすごとに、追求の価値が小さくなっていくのなら、優先順位ではなく妥協を探ったほうがよい。

第10章　誘惑とセルフコントロール

自制心とは何か

旧約聖書の創世記に、ロトという男の家族の話が出てくる。一家はソドムと呼ばれる町に住んでいた。ある夜、町の門のところで座っていたロトのもとに、天使が二人訪れた。「大きな叫びが主のもとに届いたので、主は、この町を滅ぼすためにわたしたちを遣わされたのです」（訳注　旧約聖書　創世記第19章13節。訳は新共同訳より）。夜明けが近づくと、天使はロトと家族をせかし、山間に逃げるよう、そして決して振り返って町の壊滅を見ないよう言い渡した。ロト、ロトの妻（名前は与えられていない）、娘二人は町から逃げ出したが、ソドムに炎と硫黄が降り注ぐと、妻は後ろの光景を見たいという誘惑に負けた。頭をめぐらせて振り返った瞬間、妻は塩の柱に変わった。

　ロトの哀れな妻は、自制心の重要性を物語る例として、よく引き合いに出される。自制心（セルフコントロール）とは、その名のとおり、自分自身を制するために必要なものだ。重要な目標（天使の言いつけを守る）を貫きとおさなければならないときに、別のこと（振り返って町を見る）をしたい衝動に流されない力である。自制心を求められるジレンマ的状況は、究極のゴールコンフリクト（目標同士の衝突、葛藤）だ。しなければならないと信じる行動か、それとも自分がしたい別の行動か、どちらかの選択を迫られる。仕事に行かなければならないけれど、あと1時間は寝床の中にいたい、というふうに。

　自制心の発揮は難しい。食べたい、飲みたい、眠りたい、喫煙したい、SNSを見ていたい、お金を使いたい、セックスをしたい……その瞬間の願望が、より重要性の高い上位目標と同等もしくはそれ以上に強いパワーを振るい、目標達成とは反対の方向へ引っ張る。社会心理学者ヴィルヘルム・ホフマンらの研究によれば、人は起きている時間の半分は、何らかの願望を感じている[1]。その願望のうち半分は、ほかの目標（だらだら飲食しない、居眠りしない）と衝突する。

　すべてのゴールコンフリクトに自制心が求められるとは限らない。複数のキャリアパスから一つを選び取る場合や、恋人と結婚するかどうかを決める場合などは、もしかしたら苦渋の選択となるかもしれないが、必ずしも自制心が必要というわけではない。ある選択肢が明らかに正解で、別の選択肢が明らかに誘惑だとわかっているとき、その決断には自制心がかかわってくるのだ。

　すべきこととしたいことが明確に分かれている——ただし、人間は自分を騙すことが巧いので、その場で区別できるとは限らない——状況が、このジレンマに該当する。片方が明らかに誘惑ではないのなら、自制心は重要ではない。どちらの選択肢もとりうるなら、ただ単に判断が難しいというだけだ。たとえば、キャリアの選択はおおむね自制心の問題ではない。どんな職業を選ぶにせよ、どれも何らかのメリットはあるものだからだ。

ゴールコンフリクトにおける自制心のはたらきは、追求している目標のタイプによって違いがある。何らかの行動をとろうとする接近型目標を追求しているとき、自制心は忍耐強さを発揮し、後ろに引き戻されるときにも前に踏み込んでいくための手助けになる。たとえば、もう投げ出して辞めてしまいたいと思うときにも、自制心を行使して仕事を続ける。

一方、何らかの行動をとるまいとする回避型目標を追求しているときは、自制心によって誘惑をやり過ごす。ワインを飲みたい、セックスをしたい、誰かを手厳しく批判したいという欲求を感じるときにも、もっと重要な目標に照らして、少なくともその場面において欲求の内容はそぐわないと判断し、手を出さないで済ます。

人間は、思考というものができるようになったのとほぼ同時期から、自制心の問題を考えてきた。古代の神話にも自制心をめぐる葛藤が頻繁に登場する。聖書に出てくるアダムとイヴは、エデンの園に食べ物が豊富にあったにもかかわらず、禁断の果実一つを食べたいという誘惑にかられた（禁断だったからこそ、食べたくてたまらなかったのだろう——第1章で紹介した「メンタルコントロールの皮肉なプロセス」の話を思い出してほしい）。二人は自制心を発揮できなかったのだ。

ギリシャ神話に出てくるオデュッセウスとセイレーンのストーリーも、自制心について語っている。海の怪物セイレーンの美しい歌声を聴いた者は死へと誘導されてしまうのだが、機知に富んだ英雄オデュッセウスは命を落とさずに歌声を聴いてみたかったので、水夫に命じて水夫たち自身の耳には蝋を詰めさせ、さらにオデュッセウスの身体をマストにきつく縛らせた。歌声を聴いたときにセイレーンの指示に従ってしまう可能性をつぶしておいたというわけだ。多少の自制心をあらかじめ発揮することで、いざ誘惑されたときに自制心に頼らなくてもよいようにした。こうしたセルフコントロール戦略を、心理学では「プリコミットメント」と呼ぶ。

自制心の発達

現代社会において、自制心の有無は学業、就職、貯金、人間関係の維持などとつながっている。心理学者デニス・デ・リダーらの研究チームが１００件以上の調査結果を分析したところ、強い自制心をもつと見られる人は、より幸せで、より愛情深い生活をしていると申告することが確認された。[2] 反対に、自制心が欠如していると見られる人は、人間関係が不安定だったり、過食をしていたり、アルコールの不適切な摂取をしていたり、ときにはスピードの出しすぎや犯罪にもかかわっていることが確認された。

　こうした話を聞くと、自制心の有無は先天的なものと思えるかもしれない。一部の人は生まれながらに自制心を備えているのだろう、と。だが、実際にはそうではない。人は誰でも、自分自身を制する能力など、ほぼ皆無で生まれてくる。成長とともに自制心が育つのだが、発達速度は人によって差がある。

重要なのは、その発達の進行度だ。マチアス・アルマン、ヴェロニカ・ヨブ、ダニエル・ムロチェクが行なった長期研究では、12歳から16歳における自制心の発達と、同じ人物が35歳になったときの人生の状況との関係性を分析した。[3] たとえばドイツ人の若者に、1年に1回、自制心を発揮する力について自己申告させる。被験者は「新しい試みに着手したが完了できないことが、よくある」「自分は意志がきわめて弱いと感じる」「難しいという兆候が見えた時点で、あきらめることが多い」といった設問で、同意するかどうか評価をつけた。同意しないなら、それは自制心が強いという表れだ。23年後に同じ被験者を調査したところ、思春期にセルフコントロール能力を大幅に発達させた人物——12歳と比べて、16歳のときにはかなりの自制心を身につけていた被験者——は、35歳で人間関係に対する満足度が高く、仕事にも打ち込んでいると申告するのだった。

ただし、発達速度にばらつきはあるものの、ほぼ例外なく誰もが幼児期から思春期を通って大人になるまでにセルフコントロール能力が伸びることは、研究で確認されている。[4] 年齢を重ねると自制が利きやすくなるのだ。

この事実を明らかにした「ゴー／ノーゴー課題」と呼ばれる実験がある。認知心理学者のチームが衝動性を調べる狙いで、おそらく史上もっとも退屈なコンピューターゲームを作った。ゴーサインが見えたらキーボードでキーを押す。ノーゴーのサインが見えたときは押さない。ひどく単純に思えるにもかかわらず、ゲームは思ったほど簡単ではなかった。ゴーサインが頻繁に登場し、ノーゴーのサインは比較的まれなので、被験者は何かしらサインが見えたとたんに必ずキーを押す癖がついてしまい、ノーゴーが出たときに指を止めることが難しくなる。動作を抑えるには自制心が必要だ。興味深いことに、ゴー／ノーゴー課題では、たいてい年齢が高い被験者ほどうまく対応できる。自制心をつかさどる脳のさまざまな領域と、その領域間の結びつきは、完全に発達するまで何年もかかるのだ。ティーンエイジャーが衝動的に行動しやすいのも、これで説明がつく。

自分を抑えるための2ステップのプロセス

当然ながら、大人であっても、自制心発揮が難しい場面はあるものだ。自分を抑えるためには、一般的に2ステップのプロセスを順に踏まなければならない。誘惑を察知すること、次に誘惑に抗うことだ。したいけれどするべきではない、もしくは、したくないけれどしなければならない、と認識するとき、人は誘惑を察知している。察知できるかどうかは決してささいな問題ではない。ゴー／ノーゴー課題は明確に区切られていたが、ほとんどの誘惑はそんなふうに明確に誘いかけてはこないからだ。

それに、たとえ誘惑に流されたとしても、ほどほどならばたいして影響はない。ビール1杯でアルコール依存症にはならないし、オフィスの備品を一度くらい私用で使っても窃盗にはならない。体を拭いたタオルをバスルームの床に放り出しておいたとしても、それが1回程度なら、同居する誰かとの関係がこじれることもない。ほどほどであるなら、これらの行為はいずれも完全に許容範囲で、害はない。問題は、積み重なった場合だ。友達と酌み交わす1杯のビールは、その夜を思い出深いものにしてくれるのに、同じビールを立て続けにあおると、そのすてきな夜がめちゃくちゃになるのだとすれば、いったいどの段階で「あと1杯」が誘惑だと認識すればいいのだろうか。

しかも、察知をしたら、次はその誘惑に抗わねばならない。たいていの人が目標を立てても誘惑のせいで挫折をするので、行動科学研究では、自制心を発揮するための戦略をさまざまに開発してきた。目標に専念するモチベーションを強める戦略もあれば、誘惑に流されたいモチベーションを弱める戦略もある。たとえば、酒瓶は鍵付きの棚にしまい、鍵は別の階で保管し、自宅内ではどこにいてもつねに水のボトルが手近にあるようにしておく。あなたの家に鍵付きの棚がなくても心配はいらない。誘惑と戦う戦略はほかにも数多く解明されている。

自制のステップ①――誘惑を察知する

2013年のこと。ツール・ド・フランスで過去に7回優勝した自転車ロードレース選手ランス・アームストロングが、運動能力を向上させる薬物の使用を認めた。告白のなかで、アームストロングは、自分の行動は間違いだと思わなかったと語った。ロードレースの一流選手は誰でもステロイドを使っているはずだから、と。「不正の定義を確認したが、不正とはライバルや敵にはないアドバンテージを得ることだそうだ。（自分の薬物使用が）それに該当するとは思わなかった。条件を平等にすることだと考えた」。おそらくアームストロングにとって、ドーピングをするか否かというのは、自制心を要する葛藤ではなかったのだ。問題として認識しないなら、抗おうと努力する理由もないというわけだった。

自制心を要するゴールコンフリクトであることが明白にわかる場合もある。ピーナッツに対してアレルギーがあるなら、同僚が持ってきたおいしそうな焼き立てピーナッツバタークッキーは、自分の具合を悪くするものだとわかる。クッキーに手を出してはいけないと察知するのはたやすい。だが、アレルギー疾患は特になく、単に甘いものは控えようと最近決意したばかりなのだとしたら、オフィスで回ってきたクッキーの皿に危険フラグは見えないかもしれない。避けるべき誘惑であるとは考えず、一度くらい試しても問題のない贅沢として見るのである。クッキー1枚が糖分摂取量に与える影響はさほど大きくないし、周囲のみんなが喜んでいるなら、自分もその輪に加わりたいと思ってしまう。

日常生活で出会う誘惑の大半は、ピーナッツアレルギーのある人のシチュエーションではなく、ダイエット中の人のシチュエーションに近い。誘惑に対して自分を一度甘やかしても、たいていは上位目標を損なう危険性など生じないからだ。デザートでも煙草でも、浪費でもスピード超過でも、一度の逸脱は長期的健康やゆたかさに影響しないだろうし、それゆえに、避けるべき誘惑として認識することは難しい。

アームストロングのステロイド使用のような倫理的違反行為も、誘惑だと気づけるとは限らない。私たちが日常的に行なう倫理的違反行為の多くは、それをモラルジレンマという視点で見て初めて、誘惑として認識されるのだ。履歴書で重大な情報をわざと省いたり（失業期間について釈明しなくて済むように、具体的な日付を記入しないなど）、海賊版のソフトウェアを使用したり、取引で話を盛ったりした経験があるのなら、それらの行為を誘惑とみなさなくなっている可能性が高い。当たり前の行動、「みんなやってる」行動だと考えるだろう。

私の講義で、これらの行動をすることがありうるかどうか尋ねると、学生の半分は「する」と答える。さらに興味深いのは、「する」と答える学生の圧倒的多数が、クラスの全員が同じ状況で同じことをすると確信していた点だ。私が投げかけた問いを倫理観の問題とは認識していない。誰でも同じことをするなら、その行動をとっても自分の評判に傷がつくわけではないので、目の前のメリット――採用を勝ち取る、タダでソフトウェアを使う、取引を有利にまとめられる――と、自分の評判とのあいだに、自制心のかかわる衝突があるとは考えもしないのである。

自制心を要するゴールコンフリクトになるのは、二つの条件のうち少なくとも一つを満たしている状況だ。当該の行動が重要な目標を深刻に損なう場合、もしくは当該の行動が自己評価を損なう場合である。

ゴールコンフリクトが生じる条件①――その行動は目標を損なう

私が勤めているシカゴ大学ブース・スクール・オブ・ビジネスの備品室には、ペンの入った箱が無数に並んでいる。1箱まるごと自宅に持ち帰ろうとは考えたこともないが、ときおりペン1本を持ち帰るくらいなら、ふつうにやっている。研究室で使い始めたペンが、バッグの中にまぎれこんだり、書類に挟まれたりして、そのまま自宅に運ばれてしまうのだ。教壇に立つようになってからの18年間で、きっと1箱分はゆうにペンを自宅に持ち帰っている。

ペンをときどき自分のものにしてしまう程度で、備品泥棒にはならない。だが、新しいペンに手を伸ばすたび、自分がこれまでに何本のペンを持ち帰ってしまったか思い出していたとしたら、ペンを研究室の外に出さないよう、バッグにまぎれこませてしまわないよう、私はもっと慎重になっていたことだろう。単発ではなく累積として考えられるなら、誘惑の察知は比較的簡単だ。巨大なバケツ型容器に入ったアイスクリームを買うのは明らかにダイエット失敗のもとだと気づけるが、ひとすくいのアイスクリームなら、さほど影響があるとは考えられない――そのひとすくいを毎週食べていたら、あっというまにビッグサイズの容器と同じ量になるのだとしても。

単発の判断は目標への影響をぼやけさせる。だからこそ、喫煙者もたいてい煙草を10パックのカートン単位ではなく1パックずつ買う。罪悪感を抱かずに喫煙できるよう、自分で自分を騙しているのである。1回の誘惑に屈したせいで生じるコストが微細なら、切り下げの計算でそれをゼロにして、害はないことにするというわけだ。

つまり、誘惑を自覚するためには、1回の行動をとる前に、心の中でその行動を何倍かに掛け算してみるといいだろう。グラスにワインを注ぐ前に、今年1年間、毎晩ワイン1杯を飲み続けた場合に健康に生じる影響を考えてみる。あるいは、一緒に暮らすパートナーに「お皿をシンクに置きっぱなしにしないでよ！」と叫ぶ前に、毎回そうやって怒鳴っていたら二人の関係にどう響くか思考をめぐらせてみる。

この心理を明らかにする試みとして、私とオリバー・シェルドンの研究では、仕事関連で妥当性に疑問のあるさまざまな行動を提示し、被験者がそれを行なう可能性について尋ねた。[5] 病気だと嘘をついて休む、会社の備品を私用で使うといった行動だ。たとえば朝起きて、今日はどうしても仕事に行く気がしなかったとしよう。半分の被験者には、その日だけのことという設定にする——その日1日は、病気だと嘘をついて休んでしまいたいと考えている。残りの半分の被験者には、この1年間は仕事が殺人的に忙しくて、似たような言い訳をすでに7回も使ったという設定にする。すると予想どおり、1日だけずる休みをすると考えた被験者のほうが、嘘の病気を申告するのもやぶさかではないという認識が強かった。

備品を持ち帰る、仕事が増えないようわざとゆっくり作業をするといった行動についても、同じパターンが当てはまっていた。一度きりの例外だと認識しているときは、自分の倫理観に反することへのハードルが低くなるのである。

一度きり、1回だけではなく、複数の場面に影響するならば、自制心を要するジレンマだと自覚しやすい。科学者は、これを「広い判断フレーム」と呼ぶ。たとえば今月、毎日のランチで何を食べるか、事前にまとめて決めておくとしよう。その場合、毎日正午頃にその日のランチを決める場合よりも、健康的な食事を選ぶ可能性が高い。30回分のランチの判断は、健康にかかわる選択が積み上がるので、1回のランチの判断よりも重大な決断と感じられるからだ。「夕食でのワインは1杯まで」のように、1カ月間を通したルールを作る際も同様の法則が当てはまる。そもそもルールとは、数多くの決断を貫く骨組みだ。自分を甘やかしかねない数多くの機会で、何度も誘惑に負けたらどうなるか、影響の積み上げを懸念する。

ただし、この考え方は前向きではあるものの、ある種の落とし穴に注意しなければならない。広い判断フレームが有効となるのは、明日の美徳で今日の悪徳を正当化しない場合に限定されるのだ。来月から節約しよう、月曜から勉強を始めよう、明日からダイエットをしようと自分で自分に誓うとき、人は落とし穴にはまっている。誘惑に抗うどころか、広い判断フレームで見たせいで、誘惑に屈することを許容してしまう。「今日は誘惑、明日は目標」という形で、広い範囲のなかで誘惑と目標とのバランスをとろうとする。しかし明日はつねに未来であって、決して今日にはならない。第9章で、単一の目標を優先する場合と妥協を探す場合を比較したことを思い出してほしい。誘惑に屈しそうな場面では、目標と誘惑の妥協点を探るよりも、目標だけを優先させたほうがいい。

私と张影《チャン・イン》の研究では、教室の外に、勉強をがんばるシカゴ大生のために無料のスナック菓子を置くという実験をした。[6] 選択肢は二つ。ニンジンスナックか、チョコレートバーか。ある時間帯は、これらの菓子の小袋を別々の器に入れて置いていた。別の時間帯は、一つの器に一緒に入れて置いていた。器を設置して観察したところ、実に興味深いことが起きた。2種類の菓子を別々の器で置いたときは、学生の3分の2がニンジンスナックを選んだ。一つの器で置いたときは、ニンジンスナックを選んだのは半分だけだった。別々の器は別々の目的を思わせる一方で、同じ器に交ぜると用途も一緒だと思わせたのではないか、というのが私たちの仮説だ。学生たちの大半はどちらかの1袋を選んでいたが（こういうときは一つだけとるものだ、という社会的良識のおかげで）、ニンジンとチョコレートの小袋を一緒にすることで二つの菓子のバランスがとれている印象を与えると、チョコレートが誘惑であるという認識が薄れ、ヘルシーなほうを選び抜くべきだという警戒心を感じなくなるのである。

ニンジンケーキ、あるいはヨーグルトでコーティングしたプレッツェルか、もしくはほかの甘いものか、という選択でも、人は同じ理屈の落とし穴にハマりやすい。ニンジンケーキは砂糖と脂肪と野菜、ヨーグルトプレッツェルは砂糖と脂肪と善玉菌といったふうに、ヘルシーな成分とそうでない成分が一つのお菓子として組み合わさっているので、自制心を要する葛藤をつきつけられていると察知しづらいのである。

逆に言えば、誘惑と目標が混ざっていないときは、自制心を要する衝突だと察知しやすい。ニンジンスナックとチョコレートバーを別の器に分けると、片方が他方よりもよいものだと示唆されて、ニンジンスナックを選ぶ学生が多くなった。当人に健康意識が高いほど、健康的な選択をしやすいことも確認された。健康意識が高い人は健康的な食べ物を欲しがるだろうから、これは当然のことと思える。

だが面白いことに、健康的な食品と不健康な食品を交ぜて提示すると、健康意識の高さは健康的な選択に直結しなくなる。おつまみとしてフルーツとキャンディを一つの器に入れて差し出したり、フライドチキンとクルトンとチーズを山盛りレタスの上に一緒に盛り付けて出したりすると、健康意識の高い人でも自制心が求められる状況だとは察知できず、それほどヘルシーではないこれらの料理を食べてしまうことが多い。つまり、健康的な料理と不健康な料理をメニュー内で別々に表示するといった単純な工夫──「ヘルシーコーナー」などと区切って──をするだけで、自制心を発動すべき場面だと自覚させやすくなるのである。

ほかにも、自制心を試されていると自覚するヒントとして、未来に考えをめぐらせるという方法がある。10年後、20年後に、自分はどんな人間になっているか。未来の自分は、今の自分の行動に対して、どう感じるか。未来のライフスタイルや夢を思い浮かべてみよう。どんな仕事をして、どんな趣味があるか。結婚しているか、再婚しているか。子どもはいるか、孫がいるのか。できるだけ容赦なく考えてほしい──未来の自分は、心身の健康を大切にしているだろうか。健康のために過去にあれをすればよかった、あれをしなければよかった、という後悔を抱いているだろうか。

未来の自分を想像すれば、きわめて広い判断フレームに自分自身を入れることになる。今日の決断が何であれ、同じ決断を数年にわたって重ねたときにどうなるか、考えられるようになる。今日やるべきことを先延ばしにしてもいいか、今日ずるをしてもいいか、今日は煙草や酒を楽しんでもいいかと問うのではなく、その行動を生涯ずっとしていっても大丈夫かと自問してみてほしい。小さな誘惑を、生涯を通じてその誘惑に屈する回数で掛け算してみれば、影響は甚大すぎて無視できない。たった今の決断が未来の決断すべてを方向づけると考えられるなら、今日、正しい判断ができる可能性は高い。

先のことへ考えをめぐらせると、未来の自分に対して心理的な結びつきが強まり、自分がなるであろう自分を大事に思う気持ちが強まる。この心理的連結性の強さは人によってさまざまだ。結びつきが強い場合は、未来の自分と今の自分が思い出や意図、信念や願いを共有すると想定し、未来の自分を近しい存在だと感じる。結びつきが弱い場合は、未来の自分はほぼ他人だと感じる。

哲学者デレク・パーフィット[7]の論によれば、人は未来の自分と結びつきを感じていると、その未来の自分の幸せを重視する。未来の自分が得をするための行動を、今日、とろうという気になる。だが、相手が赤の他人なら、他人に得をさせるために今日の自分の安定を犠牲にする気になるだろうか。未来の自分を縁遠く感じる場合、人は今の自分が得をする選択をする。たとえば、引退後の自分に対して実感がないなら、老後のために今の自分が貯金をする気にはなれない。未来の自分との結びつきが弱い人間にとって、未来のために今を犠牲にするなんて、ひどくばかばかしい行為だ。

5年後に150ドル受け取ることを期待して、今100ドルを貯蓄用口座に入れると想像してみてほしい。5年後の自分を自分と感じられるなら、その貯金は賢い判断だ。未来の自分の資金のために前もって投資をするべきだと言える。だが、5年後の自分を他人だと感じているなら、そんなやつのために、今の自分がたった今使える100ドルをくれてやる必要があるだろうか。他人が旅行に行く余裕があるかどうか、他人が住宅ローンを払えるかどうか、そんなことを気にするわけもない。

哲学者が探究するのは、人は何をすべきで何をすべきではないかという「規範的答え」だが、心理学者が考えるのはどうしてそうなるのかという説明、すなわち「記述的答え」だ。この場合、未来の自分に強い結びつきを感じているときは自分の行動の長期的な影響を真剣に検討し、自制心を要する問題であると気づきやすくなる、という説明がつく。

大学生の例がわかりやすい。学生たちの多くは、大学にいる現在と、残りの人生が広がる未来とのあいだに、頭の中で線を引いている。そして大学卒業が重要な節目になることも理解している。卒業を境に現在が終わり、未来が始まるのだ。だが、その節目で自分が人間として変化するかどうかという点では、理解の仕方に差がある。

ダニエル・バーテルズとオレグ・ウルミンスキーによる実験では、大学4年生に、まもなく迎える卒業について描写した文章を読ませた。[8] 文章は2パターンある。一つは、卒業を境に人のアイデンティティが変わる、と表現するもの。もう一つは、卒業式を比較的ささやかなイベントと位置づけて、人格にはさほど影響はないと表現するものだ。前者を与えられた学生は、「あなたという人間を形作る特徴は、卒業式を境に大きく変化する」という説明を読んだ。後者を与えられた学生は「あなたという人間を形作る特徴は、人生の初期に確立しており、思春期の終わり頃には固まっている」という説明を読んだ。

次に、ディスカウント店もしくは旅行予約サイトで使えるギフトカードがもらえると聞かされる。ギフトカードは今すぐ使うなら120ドル相当だが、1年待つなら最高240ドルに増える。特定の出来事でアイデンティティが切り替わると想定するなら、今の自分と未来の自分自身との結びつきが弱いので、卒業式で自分は変わるという文章を読んだ学生はすぐに手に入る少額のギフトカードを選ぶだろう――というのが研究者側の予想だ。実際にそうなった。卒業を境に違う自分になるという説明を読んだ学生は、1年後の自分を他人と感じるので、今の自分の利益を優先した。

結婚も、こうした心理を物語る例であると言える。結婚をすれば自分は決定的に変わると思っている人は、誘惑に屈しやすい。たとえば結婚式前に浮気をする。未婚の自分と既婚者の自分がつながっているという実感がないので、未婚の自分が不埒な真似をしても影響はないという理屈になるのだ。言い換えれば、今日の自分と、卒業後の自分、結婚後の自分、10年後や20年後の自分は密接につながっていると思えるなら、誘惑に流されそうな場面も自覚しやすい。

ゴールコンフリクトが生じる条件②――自己評価を損なう

「朝食は一日の中で一番大事な食事」という言葉は、あなたも何度か聞いたことがあるだろう。その主張には私も賛成する。ただし、よく言われるような理由で賛成するわけではない。朝食で食べるもの（あるいは食べないもの）が一日のエネルギーに影響することは確かだが、それよりも重要な点として、朝いちばんの行動は、自分自身のアイデンティティにおよぼす影響が大きい。朝食で何を食べるかという選択は、健康意識の高い人間だというアイデンティティについて、強いシグナル――朝からスナックを食べてしまったのであれば、否定的なシグナル――を送ることになる。

アイデンティティを形成する行動は重大だ。その行動が自分という人間を物語り、自己評価と他者からの評価を左右する。自分や他人の注意を引くし、場合によっては公の行動として人目につく。たとえば毎月の読書会に参加するのは（頻繁かつ公の行動）、近所の誰か一人に最近読んだ本1冊について語ることよりも、読書家としての人間性を強く物語る行為だ。一日の最初の行動として健康的な朝食をとれば、それは日中にスナック菓子をつまむときよりも強いシグナルとして他人または自分の注意を引き、「私は健康意識の高い人間である」というアイデンティティを強固にする。

　行動がアイデンティティを物語るときには、自制心を要するゴールコンフリクトの存在を察知しやすくなるのだ。自分の選択が人間性を決定づけてしまうなら、誘惑に流されないよう慎重になる。逆に言うと、自分のアイデンティティを物語らない行動は、特段に意識する必要のない、ただただその場限りのものと感じるので、自制心をもって臨もうとしない。

　書類にサインをするのも、行動と人格を一蓮托生にするという意味がある（文字どおり、自分の名前を付帯させる）。見境のない詐欺師は別だが、ふつうは書類にサインしたことによって、自分はそれを守る人間である、裏切らない人間である、という念押しになる。だからこそ名前を書かせるのだ。書類の内容が正確で間違いない証拠としてサインさせるだけでなく、書類の内容を確実に守る動機づけとしてサインさせるのである。

　備わっているアイデンティティではなく、備わっていないアイデンティティを示すことで、望ましい行動に誘導することも可能だ。ジョナ・バーガーとリンゼー・ランドの実験では、スタンフォード大学の新入生にチラシを配った。[9]「スタンフォードでは大学院生の多くが飲酒をします」。

新入生が大学院生と見られることを望まない点は、別途確認した。そのため、このチラシを読んだ新入生は、「お酒を飲むときはよく考えましょう。健康は大切です」という一般的な文言のチラシを読んだ新入生よりも、飲酒量が少なかった。大量飲酒が自分には当てはまらないアイデンティティと結びついたことで、たとえそのアイデンティティが悪いものでなかったとしても、飲酒に対して冷静になったのだ。このような単純な作戦で、多くの場合、自制心を要する問題であると自覚させることができる。

　第7章で論じた「中だるみ問題」も、似たような単純な作戦を立てるヒントになるだろう。人は目標追求の途中で力を抜きやすい。最初の行動と最後の行動は人間性を物語る強いシグナルと見るのだが、中間の行動はそのシグナルが弱く、結果としてモチベーションが下がるのだ。最初と最後の行動は自分のアイデンティティ認識にかかわるので、その最中に自制心を要する問題が生じたなら、察知しやすい。

　たとえば私とマフェリマ・トゥーレ＝ティレリーの研究では、貯金を心掛けている学生は1年間の半ば頃に気が緩みやすいことがわかった[10]。春を春学期の始まり、もしくは秋学期の終わりと考えている場合よりも、春は秋・春学期あわせた1年度の半ばと考えている場合のほうが、春に新しい財布やデザイナーズ・ブランドのジーンズなど、必要不可欠ではない品物の購入計画を立てる傾向にあった。

　では、誘惑とアイデンティティの関係ではなく、目標とアイデンティティの関係はどうだろうか。健康的なライフスタイルを送るという上位目標を掲げているとしよう。アメリカ人は一般的に、健康的なライフスタイルを重視することを、アメリカ人という集団のアイデンティティの一部として認識している。だが、これはすべての社会集団に当てはまることではないし、健康にかかわるすべての行動に当てはまるものでもない。私はユダヤ系だが、自分の民族性を運動と結びつけては認識していない。そのため、私個人としては運動することを大事に思ってはいるものの、ユダヤ系のルーツを想起させられても、だからといって余計に運動への意識を高めたりはしない。

2010年に施行された「健康で飢えることのない子どもたち法」をめぐる経緯も、これと同様だった。アメリカの学校に健康的な給食の導入を義務づける法律なのだが、この法律制定に尽力したミシェル・オバマに対して、反発の声も少なくなかった。ナチョスやピザは自分たちらしさの象徴——真のアイデンティティ——だと感じている人々は、それがヨーグルトや野菜に置き換えられることを受け入れなかったのである。現実問題として、暴飲暴食をしないこと、運動すること、禁煙することを、自分の属する人種や社会集団らしい行動として考えない人は多い。彼らは、アメリカ人が一般的に健康的だとみなす食事を、自分の人種や民族や社会階層のアイデンティティにそぐわないと感じる。

基本的に、誘惑とアイデンティティに齟齬があるときは、自制心を発揮すべき問題として察知することが比較的たやすい。だが、目標とアイデンティティに齟齬があるときに「これは自制心が問われているのだ」と認識するのは、ことのほか難しい。アイデンティティのほうがモチベーションの強い源となってしまうからである。[11]

自制のステップ②——誘惑と戦う

自制心を要する問題だと察知するのは、あくまで第一歩だ。察知したら、次は自制心を発揮しなければならない。誘惑に抗い、誘惑のせいで目標に影響を生じさせない戦略が必要だ。目標から離れないモチベーションを強めるか、もしくは、誘惑に屈したいモチベーションを弱めるか。両方を一度に満たす戦略もある。目標と誘惑という正反対の方向へ動機づける力がはたらいているので、自制心の行使によって前者の力のほうを後者よりも強くすることで、二つの動機に落差を作るのだ。カッとなる気質を消すのではなく、カッとなる気質の強さ以上に落ち着きたいという気持ちのほうを強くもつことで、爆発せずに済ます。

当然ながら、誘惑が強ければ強いほど、発揮する自制心も強い。机を持ち上げるとき、机の重量が軽いと予期していたら、重いと予期している場合よりも、出そうとする力は比較的小さいだろう。それと同様に、誘惑をささやかなものとして予期する場合は、抗いがたい誘惑として予期する場合よりも、発揮する自制心が弱い。たとえば、ブランチでミモザカクテルを多めに飲んでしまう可能性については、さほど深刻に心配はしない。だが、ディナーパーティで過度な飲酒をしそうなのだとしたら、その誘惑は深刻だ。したがって、ブランチよりもディナーパーティのほうが、強い自制心を発揮する可能性が高い。

だとすれば重要なのは、これから直面する誘惑の強さを正しく判断することだ。見立てが的確なら、戦う準備ができる。見立てが甘ければ、いざ直面したときに失敗する。誘惑を過小評価していると、迎え撃つ心構えをしないので、自制心の発揮が不充分になるだろう。起床せずベッドにもぐったままでいたい誘惑の強さを軽んじていると、目覚ましのアラームを止めて、そのまま寝過ごしてしまう。反対に、誘惑を過大評価したならば、おそらく過度な自制心を発揮するだろう。過度なぶんにはいいとは限らない。惰眠をむさぼる誘惑を意識しすぎたせいで、夜中に何度も目を覚まし、アラームを聞き逃していないか確認して、質の良い睡眠がとれずに朝を迎えてしまうかもしれない。

人はときおり誘惑の強度を見誤る。だが、それ以上に、迎え撃つ気などなかった予想外の誘惑にぶつかることも多い。事前に警告がなければ、自制心を発揮するのはますます困難だ。

たとえば私はクッキーに目がない。大学では教授としてしょっちゅう会議に出席するのだが、たいてい飲み物と一緒にクッキーが配られる。初期の私は、会議でクッキーの誘惑に出会うことを予期していなかったので、不意を突かれ、配られたクッキーをガツガツ食べずにはいられなかった。今では長年の経験（そして後悔）で学習したので、クッキーを無視することも容易になった。会議中はクッキーを食べないルールを作り、広い判断フレームを採用して、このクッキーは「今回限りだから食べても許される」という類いのものではないと思い出す。だが、私が予期していなかったタイミングで急にクッキーを差し出されたら、今でもきっと喜んでがっついてしまうだろう。自制心を発揮する備えができていないので、クッキーをやり過ごすことができないのだ。

私は張影《チャン・イン》との研究で、予期することの効果を調べている。[12] このときは被験者にアナグラムに挑戦させた。アナグラムというのは、単語のアルファベットを並べ替えて別の単語を作るという、一種のパズルだ。たとえば「times（時間）」から「items（品目）」、「mites（ダニ）」から「emits（放射する）」、「seat（座席）」から「east（東）」、「teas（お茶）」から「eats（食べる）」を作る。課題の難易度が上がれば、被験者は投げ出したい誘惑を感じる。その点を踏まえて、あらかじめ半分の被験者には、難易度が徐々に上がると教えておいた。すると、てこずると予期していた被験者のほうが辛抱強さを発揮し、簡単だと言われた被験者よりも長時間にわたってパズルに取り組んだ。難しくなると警告され、投げ出したい誘惑に直面すると予期したことで、ふんばる心構えをしたのである。

この実験では、被験者が自分自身と実験者に対して「難しいなら、いっそうがんばる」と宣言したことが、セルフコントロール戦略の役割を果たした（一種の誓い、もしくは第2章で考察した自主的な締切設定の役割）。セルフコントロール戦略はほかにも多々あるが、大半が次の二つのカテゴリーのどちらかに入る。状況そのものを変える戦略と、状況に対する考え方を変える戦略だ。

セルフコントロールの戦略①――状況を調整する

こんな経験をしたことはないだろうか――あなたの友人が最近こっぴどい失恋をした。彼女は（おそらくアルコールを何杯か飲んだあとで）元彼に電話をしたい衝動にかられる。さびしくなったら電話したくなることは予期していたので、飲み始める前、まだ頭が冷静なうちに、彼女は自身でスマホから元彼の連絡先を消去した。理論的には、彼女には3種類の選択肢があったことになる。

（a）元彼に電話する。
（b）連絡先を消去して、電話しない。
（c）連絡先を残しておき、電話しない。

友人が連絡先を消去した理由は、（c）の選択肢が現実的に成り立つとは信じていなかったからだ。タップ一つで連絡できる状況なら、心が弱くなったときに、実際にかけてしまいたい誘惑には逆らえないと自覚している。連絡先を消去するのは、彼女を彼女自身から救う賢い方法だった。

行動科学では、この友人の行動を「プリコミットメント」と呼ぶ。事前に決意を固めて、誘惑に直面する前に誘惑のタネを排除しておく戦略だ。好きすぎて自分の心身を害するとわかっているので、特定の食べ物をあらかじめ自宅に置かないようにする、もしくは連絡先をスマホから消去しておく。ギャンブルをするなら、財布をホテルの部屋に残し、ある程度の金額だけを持ってカジノに行くことで、手持ちのお金がなくなった時点でギャンブルを続ける選択肢が存在しないようにしておく。同じ理屈で、老後の資金を専用口座に入れておくことで、自分自身の浪費を阻止する。あるいは反対に、割り当てられた面倒な仕事をやっつけてしまうよう、自分の尻を叩くために、わざと早めの締切を設定する（第2章で、手ごわい指標の設定について論じたことを思い出してほしい）。いずれの場合も、プリコミットメントによって、重要な目標を投げ出してしまう可能性をあらかじめつぶしている。

自分を特定の位置に縛り付けるプリコミットメント戦略もある。身体をマストに拘束させたオデュッセウスのように物理的に縛るのではなく、比喩的な意味で縛るのだ。たとえば、自分の婚約もしくは破局を公表すると考えてみよう。どちらの場合も、婚姻関係の状態を公にさらすことで、撤回しにくくしている。

私がヤーコプ・トローペとともに行なった実験では、被験者に身体検査を受けさせた[13]。受ければ報酬が出る。検査は面倒だと予告された被験者は、報酬を受け取るタイミングを検査完了後に設定する傾向が見られた。報酬を検査完了と結びつけるなら、できなかったら報酬を受け取れないというリスクが生じる。だが同時に、報酬が検査完了と結びついているならば、最後までしっかりやろうという気になる。つまり、終わるまで受け取らないと固持することで、自分がその作業をきちんとやりとげる確率を高めたというわけだ。

このように、プリコミットメント戦略は、誘惑を排除するパターン（元彼の連絡先を消去する）でも、目標を固持するパターン（検査完了まで報酬を受け取らない）でも有効だ。どちらも選択肢の多さを警戒しているという点で、経済学の基本原理には逆らっている。経済学の考え方では、選択肢が多いことは、少なくとも損にはならない。気に入らない選択肢は無視すればいいからだ——連絡先が残っていても元彼に電話しないという決断をすればいい。しかしセルフコントロールの問題として考えるなら、プリコミットメントで選択肢を減らすほうが合理的だ。誘惑に流されることを不可能にしておいたほうが、誘惑に勝つことはたやすくなる。

誘惑を排除しないまま、誘惑に流されることを困難にする戦略もある。誘惑に屈したら自分にペナルティ、目標を守れたら褒美を出すと決めておくのだ。

経済学者ザビエル・ジネ、ディーン・カーラン、ジョナサン・ジンマンによる実験が、これをわかりやすく示している。[14] 禁煙を望んでいる被験者に、まずはデポジットとしてお金を預けさせる。半年のあいだ禁煙できたなら（尿検査でニコチンの有無を調べる）、デポジットは返金される。禁煙に失敗していたら、デポジットは没収で、慈善団体に寄付される。

このプログラムが効果的だったので、カーランは別の経済学者二人とともに、「スティック・ドットコム（stickK.com）」というオンライン・コミットメント・プラットフォームを立ち上げた。参加者にあらかじめ「コミットメント契約」をさせ、その誓いを守りとおす《スティック》ことができなかったら、預けたお金が「アンチ・チャリティ」——自分が支援したくない団体への寄付——になってしまうという仕組みだ〔訳注　stickには「守りとおす」のほかに、アメと鞭の「鞭」の意味もかかっている〕。

たとえば最近では、左派寄りの思想をもつ参加者が、16週間連続で決まった時間に起床するという契約をした。一度でもスヌーズボタンを押して1時間寝てしまったら、預けた80ドルが全米ライフル協会への寄付になる。アメリカにおける銃の普及を支持したくないという思いが、この参加者に時間どおりに起きるインセンティブを与えた。

ペナルティではなく、目標を守れたときに自分に褒美を出してもいい。月間の目標貯金額に到達する、大学の1学年を無事修了するなど、マイルストーンの達成を祝うことで、目標の魅力を高める。魅力が高まれば守りとおせる可能性も高くなる。

文字どおりの意味で誘惑から距離を取り、目標との距離を縮めることもある。酒量を制限したいときに、水のグラスを手前に引き寄せ、半分開けてしまったワイングラスは手元から遠ざける。学業に熱心な学生が、図書館には近く、学生会館からは遠い寮をあえて選ぶ。対人関係でも、悪い影響を受けそうな人物からは離れ、一緒にいることで長期的に得るものがありそうな人のそばにいるよう努力する。

セルフコントロールの戦略②――誘惑に対する心理的アプローチを変える

失恋直後の友人の話に戻ろう。友人は元彼の番号を消去せず、かわりに元彼の所業について愚痴を言うことを選び、あなたがそれに一晩つきあってあげるとしよう。友人はお酒をあおりながら、元彼がささいなことでどんなふうに喧嘩をふっかけてきたか、どんなふうに嘘をついて行動や行き先を隠していたか。キレるとどんな態度で、どんな汚い言い方で彼女を責めたか、延々と語る。酒を飲んで愚痴をこぼすというのは失恋後の儀式としてめずらしくはないが、実のところ、これは当人の自制心を高める役割を果たす。相手がひどい男だったとつくづく実感することで、電話をしたい誘惑を退けるのだ。そんなにひどい男なら、また会おうとするのはおかしいに決まっている。

この夜の彼女があなたの力を借りてしていたのは、状況に対する彼女自身の心理的アプローチを書き換える作業だ。元彼について愚痴をこぼすだけならリスクはほとんどない。だが、失恋という状況そのものを変えたいと願ってしまったら、そのアプローチはリスクが大きいし、できることは少ない。

たとえば、先ほどのアンチ・チャリティの話を聞いて、読者は尻込みする気持ちになったのではないだろうか。リベラルを標榜しているのに、たった1回寝過ごしたせいで全米ライフル協会に寄付せざるを得なかったとしたら、おそらく自分の選択を激しく後悔する。寝過ごすかどうかは自己制御しだいだったのかもしれないが、不可抗力ということもありえるのに、目標を失敗した上にお金も払わなければならなくなったのだ。あるいは、給与から積み立てをしていた人が失職し、家賃を払うために高額な手数料を払って定期預金を崩さなければならなかった場合も、そもそも積み立てを決めた判断を悔やむことだろう。プリコミットメントによる行動の動機づけに失敗すると、そもそもプリコミットメントなんかしなければよかった、と思ってしまうのだ。

優先順位が変化する可能性だってあるかもしれない。結婚は生涯お互いに尽くし続けるという誓いだが、いつか別の誰かに心変わりする可能性もあると想像し、結婚をためらう人もいる。状況や好みが変化することを予期しているなら、プリコミットメントをしたがらないのは当然だ。

だとすれば、ここは失恋直後の友人が愚痴を言って気持ちを切り替えたときのような、ソフト面でのセルフコントロール戦略の出番だ。状況という一種のハード面を変えるのではなく、状況に対する自分自身の心理的アプローチを変えるのである。自制心を要する葛藤に直面すると予期しているなら、誘惑への防波堤の一つとして、目標が大事である理由、誘惑がそれほど魅力的ではない理由を強く意識するのだ。脳内で目標の重要度を高め、誘惑の価値を目減りさせる（脱価値化）。前者で言えば、たとえばジムで運動すれば爽快な気分になることを、あらためて思い出す。後者で言えば、同僚が職場に持ってきたカップケーキがあまりにもカラフルだったことを思い出し、あんな色合いのお菓子はおいしくないだろうと納得する。

　興味深い点として、この戦略は誘惑と戦う備えとして駆使するものなので、あくまでも目の前にある誘惑の脱価値化をすることが多い。誘惑が遠くにあるなら、価値を認めても危険性はない。たとえば、配偶者との関係を壊したくない男性が、近所に住む独身女性はタイプなんかじゃないぞ、と自分に言い聞かせる。ただし、女性に恋人ができたなら、女性の魅力を肯定しても安全だという気持ちになる。彼女が独身のあいだは自制心を発揮する必要があったのだ。だから、ありうるかもしれない浮気の可能性をつぶすため、彼女はさほど魅力的ではないと認識し、脱価値化していたのである。

　私がクリスティアン・マーセスおよびヤーコブ・トロープとともに、学内ジムを利用して調べた実験を紹介したい。[15]ジムの利用を終えて立ち去る人に、バー型のスナックを差し出した。片方はヘルシーなバー、もう片方はチョコレートバーだ。ジム利用者はほぼ全員がヘルシーなほうを選んだ。彼らは健康意識が高く、その健康意識と食い違うシグナルを発信してしまうことを望まなかったからだ。

だが、ヘルシーなバーはチョコレートバーと比べて、具体的にどれだけ魅力的だったのだろう？　答えは、どうやら聞くタイミングしだいだった。「どちらのバーのほうがおいしそうだと思いますか」という質問を、選択をする前に尋ねたとき、被験者たちはヘルシーなバーのほうをチョコレートバーよりも大幅に高く評価した。ところが、同じ質問を選択後にしたところ、ヘルシーなバーとチョコレートバーの魅力を同程度に評価していた。彼らは選択前には、誘惑の魅力を積極的に頭から締め出して、「チョコレートバーはそんなにおいしくないぞ」と自分自身に言い聞かせたのだ（評価を通じて、実験者にもそう宣言した）。しかし、すでに選択が済んでいて、チョコレートバーを選ぶことができなくなったあとであれば、チョコレートバーはおいしそうだと認めてもよいのだった。

人は選択をしたあとで自分の判断を正当化するために、選ばなかったほうを脱価値化する――「酸っぱいブドウ効果」、もしくは認知的不協和を解決する理屈として説明されている――ことが多いのだが、自制心による評価という点では、やり過ごした誘惑のことはもはや警戒する必要がないため、魅力的に見るというわけだ。

別のセルフコントロール戦略として、自制心を要する葛藤から心理的に距離をとる方法もある。友人と食事をするとき、こってりしたパスタを選びたい誘惑にかられたら、「健康意識の高い人間なら、何を食べるだろうか」と自問する。高価なヘッドフォンをどうしても買いたくなったら、「自分はこれを来週も買いたいと思うだろうか」と考えてみる。その葛藤が別の人間、別の時間、別の場所で起きていると想像することで、自分自身を遠ざけるのだ。似たような葛藤に直面している他人にどうアドバイスをするか、来年に同じ決断を迫られたらどうするかと考えれば、目先の誘惑よりも目標を選ぶ後押しになる。

この戦略にはセルフトークの効果が深くかかわっている。人は誰でも日常的に自分と対話している。自分の意見なら信頼して聞く気になるものだ。ただし、セルフトークのタイプには違いがある。没入型のセルフトークでは、「私」という主語を使い、「私は何を望むか」と一人称視点で考える。距離をとったセルフトークでは、三人称視点で「〈自分の名前〉は何を望むか」と考える。心理学者イーサン・クロスが指摘したとおり、三人称のセルフトークのほうが、一人称のセルフトークよりも、感情のコントロールという点で優れているのだ。[16]

これを就職面接の実験で調べた研究がある。被験者となった学生は面接官の前で、なりたい職業に自分がふさわしい理由を述べなければならず、当然ながら不安を感じる。このとき、三人称型セルフトークを活用するよう指導された学生は、不安をうまく抑えることができた。「〈自分の名前〉はこの面接を受ける準備はできているか」と自問した学生のほうが、「私はこの面接を受ける準備ができているか」と考えた学生よりも、感情が乱れにくかったのである。自分の感情の理由や、心構えについて、第三者として質問をすれば、別の人の話かのように感じる。それが負の感情を抑える助けになったというわけだ。

心理的に距離をとる方法として、誘惑を「冷却」の言葉で表現するという手もある。認知的・情緒的にニュートラルな語彙を使うという意味だ。心理学者ウォルター・ミシェルは、自制心研究の先駆けとされる実験で、3～5歳児にマシュマロを我慢させるという試みをしている。「マシュマロテスト」として有名になった実験だ（第11章でくわしく論じる）[17]。マシュマロを食欲とは関係ないニュートラルなモノとして想像させ――「白くてふわりとした雲」「丸くて白い満月」など――対象と心理的に距離をとるよう指導すると、その子どもはマシュマロにすぐさま飛びつきたい気持ちを抑えられる傾向があった。「甘くて、もちもちで、やわらかい」などと、食べてみたくなるモノとして想像させた子どもは、衝動に流されやすかった。

状況への考え方のほうを変える戦略を、さらに一歩進めて、目標を守り誘惑を退ける意図を自分に植え付けるというやり方もある。学生に、課題に取り組む時間を申告させるという実験では、遊びに使う時間を先に申告させると、課題の時間を長く設定することが確認された[18]。反対に、遊びに使う時間について申告させる場合には、学業に充てるべき時間を先に申告させると、遊びに使う時間を短く設定する傾向があった。どちらの場合も、被験者となった学生には、誘惑と目標の両方を思い浮かべさせている。目標にかける時間を検討する際は、先に誘惑について考えさせた。誘惑を避ける計画を立てさせる際は、先に目標について考えさせた。この実験は人が誘惑に抗うプロセスを明らかにしている。誘惑と対峙したなら目標に向けて邁進するモチベーションを抱き、目標と対峙したなら誘惑を回避するモチベーションを抱くのである。

自制心を無意識に行使する

誘惑との戦いはしんどいものだ。最初から疲れていたのなら、戦うのはいっそう難しい。心理学者ロイ・バウマイスターとキャスリーン・ヴォースは、これを「自我消耗」と呼ぶ[19]。たとえば医療従事者は、勤務時間の後半になると、欠かせないはずの手洗いをさぼる回数が増える[20]。医師は勤務時間が長引くと、必然性のない抗生物質を処方しやすくなる[21]。抗生物質の処方は、医師にとって誘惑なのだ。患者はたいてい薬を欲しがるものだし、医師としても、検査結果が出るまで、もしくは症状が消えるまで何もせず待つように指示するよりも、何か具体的なことをしてやりたい気持ちがある。

疲弊した医療従事者の例から私たちが学べる教訓として、自制心の発揮には労力を使うのだから、自制心を伴う判断は一日の最初のほうにするのが望ましいと言えるだろう。ダイエットを決意するにしても、衝動買いをしてもいいかどうか検討するにしても、充分な危機意識が働いて正しい選択ができるタイミングまで待ったほうがいい。

一般的な雑誌などでは（ときには科学論文でも）、自制心に労力を使うことを正しく描写していても、それを意識的プロセスとして間違った説明をする場合がある。両肩に天使と悪魔が乗っていて、左右の耳に正反対のアドバイスを吹き込み、中央にいる人間を悩ませるという、よくあるイメージだ。実際のセルフコントロールのプロセスは、そんなに悠長なものではない。身体に悪そうなデザートをあきらめ、買うべきではないデバイスの広告を飛ばし、過熱する議論で自分を落ち着かせようとするとき、人はたいてい無意識で瞬間的に自分をコントロールしている。

ほとんどの場合、そしてほとんどの状況において、私たちは自分自身の行動に注意を払うことなく自分を制御する。誘惑に抗うためには無意識で戦うほうが有利なのだ――判断の一つひとつについて意識的にメリット・デメリットを検討していたならば、ほかのことをする時間など完全になくなってしまう。

無意識の戦略は、ここまでに論じてきたセルフコントロール戦略とよく似ているが、注意力を必要とせず、エネルギーをさほど消耗しないという利点がある。自分が自制心を発揮していることを意識もせずに、目標への思いを強めたり、誘惑を退けたりするのだ。

たとえば夫婦関係を守り続けるため、配偶者の長所をことさら拡大して評価しながら、別の恋人候補者の魅力を低く評価する（近所のすてきな独身女性に対してしたように）。自分はこんなふうにして夫婦関係を守っているのだ――とは意識せずに、誘惑よりも目標のほうを魅力的にしているのである。自制心を発揮しているときの人間は、目標をできるだけ肯定的に、誘惑をできるだけ否定的に評価する。たとえば健康的な食事をすることを誇らしさや勝利感と結びつけ、不健康な食事を恥の意識と結びつけるといった具合だ。

こうした無意識のセルフコントロール・プロセスは、誘惑に直面したときに目標を忘れない助けになる。健康意識の高い人なら、ハンバーガーを目にした途端、無意識に健康について思いをめぐらせ、ハンバーガー以外のメニューを選ぶ。同じように、貯金を心掛けているなら、セールだという理由だけで何かを買いたい誘惑にぶつかったとき、すぐさま自分の預金額を思い出す。

私が携わった実験で、このプロセスを明らかにした[22]。被験者はまず、目標と誘惑がぶつかるジレンマを挙げる。一人の被験者は「勉強とバスケットボール」と書いた。勉強をしなければならない、けれどバスケをして遊びたい、というジレンマだ。別の被験者は「貞操とセックス」と書いた。このジレンマに説明の必要はないだろう。被験者は次に、コンピューターを使ったテストに取り組む。画面には単語が瞬間的に表示される。すると、誘惑の単語がちらりと出たあと、同じ場所に目標の単語が出たときに、被験者は迅速に目標の単語を読み取っていた。誘惑を意識したことで、その誘惑よりも重要な目標を想起し、目標の単語を待ち構える心理状態になっていたのだ。

目標に向けて直進し、誘惑への脱線を避けるという点でも、無意識のセルフコントロールが作用する。これを発見した研究者、ポール・スティルマンとダニラ・メドベージェフとメリッサ・ファーガソンも、コンピューターテストを使って実験をした[23]。画面に出てくるのは2種類の食べ物の画像だ。たとえばリンゴとアイスクリームの画像が、画面の対極的な位置に表示される。被験者は画面下の中央から、自分の健康やスタイル維持の目標に合うほうの画像に向けて、線を引っ張る。この実験が調べていたのは、線のまっすぐさだ。健康的な食べ物に向けて直線を引くのか、それとも、健康的ではない食べ物のほうにややふくらんだカーブを描くのか。すると、自制心の強い被験者ほど直線を描くことが明らかになった。反対側にある誘惑に無意識のうちに抵抗して、健康的な食品へ、わき目も振らずに進んだのである。

こうした反応に注目すると、人の意識下で起きている反応が見えてくる。飲み過ぎを警戒しているときに自然とワイングラスを手元から押しやる理由も、買いたい新型ノートパソコンの広告が給料日前に表示されたら自動的に目をそらす理由も、誘惑を退けるための無意識の反応だ。

無意識の反応は頻繁に起きるものだ。しかも、実践するうちに習慣になる。歯を磨くのに動機づけがいらないのは、「朝起きる」と「歯を磨く」は連係するものとして、すでに学習しているからだ。特定の食べ物（私なら、たとえばドーナツ）と「手を出さない」という反応を結びつけて学習することもある。

心理学者ウェンディ・ウッドが発見したように、人はひとたび習慣を形成すると、明確な目標を設定しなくても、自制心を発揮しなくても、同じ場面に遭遇すること自体が行動のトリガーになる。[24] 実践するうちに、自制心を伴うゴールコンフリクトの解消が簡単になるのだ。目標についてあらためて思い出しもせず、自制心を使いもせず、ただただ当たり前に同じ行動をするようになる。

まだ習慣が確立していないなら、「実行意図」をインストールする狙いで、とりあえず実績作りをするといいだろう。心理学者ペーター・ゴルヴィツァーによると、ごく単純な動作であっても、人は一足飛びには実行しない。[25] まず目標を設定し、次に「Xという状況になったら、〈目標に向けた行動〉をとる」という形式で計画を立てている。「起きたらヨガをする」「ワインの1杯目を飲み終えたら、グラスをシンクに下げる」といった具合だ。自分はこのときにこれをするのだ、という実行意図がインストールされてしまえば、設定したキュー（「起きた」「ワインを飲み終えた」）が生じたとき、しようと決めた行動が芋づる式に引き出される。先ほどの説明と同じように、無意識に促される形で、ほぼ自動的に計画どおりの行動をする。

自制心の発揮は場合によっては難しい。そして、自制心の発揮によって、人は疲弊しやすい。だとすれば実践して習慣づけたり、実行意図をインストールしたりすることで、自制心が無意識に発動するようにしておくのが得策というわけだ。最終的には習慣が根づいて、自制心を持ち出す必要がなくなる。何をすべきか（何をすべきでないか）検討する必要もない。ただシンプルに、自分にとって望ましい行動を起こすようになる。

自分を動かすためのヒント

自制心を要する問題を察知する難しさと、誘惑と戦う難しさ、その二つは区別して把握する必要がある。そのうえで、さまざまなセルフコントロール戦略のなかから、それぞれの試練に適したものを判断していかなければならない。自制心という武器をよく理解していれば、誘惑に負けない自信も高まるし、成功確率を高める戦略も立てやすくなる。自制心を高めるために考えたい主な設問を次に並べた。

1 敵を知ること。自分にとってのメインの誘惑は何か。もっとも誘惑に負けやすいのはどんな状況か。

2 自制心を要するゴールコンフリクト（目標の衝突、葛藤）を自覚しやすくするには、どうしたらよいか。決断を単発ではなく積み上げて考えてみるのもよいだろう。今日だけではなく、似たような状況で毎回直面する問題として検討してみる。あるいは未来の自分を思い浮かべてみよう。未来の自分が、今の自分の親友であるなら、親友のために今日の自分は何をしてあげられるだろうか。もしくは、自分の決断が自分のアイデンティティにどれだけ重なってくるか評価してみるのもよいだろう。目標追求とアイデンティティに齟齬は生じていないだろうか。

3 誘惑との戦い方は、どれを選べばいいか。プリコミットメントで目標達成に向けて尻を叩く、進捗に対して褒美を出すといった方法もある。誘惑に対する心理的アプローチについても考えておきたい。誘惑に流されることよりも、目標に向けてがんばることのほうが大幅に魅力的と思えるためには、どんな要素が必要だろうか。状況から自分を切り離して距離をとる、三人称のセルフトークを活用する、高い期待を掲げて自分にハッパをかけるなど。

4 誘惑と戦うためのエネルギーは有限だ。戦っていれば疲労もたまる。そうした試練から、どのように身を守ればよいか。一日の後半で疲れ切った自分が誘惑に流されやすくなることを予期して、追加の防衛策を考えておこう。もしくは習慣を形成し、無意識でできるようにしよう。

第11章　忍耐力を発揮する

我慢強さが成果をもたらす

「待つ者のところによいことが来る」とはよく言ったものだ〔訳注　「待てば海路の日和あり」と同じ意味のことわざ〕。とはいえ待つのは楽しくはない。グリルチーズバーガーが完璧な温度で焼けるのを待っているにせよ、投資した債券が満期になるのを待っているにせよ、じりじりともどかしい思いをさせられる。英語のpatientという単語は「忍耐強い」という意味にも「患者」という意味にもなるが、このダブルミーニングが生じたのは偶然ではない。どちらも「苦しむ人」という語源から来ている。待つというのは苦しいことなのだ。

待つのがこれほど難しい理由の一つは、たいていは何か大きなものがあとから来るのを待っために、小さいけれどすぐ来るものをやり過ごさなければならないからだ。また、冷静さを保ち、欲しいものが今すぐ手に入らなくても落ち着いていなければならない。前章で考察した自制心の話が思い浮かぶかもしれないが、確かに忍耐強さを発揮するためには、往々にして自制心が必要だ。モチベーションサイエンスでも、研究者によっては忍耐力と自制心をイコールと考える。セルフコントロール研究の古典的パラダイムとして前章で紹介した「マシュマロテスト」も、実際には忍耐力の程度を評価している。

この有名なマシュマロテストは、1960年代に心理学者ウォルター・ミシェルが、子どもは欲求の充足をどれだけ先延ばしにできるか調べるために開発した実験だ。[1] 基本的には食べ物のご褒美を2パターンで示す。ミシェルが行なったオリジナルの実験では、まず子どもを専用の部屋に案内し、テーブルに置いたマシュマロ1個を示す。テーブルについたまま、目の前の1個を食べずに待っていれば（たいていは10分から20分だが、子どもはそのことを知らない）マシュマロは2個もらえるよ、と教える。研究者はそのあと部屋を出て、残った子どもがお菓子をどうするか観察する。2個もらえるのを待つつもりだったのに、待っているうちに考えを変えて、1個のマシュマロをすぐさま口にほうりこんでしまうかもしれない。もう待てないから食べてしまえ、と判断するまでの時間を、その子の「忍耐スコア」として採点した。

あなたもためしに、自分を強く誘惑するものを思い浮かべてみてほしい。ワイン1杯か、焼き立てのチョコレートケーキ1切れか、もしくはツイッターのフィードか。その誘惑を目の前にして、手を出すことはできず、ただ座って待たねばならないと想像してみよう。待ち時間は知らされていないが、一定の時間が過ぎたら、手に入るものは増えることになっている。もっと高級なワインが飲めるし、ツイッターも長い時間眺めていられる。

マシュマロテストでは、当初は子どもが待つために採用した戦略に注目していた。気をまぎらわせる（歌を歌う、手足を使った遊びを考案する、場合によっては寝てしまおうとするなど）ことのできた子どもと、食欲とは関係のない語彙（第10章で説明した「冷却」の言葉）でご褒美を考えるよう指導されていた子どもは、長く待つことができた。

ところが10年後、ミシェルらの研究チームがふたたび同じ子どもたち——青年になった被験者——を調べたところ、いっそう興味深いことが判明した。誘惑のマシュマロを目の前にして忍耐力を発揮できた未就学児は、青年となったとき、認知能力および社交能力が優れている傾向があったのだ。成績もよく、友達も多かった。

マシュマロテストのデータはそれ以降も数回にわたり分析されている[2]。ある場面で忍耐力を発揮できたからといって、子どもの将来が決定するわけではないが、幼い頃の満足遅延耐性は、人生の重要な成果と少なくとも部分的にはつながりやすいのである。

ただし、幼い頃の忍耐力が人生後半の成果と結びつくことはわかるとしても、こうした研究は理由を語っていない。忍耐力の何が成功につながるのだろう。我慢強い人は意志が強いのか、それとも賢いのか。遊びに行く前に宿題を済ませられる子どもは、お楽しみを後回しにできるほうが得だという信頼があってそうするのか。モチベーションサイエンスでは、今挙げた要素を含め、さまざまな要因が忍耐力にかかわると考えている。具体的に考察する前に、そもそも待つことがこれほど難しい理由に注目してみたい。

待つのはなぜつらいのか

待つのはいやなものだ。そして避けがたい。私たちが人生に望む大きな夢のほとんどは、実現まで何年も待たなければならない。過去の稼ぎで悠々自適な隠退生活をしたいなら、まずは何十年も老後資金を貯め続ける必要がある。仕事でステップアップしたいなら、たとえばオンラインスクールや職業訓練校での勉強に数年をかけなければならない。健康を手に入れるにも長期戦で構えたほうがいい。必要ないかもしれない抗生物質や外科手術を焦って望むのではなく、じっくり腰を据えて心身の状態と向き合える患者《ペイシェント》は忍耐強い《ペイシェント》。だが、辛抱強く待つのは決して簡単なことではない。

待つのがつらい理由は、人には未来を割り引いて考える性質があるからだ。未来の自分に起きることは、たった今起きてはいないので、脳内においては価値が低い。たとえば1年後に１００ドルもらえると約束されても、たった今１００ドルもらうことと比べれば、さほど嬉しくはない。同様に、恋人と来月会えるという約束は、今日会えるという約束に比べて、さほど胸は躍らない。待たねばならない状況というのは、人間の本能と折り合いが悪い。はるか遠くにある選択肢は、さほど強い声で誘いかけてもこないのに、そちらに操を立てるため、目の前で激しく誘いかけてくる選択肢をみすみす逃さなくてはならない。貯金をするなら、今現在の収入という非常に価値のあるものを、今の自分にとっては価値の低い未来の収入というものに換金せねばならないというわけだ。たとえば私の8歳の息子には、もらったお小遣いを使うか、もしくは貯めるかという選択肢がある。今すぐ使えるほうが、そのお金は息子にとって価値が高いので、貯めておくことができない。

将来の成果が魅力を失うスピードを、価値の「割引率」と呼ぶ。忍耐強い人の割引率は低い。将来の成果を、現在の成果とほぼ同じ価値で見ている。たとえば将来の愛情と現在の愛情を同価値に見るので、たった今目の前に恋人がいなくても耐えられる。その点、忍耐力のないせっかちな人の割引率は高い。将来の成果は、現在の成果よりも大幅に価値の低いものと見ている。いずれ恋人と会えるのはどうでもいいことで、今の自分に恋人がいることのほうがずっと重要なので、どうしても今すぐ誰かをつかまえなければ気が済まない。

割引率は人によって差があるのだが、基本的には誰もがそれなりに高い割引率を適用して、目の前の報酬のほうをありがたがる。待っている対象が今すぐ手に入るのであれば、量が少なくても、値段が高くても、喜んで受け入れる。飛行機の出発日が近づくと航空会社が航空券の料金を上げるのも、それが理由の一つだ。人は数カ月後の便に高額な料金は払わないが、明日の便に乗るためなら高い料金を払う。ブロードウェイのショーも、数週間先の公演よりも今夜の公演チケットを高くする。ネットショッピングのユーザーは、当日発送なら高い金額になってもいいと思うどころか、当日発送は高くて当然だと思っている。

人間はせっかちな生き物だと自覚していれば、忍耐力不足という問題と戦う備えもできる。ただし、これは備えの前半だ。さらに備えの後半として、せっかちになる理由も知っておかなければならない。

なぜ辛抱できないのか

よく観察していれば気づくはずだ――アップルのような大成功しているテクノロジー企業は、人のじれったさを煽る手腕に秀でている。iPhone の新機種を正式発売のだいぶ前の時点で発表し、開発中ということ以外、どんな見た目で、何ができるのか、まったくと言っていいほど説明しない。この戦略を逆手に取って、2000年に「マックルーマーズ」というウェブサイトが登場した。アップルの新商品に関する非公式情報を載せるサイトで、最新の iPhone や iPad を待ちわびているファンが知りたがるような噂《ルーマー》話を次から次へと投稿する。設立者のアーノルド・キムは腎臓病専門医だったが、サイトがあまりにも人気になったので、アップルの秘密をばらまいて儲ける仕事に職業替えをしたほどだった。

アップルの成功、そしてマックルーマーズの大人気ぶりが教えているのは、人は長く待てば待つほど、その商品に大きな価値を割り当てるという点だ。一方で、やはり人は待つのがひどくいやなのだということもわかる。一般論としては、待ちさえすれば多くのものが手に入るし、手に入れたものがいっそう特別に感じられる。新しいスマホを数カ月待ってようやく買えたなら、そのスマホはますます貴重だ。待つのはつらいが、待ったほうが対象の価値が増すというのに、具体的にどんな理由で、人は辛抱ができないのだろうか。

我慢できない理由①——意志力の欠如

誘惑に流されたとき、人はたいてい自分の意志の弱さを責める。逆に言うと、当然のことではあるが、自制心を働かせる意志力が欠如している人はせっかちになりやすい。

心理学者アンジェラ・ダックワースがイーライ・ツカヤマおよびテリー・カービーとともにマシュマロテストのデータを分析したところ、子どもの意志力に関する保護者や教師の評価と、その子どもがご褒美を待てる時間の長さに、相関関係が見られることがわかった。[3] 意志が強いと見られた子どもは忍耐力にも秀でている。だが、同じ研究で、子どもの認知能力と待てる時間の長さにも関係があることが明らかになった。意志力だけがすべてではないのだ。強い意志に加えて、高い認知能力があれば、待つという判断ができる。待つことのメリットを理屈でしっかり納得できる子どもは辛抱できるというわけだ。これは大人にも当てはまる。

同様に、マシュマロテストの権威ウォルター・ミシェルのチームが先日発表した分析によれば（ミシェルの死後に発表された）、17歳から37歳のときの意志力は、その人物が46歳までになした財産の額の予測因子となっていた。[4] マシュマロテストの忍耐スコアだけでは中年期の財務状況は予想できなかったのだが、保護者による意志力の評価と、のちに被験者に自身の意志力を評価させた結果を加味して分析したところ、その傾向は確かに中年期の稼ぎと連動していた。

我慢できない理由②——信頼の欠如

もう待っても仕方ない、待つのをやめよう——と決めてしまうまで、どれくらい待つべきだろうか。待つ人は無意識のうちにこの問いを考えている。マシュマロのある部屋に残され、大人が戻ってくるのを待つ子どもの身になって想像してほしい。あの大人はどうせ戻ってきやしない、と判断するまで、どれくらい待つべきだろうか。あるいは、夜中のバス停にいると想像してみよう。今夜はもうバスは走っていない、家まで歩こうと決心するまで、どれくらい待つべきだろうか。私が「どれくらい待つか」ではなく、「どれくらい待つべきか」と表現したことに注意してほしい。

もちろん永遠に待つわけにはいかない。いずれかの時点で、実験の大人が戻ってくる、もしくはバスが来ると信じるのをやめなくてはならない。あとから大きな褒美が来るという約束は真実ではなかったと結論づけて、1個だけのマシュマロか、それとも徒歩か、とにかく目の前にある別の選択肢を選ぶと決める。待ち続ける意味がわからなくなり、忍耐もできなくなる。

人がせっかちになる主たる理由は、こんなふうに、待つことが報われるとは信頼できなくなるからだ。待っていれば約束のものが来ると信じ切れない。または、待ち時間が長すぎて無理だと思ってしまう。たいていの場合、長く待てば待つほど、信頼は薄れていく。30分待ってもバスが来ないなら（5分で来ると思ったのに）、終バスは行ってしまったに違いないと考え、それ以上待つことには耐えられなくなる。

信頼の効果はマシュマロテストでも確認されている。家庭が安定している子どもは、長く待てる傾向があった。見通しのつく環境で育っていると、大人は約束を守るものだという信頼を抱くのだ。努力は報われると信じているので、たとえば大学院に進学して、数年ほど給料をもらえない立場を継続する決心をする。それとは対照的に、不安定な環境で育った子どもは、人生で出会う大人全般に対して猜疑心が強い。大人は約束を守ることもあるかもしれないけど、守らないこともあるじゃないか、と思っている。社会経済的に恵まれない状況にあった子どもが大人を待つことができないのは、主な理由として、世間は信頼できないと学んでしまったからだ。幼い頃に大人を疑う習性が身についていて、じっくり腰をすえたほうが得をするという発想は実体験と一致しない。そのため、たとえば進学や貯金をする気にはなれないのである。

我慢できない理由③——思い入れの欠如

今すぐもらえるたった1個のマシュマロではなく、あとからもらえる2個のマシュマロを待とうとする意欲は、マシュマロの好き度合いに影響を受けるだろうか。コーヒー愛好家が、とりあえず視界に入った店でコーヒーを買うのではなく、ひいきにしている専門店で買えるまで我慢しようとする意欲は、どの程度、コーヒー愛に左右されるのだろうか。おそらく読者の想像どおり、対象への思い入れが強ければ強いほど、それをもっと多く、もしくはもっとよいものとして手に入れるために、積極的に待とうとする。よく言うように、愛とは忍耐なのだ〔訳注　新約聖書　コリントの信徒への手紙一　第13章第4節。新共同訳では「愛は忍耐強い」〕。

マシュマロであれ、コーヒーであれ、残高に表示される数字を眺めることであれ、何らかのことに対して思い入れを抱いているのなら、その対象の優劣は重大な問題だ。テクノロジー愛好家は、今売られているスマートフォンと来年秋にリリースされるスマートフォンでは大違いだと確信している。違いが大きいと期待するからこそ、彼らは待つ。一方、私のような人間にとって、電話は電話、単なる日用品だ。今買えるものよりほんの少し優れているとしても、そのために最新モデルを待つ理由がわからない。私はスマホに思い入れがなく、その手の商品の発売を待つ忍耐力は持ち合わせていない。

私がアナベル・ロバーツおよびフランクリン・シャディとの共著論文で発表した実験では、愛情（ただ好きになるだけでも）によって人がどれだけ忍耐強くなるかを調べた。[6] 被験者には、10週間後に届くぴったりのTシャツか、それとも今週手に入る少し大きいTシャツか、どちらかを選ばせた。少し大きいTシャツは、室内着としてなら着られるし、パジャマにするなら心地いいかもしれないが、きちんとした服装をしたいときには着ないだろう。いずれにせよ、入荷通知を待たねばならないのはわずらわしいものだ。

被験者の一部は、好きなデザインのTシャツで合うサイズを手に入れるため、我慢して待つことを選んだ。別の被験者は、待たずに手に入れるために、そこそこのデザインですぐ手に入るサイズのTシャツを選んだ。Tシャツのデザインについては、あらかじめ12種類のパターンで好みを評価している。サイズの合うTシャツのために9週間余計に待てるのは、そのデザインを特別気に入った場合だけだということがわかった。さほど好きではないデザインで、合うサイズのために9週間余計に待つかどうかの選択を迫ると、被験者はせっかちな判断をしていた。

コーヒー、ビール、チョコレート、チーズ、朝食用シリアルに至るまで、さまざまな商品で同じ実験が行なわれているが、いずれも被験者はその商品が好きであればあるほど、今すぐ少しだけ手に入れるよりも、翌月にお徳用が手に入るのを待つ傾向がある。

ここで注目したいのは、思い入れが忍耐の意欲を高める――「あとで、多く（遅延大報酬）」を得るために「すぐ、少し（即時小報酬）」を見送る――一方で、待っているうちに待つのはどんどんつらくなるという点だ。対象が大好きなら、待たされて平静さを保つのは難しい。長く待たされれば待たされるほど、余計に気持ちはじれったくなる。

実際に、私と戴先熾《ダイ・シェンチー》の共著論文で解説した実験で、消費財に対する渇望が時間の経過とともにどう変わるか調べたところ、長く待つほどその商品に対する渇望は強まるものの、それは対象のことを強く好きである場合に限定されることがわかった。[7] 適当な代替品があるなら、待たされる時間が長くなると、当初の対象への渇望は弱くなった。海外旅行をしたことがあるなら経験したかもしれないが、外国で数カ月を過ごしていると、たいてい母国の食事が恋しくなる。私たちの研究で、香港に留学した学生を調べたときには、母国の食事を食べられない日が長く続けば続くほど、心待ちに思う気持ちが強くなっていた。

私がイスラエルにいた頃は、過越《すぎこし》祭〔訳注　ユダヤ教の祭日〕の時期に似たような思いを抱いたものだった。過越祭の期間中は宗教的伝統により、小麦粉を含む食べ物の販売が禁じられる。だからしだいにパンが恋しくてたまらなくなるのだ。この経験をもとに戴先熾《ダイ・シェンチー》との研究で、過越祭のあいだハーメーツ〔訳注　ヘブライ語で、酵母の入った食べ物〕を食べられない人々の様子を調べたところ、食べられない期間が続けば続くほど、確かにハーメーツを望む気持ちは強くなっていた。ただし、じれったさがつのるのは、ハーメーツの代用になる食べ物を特定していない場合だけだ。マッツァ（無酵母のクラッカー。パンの代用）や、小麦粉不使用のケーキ（小麦粉入りケーキの代用）、ポテト料理（パスタ料理の代用）を食べることが念頭にあった場合は、小麦粉ベースの食品を恋しく思う気持ちは時間を経てもさほどつのっていなかった。

ソーシャルメディアの使用を禁じられた場合も、同様のパターンが見られる。こちらは、フェイスブックユーザーにフェイスブックの利用を3日間禁止する、という実験だ。ツイッターやインスタグラムのような適当な代用品を持っていなかった被験者ほど、フェイスブックをやりたい気持ちをつのらせ、時間の経過とともにいっそう辛抱できなくなるのだった。

代用にしてもよいと思えるものがあるというのは、つまり、本家のモノや人のことがそれほど重大に好きではないという意味だ。だから待たされても気にならないとも言えるし、わざわざ待つほどのことでもないとも言える。

我慢できない理由④——頭から追い出したいという願望

私は先日、同僚に借金15ドルの返済として、20ドルを払った。忘れていた借金を先方が思い出させてくれたので、私はあわてて財布を開いたのだが、あいにく財布の中には20ドル紙幣しか入っていない。そこで私は紙幣を1枚差し出した。彼女は、多めには受け取れない、と首を横に振ったのだが、私がどうしても払わせてほしいと食い下がった。15ドル用意できてからではなく、

20ドルで早く返済したかったからだ。私は5ドルの損をしてでも、自分の返済を今すぐ済まさなければ我慢できなかった。どうしてだろうか。

せっかちで忍耐力がない、我慢ができないと聞けば、お金やモノを多く欲しがることだと連想しやすい。だが、人は負債を消すことについてもせっかちになる。[8] 自分がするべき返済を待っていられないのだ。私と同じ状況でどうするか尋ねてみると、大多数の人が、私と同じようにすると答える。少額の借金がそのままの金額で持ち越されるよりも、今多めに払って借金をきれいにするほうがよい、と考えるのだ。それどころか、大多数の人は、自分が貸した借金をそのまま持ち越されるよりも、今少なめに返済されたほうがいいとすら考える。要するにこういうことだ――自分が返済する側にあるときは、18ドルを返せるときまで待つよりも、今20ドルで払ったほうがいい。自分が返済される側にあるときは、20ドルを返してもらえるときまで待つよりも、今18ドルで払ってもらったほうがいい。

こうした判断も、せっかちで辛抱ができないために生じる。借金を早めにきれいにするためなら損をするのもいとわない。早くきれいにするほうを優先する理由は、借りているにせよ貸しているにせよ、目標が達成されずに宙ぶらりんになっている状態が気持ち悪いからだ。目標を達成して、この件をクローズしたいのである。

たとえば、今の仕事を多めにするか、あとの仕事を少なくするか、どちらかを選ぶとしよう。ある実験で、文字と数字を羅列したパスワード（「3atAmynZ5P」のような）を書き写す作業を提示すると、多くの人は1週間のあいだにパスワードを書き写すのではなく、書き写す数が多くなっても今日書き写してしまうほうがよいと考える。理由は、今日その作業をやってしまえば、この先1週間の作業リストから除外することができるからだ。請求額を通知されたらすぐさま、支払い期限より前に払う人もいるが、それも似たような理由である。ワクチン接種についての考えを調べたときも、1週間後に無痛ワクチンを待つより、受けなければならないなら今日さっさとワクチンを受けたほうがいいと答える人が多かった。

目標を完遂したい気持ちがつのってくると、辛抱できずに完遂へと急ぎ、より早く最終目的地に近づこうとする。第5章で紹介した目標勾配効果だ。たとえば旅行の予定があるときの気持ちを思い出してみてほしい。飛行機、列車、レンタカーなどの手配をせず、目の前の仕事や家事や、その他の用事に集中するのは、ひどく難しく感じたのではないだろうか。混み合う窓口で列に並んでいるときも、その時点でどれだけ待ったかという時間とは別に、窓口までの距離が縮めば縮むほど気がせく。待つという作業の終わりに近づいているという感覚が、人を落ち着かなくさせる。待ち続けることを苦しく感じ、待つという行為が終わるのを待ちきれない気持ちがつのる。

忍耐力不足は必ずしも悪ではない

ここまでの考察のとおり、人がせっかちになって忍耐力を発揮できない理由は複数考えられる。意志が弱いのか、信頼が欠如しているのか。思い入れが薄いのか、気がかりなことを頭から追い出したいのか。次のセクションで解決方法を説明するが、その前に、忍耐力不足は必ずしも悪ではないという点を念頭に置いておいてほしい。せっかちになるのはその場の環境に合わせた反応かもしれない。どんなときでも絶対に待たねばならぬというわけでもない。たとえばお腹が空いていたり、疲れていたりするときに、即座に手に入る少しの贅沢を取り入れれば、がんばり続けることができるだろう。午後のおやつでも、短い昼寝でも、小さな満足によって心身の機能を回復させられる。量の多さよりも即時性を優先するほうが正しい場合もある。それに、お楽しみをいつでも必ず先送りしていたら、楽しい瞬間は結局一度も味わえない。これが幸せな人生を送る道とは言えないだろう。

どうすれば忍耐力を高められるのか

とはいえ、幸せな人生という話をするなら、忍耐力がきわめて重要であることは間違いない。忍耐力のある人のほうが、大学を卒業する確率が高い。今すぐ就けるそこそこの仕事を見送って、より充実したキャリアが得られるであろう未来のために、学業を長めに修めることを選ぶからだ。そして忍耐力のある人のほうが、お金も多く貯められる。今すぐ使うのを我慢して、未来のために資金を手元から遠ざけることを選べるからだ。渋滞にはまったときも、コーヒーショップで列に並んでいるときも、平静を保つのが比較的得意だ。夕食前にスナック菓子を食べ過ぎて、食欲をいたずらに満たしてしまうことにもなりにくい。

だが、先ほども述べたように、忍耐力は変動する。人は誰でもそれなりに忍耐力があり、誰でもそれなりにせっかちだ。だとすれば、忍耐力を発揮すれば自分にとって得になる場面で、どうすればうまく忍耐力を高められるだろうか。

忍耐力を高めるための対策①――気をまぎらわせる

数学者ジョン・エドモンド・ケリックの実験でもっとも有名なのは、コイントスを1万回するというものだ。表が出る確率と裏が出る確率は最初のうちは定まらないが、いわゆる「大数の法則」に沿って、しだいに50／50あたりに収束する。これは結果的に大発見だったのだが、実はケリックがこの実験をした理由は、自分自身の気をまぎらわせるためだった。１９４０年代にナチス・ドイツの捕虜となったケリックは、第二次世界大戦の終わりを待つあいだ、ひたすらコイントスで時間をつぶしていた。いつ解放されるかわからなかったので、つまらないことでもいいからとにかく何かをし続けて、忍耐力を保っていたのだ。

オリジナルのマシュマロテストで2個目を待つことのできた子どもたちも、この戦略を使っていた。歌やお話をこしらえるなどの作業で自分を忙しくさせていれば、気がまぎれて、目の前にある1個のマシュマロを考えずにいられたからだ。

ケリックとマシュマロテストの子どもが示しているように、待っているという事実を頭から追い出すのは、忍耐力を高める効果的な道になる。ほかにすることを見つけて、自分が待機中であることを忘れようと努めるのである。自分は待たされているのだ、と意識していなければ、待つのは比較的容易になる。

忍耐力を高めるための対策②——先に決断する

半年後に120ドルもらうか、それとも今すぐ100ドル受け取るか選択を迫られたとしたら、あなたはどちらを選ぶだろうか。では、1年半後に120ドルもらうか、それとも1年後に100ドルもらうかの選択だとしたら？　多くの人は、最初のシナリオでは100ドルを選ぶが、2番目のシナリオでは120ドルを選ぶ。半年長く待てばもらえる額が20ドル増えるという点ではどちらも同じだ。いきなり半年は待てないのに、1年待ってからなら余計に半年待てると思うのは、なぜだろうか。その答えは「遠さ」だ。遠さが忍耐力を高める。選択肢が今の自分から近いときは、小さいけれどすぐ手に入るものを選びやすい。だが、どちらの選択肢も遠くにあるときは、遅れて来るが大きいもののほうを選ぶ。

この例は、忍耐力を高める戦略の一つを明らかにしている。待つという判断を事前に決定してしまえばいいのだ。「事前決定」のテクニックで、小さいけれどすぐ手に入る選択肢と、大きいけれど遅く来る選択肢、その両方ともが遠い未来に位置しているうちに、どちらを選ぶか先んじて決定してしまうのである。そのほうが忍耐力のある判断ができる。どのみち翌年まで待つのなら、よりよい品質、もしくはよりよい値段を確保するために、さらに1カ月長く待つのはたいして苦にはならない。人間の時間認識は直線ではないのだ——脳内では、今現在と来月の時間差のほうが大きくて、1年後と1年1カ月後の時間差は小さいのである。

遠さで選択が切り替わるもう一つの理由を、モチベーションサイエンスでは「双曲割引」と呼ぶ。[9] 人は、近い未来の成果は大きく割り引くが、遠い未来の成果はゆるやかに割り引く。たとえば、一定の金額を今ではなく半年後にもらえると言われたら、脳内ではその金額の価値が低くなったと受け止める。だが、1年後ではなく1年半後にもらえると言われたら、それほど価値が低くなったとは感じない。

事前決定で得をする様子はハトでも確認できる。選択をするタイミングと、その対象が得られるタイミングとが離れているなら、時間はかかるが多めの褒美のほうを選ぶのだ。心理学者ハワード・ラクリンとレオナルド・グリーンの研究では、ハトに即時小報酬（ボタンをつつくと、少ないエサが2秒で出てくる）と、遅延大報酬（ボタンをつつくと、さらに4秒遅れて多めのエサが出てくる）を選ばせた。[10] すると、ハトはせっかちに即時小報酬（少ないエサ）を選んだ。

ところが、つついてからの反応時間を10秒にして、即時小報酬（少ないエサ）は10秒、遅延大報酬（多いエサ）は14秒で出てくるようにしたところ、ハトたちは時間のかかる報酬のボタンを選ぶようになった。「エサを多めにもらえるためなら4秒余計に待つか」という問いに対するハトの答えは、その決断が直近かどうかで左右されていたというわけだ。エサが出てくるのがだいぶ先のことなら、長めの我慢をする判断ができる。すぐさま出てくるエサについて直前に判断するなら、我慢ができない。

人間もこの原則を応用して忍耐力を高めることが可能だ。小さくてすぐに得られる選択肢が、まだ手に届く範囲に入ってこないうちに、できるだけ事前に時間をとって判断すればいい。この夏の旅行は1回しかできないとわかっているなら、旅行の計画をできるだけ早く決める。今週の週末旅行にするか、来月の1週間の旅行にするか、ぎりぎり直前に決めざるを得ない状況では、もう今週末に行ってしまえ、という判断になりやすい。だが、3カ月後の週末旅行か、それとも4カ月後の1週間の旅行か、と検討するのだとしたら、どうだろう？　旅行に焦がれる気持ちが強いとしても、ゆったりした旅行のために1カ月余分に待つのは、さほど苦ではない。どのみち3カ月は待たねばならないからだ。同じように、ネット注文の追加料金を払えば配送日数を短縮できる場合でも、5日かかるのが翌日になるというなら払いたくなるが、10日かかるのが5日になるというなら、追加料金を払わずに10日間待つことを選ぶ気になる。

忍耐力を高めるための対策③——選ぶ前に待つ

第3代アメリカ大統領トマス・ジェファーソンは、「腹が立ったときは、口を開く前に10数えなさい。激怒しているなら100数えなさい」と言った。この名言は、忍耐力を高める戦略をもう一つ教えている。「選択待機」のテクニックだ。自分の反応（今すぐ得をするほうを選ぶか、あとで得をするほうを選ぶか）をすぐさま判断せず、それぞれの道について説明を受けたり、しばらく検討をめぐらせたりしてから、満を持して選択をする。

このテクニックのポイントは、熟考の時間を設けて、その時間で選択肢を評価するという点だ。長めに待ったほうがよいものが手に入るというメリットを意識的に理解するので、結果的に我慢ができる。

私が戴先熾《ダイ・シェンチー》とともに行なった研究では、まあまあの品質で15日後に届くオーディオプレイヤーか、それとも40日後に届く高品質なプレイヤーか、どちらかが当たる抽選を被験者に選ばせた。[11]その際、少し待機してから選択するグループと、すぐさま選択をするグループに分けた。すると、選択をするまで13日待った被験者のほうが、即座に選択した被験者よりも、高品質なプレイヤーのくじを選ぶ傾向があった。選択を待機しているあいだ、高品質なオーディオプレイヤーをもらうという道を高く評価し、そのために待つ意欲を抱いたのである。

忍耐力を高めるための対策④——せっかちになる理由を解消する

ほかにも忍耐力向上のテクニックとして、本章で説明したせっかちになる理由を直接的につぶしていくという手もある。せっかちになる理由が意志の弱さなのだとしたら、未来はいつか現在になると自分に言い聞かせるなどして、自制心を高める。もしくは、未来の自分と今の自分はつながっているという認識を強める。心理的連結性を強めることの効果は実証済みだ。バーチャルリアリティを活用した実験で、大学生に70歳になった自分自身と出会わせたところ、老後の資金を貯めようという意識が高まった。[12]未来の自分に手紙を書くという作業をさせたときは、運動する回数が増えていた。[13]

せっかちになる理由が、先行きが見えないからであるなら、未来の成果を先に確定することで待てるようにする。たとえば、支払いの自動引き落としを設定しておく。こうしておけば請求が来たときのことを心配する必要はない。あるいは取引に第三者機関を挟む。これは不動産取引で一般的な慣行で、買い手がタイトルカンパニー（権原保険会社）に代金を預けるため、売り手は支払いを安心して待てるという仕組みだ。

遅く来る大きな報酬に対する思い入れが薄く、それが理由でせっかちになるという場合は、当該の報酬の何が特別なのか、そもそもなぜ重視しているのか、あらためて検討してみる。選択待機のテクニックを採用することで、自然と思い入れが高まるかもしれない。待機しているあいだに、その選択肢の価値を高く感じるようになるからだ。商品を買う列に並んでいるうちに渇望がつのってくるのも、この心理が働いている。自分の時間やお金を投資した対象のことは高く評価したくなる。

では、対象がささいなものである場合はどうだろう。いつまでも頭に引っかかっているのがいやで、目標を早めにクローズしたいという思いから、せっかちになってしまうかもしれない。この場合はテクノロジーを利用して解決するのがよいだろう。カレンダー・アプリのリマインダー機能を設定する、メールのスケジュール設定で未来に送信されるようにしておくといった手段がある。たとえば割引クーポンは使うのを忘れやすい。クーポンやギフトカードは、かなりの割合が引き換えられないままになっている。だからといってクーポンやギフトカードを使うことを焦るあまり、不用品を買ってしまう危険性があるなら、リマインダー機能で有効期限を思い出す設定にしておけば安心できるだろう。

忍耐力を高めるための対策⑤――誰かのために辛抱する

忍耐力向上のテクニックとして、最後にもう一つ、待つ作業に他人も加わってもらうという手も考えられる。あなたと私で一緒に待つと決断したのなら、待つのは多少なりと楽になる。私が辛抱できるかどうか、それしだいであなたがメリットを享受するかどうかが変わってきてしまうなら、おそらく私はいっそう忍耐力を発揮する。たとえばカップルで共同貯金の目標を決めれば、共通の目標や助け合いなしに個別に貯金をするよりも、目標を達成しやすいかもしれない。

これをマシュマロテストの応用版で調べた研究がある。今回はマシュマロではなくクッキーだ。レベッカ・クーメン、セバスティアン・グリュナイゼン、エスター・ハーマンによる実験で、まず子どもを二人一組にした[14]。ペアの二人がどちらもそれぞれ待つ判断ができるなら、ご褒美のクッキーは増える。1枚目のクッキーを早く食べてしまったら自分が損をするだけでなく、相棒も2枚目を食べられないと理解した子どもは、より辛抱強くなる傾向があった。

あなたが何かを待たねばならないとき——サンドイッチを買う列に並ぶ、投資のリターンが出るのをじっと待つなど——ここで紹介したテクニックのどれかを試してみてほしい。忍耐力を高めることができるだろう。

自分を動かすためのヒント

自分は忍耐強いと表現する人はめったにいない。私自身を含めたいていの人は、せっかちさのせいで得をしなかった経験があるものだ。忍耐力を高め、人生においてゆっくり訪れる大きな報酬を手に入れるために、次の問いを考えてみよう。

1　自分はどんな場面で忍耐力を発揮し、どんな場面で発揮できないのか。せっかちになるのはお金に関することか、健康に関することか、学業に関することか、それともほかのことで短絡的になりやすいのか。

2　せっかちになっているときの自分は、主に何を気にしているのだろうか。短絡的な判断をしてしまうことが怖いのか、それとも、待たされることに気が急くのか、怒りがわくのか。判断することと待つことの両方ともが苦しいのか。

3　なぜせっかちになるのか。理由はいくつか考えられる。意志が弱いのか、待つほうがよいと信頼できないのか、あとから来る報酬に思い入れがないのか、頭がそのことで占領されてしまうのか。

4　どうすれば忍耐力を高められるだろうか。気をまぎらわせる作戦や、事前判断や選択待機のテクニックを検討してみよう。未来の自分との結びつきの感覚を強めたり、未来の成果を確定させたりするのもよいだろう。あるいは、待ち望んでいる対象のどこが好きなのかあらためて考える。テクノロジーを活用し、覚えていなくてもよい状態にすることで、待つ体験を楽にする。または、他人と一緒に我慢したり、他人のために我慢したりするという手もある。他人の存在はモチベーションを形成する一要素だ。これについては次の第４部でくわしく説明する。

第4部

ソーシャルサポート

人間は社会的動物《ソーシャルアニマル》である

私は今、新型コロナウイルスのパンデミックのさなかで、人と人との支え合いについて論じる原稿を執筆している。家族と一緒に自宅にこもり、外の世界とは何カ月も遮断された生活だ。ソーシャルディスタンスを優先するため、同僚や友人とはずいぶん会っていないし、両親といつ会えるかもわからない。大学が閉鎖になる1週間前、同僚が何気なく私に手を差し伸べて、あわてひっこめたことがあった。だいぶ前から握手はしない風潮になっていたからだ。ご近所の家に3歳の女の子がいて、その子が朝に私を見かけて手を振ってくれたのだけれど、私が離れた距離から手を振り返すと、母親が急いで娘を引き戻したこともあった。近所のかわいい顔なじみだからといって、もう気軽にハグをするわけにもいかない。

人との接触がなくなった今、自分のモチベーション維持にどれほど他人の助けが欠かせないものであったか、きっと多くの人が日々痛感しているに違いない。仕事仲間、友人、家族がそばにいれば、がんばり続けるのも楽になる。自粛期間中はできるだけ自宅で運動し、読書をし、新しいスキルを学び、健康的な食事をし、仕事をすることが推奨されているが、仲間がそばにいないなら、そうした目標に邁進するのも困難だ。目標達成への動機づけにおいて、周囲の人々から与えられるさまざまな支援、すなわち「ソーシャルサポート」の重要性を評価するにあたり、今ほど特殊な時期は例がないと言っていい。

その一方で、人間は共通の目標のために協力しあうようにできているのだ、と再確認するにあたっても、やはり今ほど適した時期はない。物理的に距離をとりながらも、これまでにない新しいコミュニティ意識が芽生えている。私たちは今、同じ敵と戦うという目標を共有し、勝利のために果たすべき役割を各々担っている。共有する目標のために連携する力があるかどうか、世界規模で試されている最中だ。この試練を乗り越えることができるなら、ほかにもグローバルに共有する目標のために、きっと立ち向かっていくことができるだろう。今回の危機で培われたスキルが、環境汚染の削減や気候変動対策に役立ってくれるかもしれない。

ここからの第4部では、目標達成にあたっての周囲の助けについて考察していく。モチベーションサイエンスでは、ソーシャルサポートにもいくつかの種類があると考える。ただ単に他人の存在があるだけで効果が生じる場合もある。特に、ロールモデル（お手本、鑑）となる人物がいれば、相手の期待や行動が自分にとってのモチベーションになる。また、目標に向かって進めるよう、あるいは投げ出さずに貫けるよう、他人が手を貸してくれる場合もある。人間はお互いに助け合うように進化してきた。赤ん坊の泣き声に心が乱れる理由は、赤ん坊が助けを求めているのを聞き取って、自分の子ではなくても何とかしてやらねばと感じてしまうからだ。私たちは人を助け、そして助けられることを織り込んで生きている。

一つの目標を他人と共有し、協力し合って目指すこともある。「チームワークは夢を叶える《チームワーク・メイクス・ザ・ドリーム・ワーク》」という巧い言い回しを、きっと誰でも聞いたことがあるだろう。会社の成功や科学的発見を誰か一個人の手柄にすべきではないことも、誰でも知っている。宇宙飛行士のニール・アームストロングは一人で月面に着陸したわけではない。数えきれないほどの人の支えがあった。実際のところ、大きな偉業であればあるほど、他人がかかわっている可能性が高い。このパンデミックの自粛期間中に私がつねづね実感していることわざがある——人間が二人いれば子どもは作れるが、その子が育つには村一つの助けが必要なのだ。

人間のモチベーションシステムには、他人の目標追求を助けるにあたっても、同じ目標を一緒に追求するにあたっても、役に立つ仕組みが備わっている。そもそも人間は自分の周囲の人間に注意を払おうとする。思考内容の内訳を調べたとしたら、他人に関する考えでほぼいっぱいだ。脳が何かに完全に集中しきっていない限り——完全に集中する時間なんて、いったいどれだけあるだろう?——思考はあてもなくうつろいやすい。うつろう思考はたいてい他人のことをつらつら考えている。今あの人は何をしてるんだろう、こっちのことをどう思ってるんだろう、などと想像する。

人が他人にどれだけ関心を向けているかよくわかる例として、スポーツファンがよくやる「ウエーブ」を思い浮かべてみてほしい。数千人が詰め寄せたスタジアムで、ファンはいとも簡単に複雑な連係プレーをやってのける。幼い子どもでも周囲と完璧に合わせて手を叩けるし、年齢を重ねて周囲に対する注意力が高まると、いっそうやすやすと拍手の連係もとれるようになる。

それに、実際問題として、私たちは他人がそばにいることを必要としている。人間は社会的《ソーシャル》動物《アニマル》だ。集団を作ることで生き延びているのであって、単独では生きられない。内向的だと自称する人でも、外向的だと自称する人でも、ある程度は他人と一緒にいることが必要だ。社会的孤立は人間にとって異常な状況で、辛いというより残酷で道理の通らない罰と認識される。隔絶が精神疾患の原因になりうることも解明されており、場合によっては死に至る。[1]

ただそばにいるだけではない。私たちはふだんから、チームとして、もしくはパートナーとして、他人と協力しあおうという心づもりをしている。誰かと新たに知り合うときは、この人とはどうすればうまくやっていけそうか、と値踏みする。基本的には、まず相手の社会的ステイタス、すなわち社会のヒエラルキーにおける立場に着目する。相手の権力が上か下か、目上か目下か対等かわかれば、付き合い方のヒントになる。人が他人のステイタスを知りたがる理由は、共通の目標を追求するにあたってどう絡んでいけばいいか、判断がつきやすくなるからだ。

一言で言うならば、私たちはいつでも他人に関心を払い、他人の存在を求め、他人と協力し合おうとしているのだ。こうした特徴に加えて、大切な目標ほど他人の助けが必要なことを理解しているならば、目標追求にはソーシャルサポートが必須である理由は納得がいくだろう。目指すのが身体を鍛えることであれ、パンデミックを乗り越えることであれ、協力はあったほうがいい。ただし、疑問は残る。どうすれば、成功に結びつく形で人と力を合わせることができるだろうか。第4部ではこの問いの答えを探して、ソーシャルサポートのさまざまな要素を考察し、目標実現を支えてくれる社会的ネットワークの作り方を考えていく。第12章では、他人の存在を伴う状況での自分の目標追求について論じてみたい。健康に関する目標を目指すにあたり、誰かをロールモデルに設定することもあるだろう。一人で運動せず、ズンバのグループレッスンに入る気になるかもしれない。さらに第13章では、他人と一緒に目標を目指すことについて考察する。サッカーの試合で優勝する、科学的発見をするといった目標のためには、協力が必要だ。そして第14章は、人間関係をゆたかにするソーシャルサポートの意味について掘り下げていく。自分の目標を支えてくれる人に自然と引き寄せられ、邪魔をする人からは離れていく理由も明らかにしたい。

第12章　他人の存在のもとで目標を追求する

自分と他人の境界線

私自身を含め多くの人が、他人の行動や功績を表現するときに、ごくふつうに「私たち」という言葉を使う。「私たちがあの試合で勝った」とか「私たちは月面着陸を果たした」といった表現を何回耳にしてきただろう。大半の人はスポーツ選手でもないし、宇宙飛行士でもないのに、こうした偉業を語るときに「私たち」と言うのはおかしくないと感じている。「私たち」という代名詞は、そこだけ着目すると、あなたと私が先週したことの話なのか、それともニール・アームストロングが1969年に成し遂げたことなのか、判断しがたい。曖昧になる大きな理由は、区別する心理的必然性がないからだ。自分と他人との境界線は、きれいに区切られてはいないのである。
アイデンティティの認識がダブっていることの説明として、心理学では「自他の重なり（セルフ－アザー・オーバーラップ）」や「心理的重なり」という概念を用いる。複数の円が重なり合うグラフを想像してほしい。一つの円は、自分のアイデンティティ。別の円は、自分に近しい誰かのアイデンティティだ。二つの円は少なからぬ範囲で重なっている。人はそんなふうに、自分に近い他人をとらえているのだ。別の個体ではあるけれど、完全に分離してはいない。相手の人間もしくは集団との距離が近ければ近いほど、自分のアイデンティティと相手のアイデンティティの重なりを大きく感じる。重なり合う双方の自我は、一つの大きな全体のなかでそれぞれ存在している。

自他を重ね合わせる認識は、さまざまな興味深い現象を生む。たとえば、自分独自の性質は特定しにくいときでも、自分と他人（人または集団）との共通する性質であれば、ぱっと特定できることがある。自分もパートナーもクラシック音楽が好きだとしたら、「私はモーツァルトのファンです」とすぐに宣言できるのだが、自分はクラシック音楽が好きで、パートナーはジャズが好きなのだとしたら、自分自身の好みはこれだと思い当たるのに少し時間がかかる。音楽の趣味を共有していないからだ。他人と共有している部分、つまり「私たち」の性質や性格であると認識している部分は、自分の性質としてすぐに頭に浮かんでくるのである。

他人がいるだけでモチベーションに影響が生じる理由も、この重ね合わせ――特に、近しい他人と自分との重ね合わせ――で説明がつく。影響は多様で、多くの場合は実に意外だ。自分が運動をする、買い物をする、仕事をする、日常の用事をするときに、同じことをしている友人、パートナー、兄弟姉妹、同僚の存在があると、おそらく知らず知らずのうちに一生懸命になる。他人の存在が自分のモチベーションを高めるのだ。相手をロールモデルとして見ることもある。反対に、他人の行動に反応した結果として、自分の努力をゆるめる場合もある。自他の行動が脳内ではっきり区別されていないと、進捗の様子を目にしたとき、それが他人の進捗であっても、自分が達成感を感じてしまうのだ。

他人に同調する

少女時代の私はマクラメ編みをしていた。マクラメ編みに縁のなかった幸運な読者のために説明すると、これは手編みの一種で、綿の糸（伝統的にはオフホワイトを使う）でいくつも結び目を作りながらタペストリーなどに仕立てていく。私はちまちまと指示どおり編むだけで、独創性はたいして求められなかったし、完成したものが特別きれいに思えたことは一度もなかった。自室の壁に飾りたいなんて思ったこともない。でも、同じ年頃の女の子はみんなマクラメ編みに熱中していたので、マクラメ編みはすてきなことだというのが私のなかで決定事項になっていた。

趣味や職業を選ぶとき、買うものや食べるものを決めるとき、より全般的に言えば自分の目標を定めるとき、私たちは他人につられる、つまりは同調することが多い。他人が持っているものを自分も持ち、他人が言ったことを自分も言おうとする。

かつて心理学者ソロモン・アッシュは、今では社会心理学の古典的研究と言われる実験で、わざと同調圧力を作り出す試みをした。[1] 被験者となった学生は、視覚のテストだと告げられて、ほかの学生と一緒に一室に入り、数枚の図を見る。基準となる線が1本、それとは別に3本の線が描かれている図だ。1枚ごとに、3本のうちどれが基準の線（標準線分）と同じ長さか特定しなければならない。ただし、被験者は知らないのだが、これは同調の効果を調べる実験で、周囲にいる学生は実験のサクラだ。自分も被験者だというふりをして、一部屋につき一人の本物の被験者を騙すのである。

図が示されると、サクラたちはいっせいに間違った線を答える。標準線分よりも長すぎる線か、短すぎる線だ（一見しただけで歴然と長さが違うとわかる場合もある）。最後に解答を求められた本物の被験者は、たいてい周囲の誤答に同調して、自分も間違った線を答えるのだった。周囲の意見が一致しているときに自分だけ別の意見を表明するのは、線の長さという単純な話であっても気まずいものだ。被験者は異議をオープンにするよりも、一緒に間違った解答を言うほうを選んだ。

別の被験者（おそらく実験の後半）では、解答を口で言わずに紙に書くよう求めたところ、周囲の意見につられることはほとんどなかった。アッシュの実験が示しているのは、追従という意味での同調なのだ。他人に見られている状況では同調した被験者でも、見られていない状況ではたいてい同調を拒んだ（自分の視力を本当に疑っていた被験者は別だったが）。心の中では不賛同なのに人目を気にして賛同するという行動は、実際に誰でもやっている。夕食会でみんながワインを褒めていたら、あなた自身はピンと来なかったとしても、周囲と同じように香りやコクを褒める言葉を口に出す。

過度な圧力のもとでは、追従が服従に転じる場合もある。たとえば、ハイヒールなんて女を拷問するためにデザインされたに違いない、と強く思っていたとしても、同僚の女性がみんなハイヒールを履いているという理由で、あなたも女性として職場でハイヒールを履く。同じ格好をしていないとまともに対応してもらえないと感じるし、履物のせいで昇進のチャンスをふいにするのも癪だからだ。

スタンレー・ミルグラムの有名な実験が明らかにしたのも、これと同じ社会的圧力だった。求められた役割に従うためなら誰かを苦しめてもいいと思うかどうかを調べた実験だ。教師役となった被験者は、生徒役となった別の被験者がテスト問題で誤答を出すたび、強い電気ショックを与えるよう命じられる。教師役の被験者は、正解を出せないから痛めつけるという発想を個人的には否定するのだが、実験が始まると指示されたとおりに電気ショックを与えるのだった（幸い、生徒役はサクラだ。電気ショックを受けたふりをしているので、本当に危害が加えられているわけではない）。

ただし、こうした追従や服従をベースとした同調とは違って、日常生活で発生する同調は他人の判断や意見に対して多少なりと本当に賛同していることが多い。たいていは他人の嗜好やふるまいを自分のものとして取り込んでいる。他人の言動がどんぴしゃだと受け止めるのだ。

同調のあり方にさまざまな種類があるのなら、そもそも人が他人に合わせる理由にもさまざまな種類がある。理由の一つは、他人に賛同する人間には一定の社会的メリットがあることだ——簡単に言えば、賛同すると感じがよいと思われ、他人から好かれやすい。人は往々にして他人からの好感や受け入れを維持するために、戦略的に他人に同意する。いちいち逆らう人間は、おそらくそうしたメリットは得られない。これが「規範的同調」だ。誰かがしたこと、言ったことに対し、たとえ内心では賛成していなくても、表向きには賛成する。アッシュの実験でそうだったように、規範的同調をする人は頭の中で計算を働かせ、賛同しておいたほうが得かどうか判断している。クラシック音楽を聴くのは音楽の趣味として格上である、という主張には賛同できないと思っていても、クラシックコンサートに行けば、その場の空気に合わせて熱心さを見せる。そのほうが周囲にいる人々とよい関係でいられるからだ。

ほかにも、他人は最善の行動や発言を知っていると想定し、合わせていこうとする場合もある。これは「情報的同調」だ。最適な手法や正しい答えなど、広く言えば追求する価値のある目標について、他人の行動から情報を読み取っている。たとえばコーヒーショップの前に長い列ができているのを目にしたら、この店はとびきりおいしいコーヒーを出すのだろう、と推測する。列に並んだ他人の選択が、この店のエスプレッソは絶対に飲むべきクオリティである、という一種の証拠になるのだ。幼い頃の私がマクラメ編みをしていたのも同じ理由だった。私自身はこれが面白いのかどうかわからなくても、仲間の女の子たちは何が面白いか知ってるに決まってる、と信じたのだ。あなたも、友人やネットのコミュニティにレシピやヘアスタイルを推薦されたら、あの子たちはいいものを知ってるはずなんだから、と受け止める。

確かに他人は有益な情報をもっていることが多い。多くの人の意見を聞けば、より正解にたどりつける可能性が高くなる。集合知はたいてい群衆の中の一人の知恵に勝るのだ。だからこそ、同僚一人のお薦め映画情報をうのみにするよりも、数千人の映画ファンによる総合ランキングの点を参考にする。株価が、限られた経済専門家の評価で決まるのではなく、市場という基本的には大勢の人間の集合体における売買を通じて決定されているのも、同じ理由だ。

もちろん大人数の群衆がつねに賢いとは限らない。アメリカでまだ一人も女性の大統領が選ばれていない理由は、ほかにどう説明がつくだろう。だが、周囲の人がとりわけ賢そうには見えないとしても、周囲に同調したほうがいい理由が別にある。自分がその集団の一員だからだ。周囲にいるのは「自分の身内」なのだ。

あいまいな自他の境界線

実際のところ、人が他人に同調する主たる理由は、自分自身と、同調する相手（一人または複数）とのあいだに厳密に境界線を引いていないからだ。身内とみなす人間のことは「彼ら」と言わず「私たち」「われわれ」「うちら」などと呼び、実際にそのくくりで思考する。「私の両親は、私が医者になることを望んでいます」という発言と、「うちの一家は、私が医者になることを望んでいます」という発言は同一ではない。後者は、自分が医者になることを自分を含めた身内集団全体が望んでいる、と言っている。こんなふうに他人と自分を同じくくりの一部だと思っていると、他人の見解や目標を自分のものとして取り込むのである。

自他の境界線が消滅するわかりやすい例として、映画や本に出てくる他人の体験をどれほど簡単に取り込んでしまうか考えてみてほしい。映画の登場人物の背中をタランチュラが這っているのを見たら、まるでそれが自分に起きているかのように、身体がふるえてくるだろう[2]。おぞましい感覚を自分も取り込み、そして、今すぐ首筋からクモをはらいのけたいという目標も取り込む。他人の体験と目標を自分のもののように感じ、架空のキャラクターと心理的に一体となる。一言で言えば、同調したのである。

当たり前のことだが、他人や架空のキャラクターよりも、近い友人や家族のほうが、この重ね合わせは起きやすい。関係の近い人ほど同調しやすいのはそのためだ。「共有現実」を形成して、同じように世界を体験し、同じ見解を取り入れる。他人が重視する社会問題を自分も重視し、他人が追いかけているファッションや流行を自分も追いかける。友人に目標があるのなら、その目標を共有する。自分と友人は同じくくりの一部であるからだ。

同調が相補関係に転じるとき

私たちは近しい他人から影響を受ける。近ければ近いほど受ける影響は大きい――ただし、それは必ずしも行動や思考を真似るという意味ではない。相手と同じ動作で同調するのは得策ではない場合もある。幼児におもちゃをお友達とかわりばんこに使うよう教えるのは、全員が同時に同じ玩具に手を出すのはよいことではないからだ。同じ動作で玩具をとりあうのではなく、譲ったり、自分は別の対象に関心を向けたりすることも覚えなくてはならない。そして大人になってからは、友達がパーティに着ていくドレスがどれだけすてきだったとしても、そっくり真似してパーティに行くのはやめたほうがいいと学ぶし、礼儀正しい会話をするなら同時にまくしたてるのではなく、話したり聞いたり、適宜切り替えるべきだということも学ぶ。これらの例に共通するルールは、他人の行動と自分の行動を重複させたり、他人の行動を再現したりするのではなく、他人の行動を引き立てて補完する、相補的な行動が求められているという点だ。

人に同調（再現）するか、それとも補完するかは、何が要因で決まるのだろう。友人が追いかけ始めた目標に自分も乗っかるときがあるかと思うと、友人が始めたならば自分はやりすごしておこうと決めるときもあるのは、なぜだろうか。

どちらのパターンをとる理由も、心理的重なりで説明がつく。人は、他人の行動や好みや目標に対し、自分が自分の行動や好みや目標に反応するのと同じように反応する。他人の行動を「私たち」が言ったこと、したことと受け止め、それを踏まえて同じ発言、同じ行動を再現したほうがいいのか、それとも別なことをしたほうがいいのか、判断をめぐらせるのである。

人は他人の言ったことに同調しやすい。そして第5章で考察したように、何かを口に出せば決意（コミットメント）が強まる。たとえば私は、私にとって大事なことを口に出して表明すれば、おそらく同じ見解を二度三度と表明し、行動を通じてその見解を守るだろう。そして私の配偶者が彼にとって大事なことを口に出して表明したら、心理的重ね合わせの原則にのっとり、私はそのことを夫婦である「私たち」にとって大事なこととして解釈する。私の決意は強まり、それゆえに、私も同じ見解を自分の口で表明し、自分の行動を通じて守っていく可能性が高い。仮に夫が節電を宣言したら、私は次の買い物のタイミングで、省エネタイプの電球を購入する。

ただし、近しい人の行動が「すでに充分にやりました」というシグナルを発しているならば、自分が同調行動をとる可能性は低い。たとえば私の夫が、自転車通勤に切り替えたことで削減できたエネルギー量を自慢したなら、私は、夫婦である「私たち」はすでに私たちの電力消費量を充分に削減したという気になり、節電のために自分が行動する必要はないと感じるかもしれない。

要するに、意見に同調し、行動が「私たち」というくくりの全体で実行されるよう、互いに補完し合うというわけだ。この法則は相手が集団であっても当てはまる。仮に私が、私が属する集団はつねに道徳的なふるまいをするものだと思っているなら、「私たち」が道徳的であることはすでに証明済みだと理解して、私個人が倫理的に正しい行動をするかどうかは気にしない。

マリアム・クーシャキの実験では、被験者となった学生に「このキャンパスの学生は、別のキャンパスの学生よりも倫理観が強い」という文章を読ませた。[3] 次に人材採用の判断をさせたところ、この文章を読んだ被験者は、より差別的になった。警察官を採用するにあたり、高い資質をもった黒人よりも、資質の低い白人を選んだのである。警察という職場は黒人に対して敵対的であると言われていたので、当然、そうした環境に黒人警察官を入れないことでトラブルを避けられると考えたのだろう。だが、この差別的な採用判断で職場の文化が改善されるわけもない。被験者は、「私たち」の倫理的立場は保証されたものとして安心し、安易かつバイアスのかかった選択をしたのである。

同様に、自分を被害者側の一員だと認識することで、ほかの被害者予備軍に対して配慮をしなくなることがある。たとえば私が、私の属している社会的集団は差別の対象であると知ったなら、「私たち」を被害者と位置づけ、誰かに対する差別の加害者になりうる者とは位置づけないため、自分が誰かを差別することについてさほど気にしなくなるかもしれない。ユダヤ人である私は、世界で起きるユダヤ人嫌悪が念頭にあると、マイノリティの求職者に対して無自覚な差別をしかねない。

相補性に関する研究はほかにもある。たとえば私と涂艳苹《トゥー・イエンピン》の研究で、他人の目標に対する同調と他人の行動に対する同調を直接的に比較した。[4] すると、心理的重なりがあるからこそ行動では別の道を行く一方で、何らかの目標が宣言されたときには、心理的重なりがあるからこそ、その目標に同調する様子が確認された。

実験では、キャンパス周辺で友人二人組に声をかけ、ガムを差し出す。ウィンターミント味とスウィートミント味の2種類だ。一人目がウィンターミント味を選んだところで、今は食べずにあとで噛むよう指示をする。この場合、二人目は一人目に同調した。半分以上が同じウィンターミント味を選んでいた。ところが、一人目がウィンターミント味を選び、すぐさま口に入れた場合、二人目はスウィートミント味を選びとる。ほぼ例外なく別の味を選ぶのだ。一人目の行動を真似するのではなく、行動を補完したのである。

この研究ではネットショッピングをする消費者についても調べている。商品の格付け情報を示すことで、ほかのユーザーの好みを知る手がかりを与えた場合と、売上に関する情報を示すことで、ほかのユーザーの購買行動を知る手がかりを与えた場合では、好みを知る情報のほうが、同調が起きやすいことが確認された。みんなが気に入っている商品は欲しいが、みんながすでに買った商品は欲しくないのだ――たとえその二つがおおむね重なっていたとしても。

ネット動画の視聴でも同様で、再生回数よりも「いいね」の数にもとづいて、自分が見るべき動画を選んでいた。みんなが勧めている作品は見たくなるが、みんながすでに見たと言われれば、さほど見たい気にはならない。みんながしたことなら、ある意味で、自分もそれをしたと感じるからである。「ハリー・ポッター」シリーズを1冊も読んでいなくても、みんなが読んでいるなら、気持ちの上では自分も読んだことになっている。

ロールモデルと反面教師

うちの長女は天体物理学の研究者だ。今ではめざましい活躍ぶりで、本人も自信にあふれているが、数年前、大学に入ったばかりの頃はそうではなかった。何しろ教授も同級生もほぼ全員が男性なのだ。娘にとっては自分が場違いに思えて仕方がなかった。幸運だったのは、その大学で物理学を教える数少ない女性教授の一人が、新入生アドバイザーとして担当になってくれたことだ。物理学者の卵をサポートする任務を真剣にとらえ、特に若い女性がいわゆるＳＴＥＭ分野〔訳注　科学・技術・工学・数学〕の道を行く助けをしたいという熱意を抱いた人だった。その女性教授自身も、イェール大学の物理学部に初めて女性として雇用された身なのだ。担当する学生とは必ず面談や食事の機会を作り、この分野に見られる性差別についても率直に語っていた。長女は、18歳の時点で彼女のようなロールモデルと出会えたおかげで、物理学という男性中心の世界で自分もがんばっていく自信をもつことができたのだった。

人生においてロールモデルの存在は重要だ。自分に近いと感じられる相手、自分が欲しいと思う資質を示している相手が、ロールモデルになる。セレブや有名人をロールモデルにした場合のように、相手と個人的に知り合いではないとしても、なぜかアイデンティティを重ねて見る。自分があの人のようになることは可能だと想定し、相手から応援されている気持ちになる。

誰でも人生ではあらゆる他人から影響を受けるものだが、ロールモデルが本人もしくは他人に対して何かしらの目標を宣言すると、それによってこちらもモチベーションが高まる。ロールモデルの行動にも刺激を受けるが、ロールモデルが宣言する目標は、いっそう動機づけの効果が大きい。だとすれば、ただ単に成功している人をロールモデルとするのではなく、本人および周囲に向けて目標を表明する人をロールモデルにするのが理想的だ。最高のロールモデルは、手本を披露してくれるだけではない。ぜひとも達成したい期待値を設定してくれる。ファンに試合中継の視聴を求めるだけのアスリートよりも、ファンにも健康的な身体づくりを呼びかけるアスリートのほうが、フィットネスのロールモデルとして優れている。仕事ですばらしい業績を出しているが部下の指導には関心のない上司よりも、部下の成功を期待する上司のほうが、ロールモデルとして優れている。

ロールモデルの反対、すなわち反面教師についてはどうだろうか。自分とあの人は違うんだ、と思いたい相手のことだ。反面教師の存在を意識しているときは、その人の行動とは別の行動を選ぶ。たとえば、軽率な上司や堕落した政治家と一緒にされたくないという思いから、配慮と道徳心を備えたリーダーになるため、いっそう勉学に励むモチベーションを抱く。

そう考えると、人が他人の行動とは別の道を行く理由には正反対の2パターンがあることがわかる。一つは、相手とうまくやっていきたいという理由で、あえて同じ行動ではなく補完する行動をとる、つまり相補性を示すパターンだ。相手の行動と連携を図れば、関係性向上という願いは達成されやすい。もう一つのパターンとしては、相手が嫌いだから、もしくは自分を唯一無二の存在として示したいからという理由で、「わが道を行く」ことを望み、他人とは別の行動をしたがる。

後者の例としてわかりやすいのがティーンエイジャーだ。彼らは必ずしも大人を憎んでいるわけではない（と、大人としては思う）。大人の価値観を拒絶する理由は、自立したいからだ。ダン・アリエリーとジョナサン・レヴァヴの論文によれば、これは大人も同様である。[5] 友人同士でレストランに行ったとき、たいていそれぞれ違う料理や飲み物を注文するのは、同じものを注文したら人間としてかぶってしまうと思うからだ。ユニークな人物であるという評価を守るというのは、それだけのために他人と違う道を選ぶ理由になるらしい。

他人の行動や発言に沿わない理由が違っていれば、反対意見や反対行動の中身も違ってくる。ユニークに見せたいという願望が動機になっているなら、他人と違うことをするチャンスには手当たりしだいに飛びつくだろう。それとは対照的に、他人の発言や行動を補完したいという願望が動機になっているなら、沿うこともあれば離れることもあるだろう。何らかの意図のためにあえて反発することもあるかもしれない。ただただ逆張りをしたいだけなら、主張のための主張として反対するだけだが、他人を補完したいのならば、新しい視点として、または解決策につながりそうな見解として異論を表明する。

あなたが目指す目標を実行している人をロールモデルに選ぶにせよ、あなたの目標とは正反対の人を反面教師にするにせよ、そしてあなたがロールモデルの行動を補完するにせよ、反面教師の行動の逆を選ぶにせよ、いずれにしても行動に影響は受けている。ロールモデルと反面教師は、人生に大きな役割を果たすのだ。

社会的促進——他人が見ていると一生懸命になる

この章のはじめのほうで、目標を追求するそばに他人がいるだけでモチベーションが高まるという話をした。ただし、ここまでの解説で語ってきたのは、他人が具体的に何らかの見解を表明したり、何らかの行動をしたりすることによって、こちらに影響をおよぼしてくるシチュエーションだ。必ずしも物理的にそばにいなくても、そうした影響は生じうる。では、他人の物理的な存在そのもの——ただただいるだけで、何も行動しないかもしれないし、何の目標も表明しないかもしれない——は、モチベーションにどう影響をおよぼすだろうか。

興味深いことに、社会心理学史におけるごく初期の実験が、この点の解明を試みている。行なわれたのは1898年、実施した人物はアメリカの心理学者ノーマン・トリプレットだ。[6] 熱烈な自転車愛好家でもあったトリプレットは、自転車競技の選手が特定のタイムを目標にする場合よりも、選手同士で競い合う場合のほうが、速度が上がることに気づいた。なぜだろうか。自転車競技の選手でなくても、他人がいればモチベーションが高まるものなのだろうか。

トリプレットは子どもを対象として実験してみることにした。リールのついた釣り竿を持たせて、できるだけ速く糸を巻き取ってごらん、と指示をする。ただし、ほかに誰もいない場所で釣り糸を巻き取るグループと、順番を待つ別の子どもが見守る前で釣り糸を巻き取るグループを作った。すると自転車競技のときと同じく、別の子がそばにいる場合のほうが、ほぼ例外なく巻き取る速度が速くなっていた。

実験から何年も経ってから、この現象に「社会的促進」という名前がついた。他人が見ていると、より一生懸命になる傾向のことだ。たとえばアスリートは、観客がいたほうがよいプレーをする。頭脳労働でも、他人に見られていたほうがパフォーマンスは向上する。他人からの評価が上がることを意識して、学習速度も速くなるし、意見も多く出そうとする。これはごく基本的な心理的法則で、動物にもあてはまる。動物でも、同じ種がそばで見ているときは、好ましく見られそうな反応をする。たとえばラットを迷路に入れると、窓の向こうの別のラットに見られているときのほうが、より迅速に走って迷路を抜けようとする。

観察者の存在は心理的および生理的覚醒を引き起こすのだ。見守る人に値踏みされている、もしくは挑まれていると受け止めて、不安や興奮を感じる。簡単なタスクや、すでに練習を積んだタスクなら、この覚醒がパフォーマンスを高める。もっと多く、もっと上手にやってのける。ただし、タスクが複雑であったり、練習不足だったりする場合は、むしろ覚醒がパフォーマンスを下げる可能性があることも知っておきたい。過度な覚醒もパフォーマンス全体を損なう。たとえばバスケのシュートを覚えたばかりの時期に、観客が大勢見守る前でやってみせようとすれば、おそらくうまくいかない。仕事でも、重要なプレゼンの準備をしているなら、完全にコツをつかむまで練習を重ねたいと思うものだ。リハーサルを充分に重ねていれば、他人に見られる不安や興奮の前でも、無事に成し遂げやすくなる。

興味深いことに、大事な人の写真をデスクに飾ったり、見つめてくる目だけの写真を貼ったりするなど、他人の存在の代用となるものがあるだけでも、社会的促進効果のきっかけとなりうる。本当に見ている人がいるわけではないのに、見られているという気持ちになるのだ。自分の行動の質や量を高めようという動機を抱き、協力的になったり、誠実になったり、寛大になったりする。

いっそう努力するだけではない。見られていると、努力の手ごたえも大きくなる。自分の行動がもたらす成果を自分の目で確認し、さらに別の人の目もそれを確認したことで、それが倍になったように感じる。

この心理は正しい行動の動機づけとして応用できる。たとえばジャニナ・シュタインメッツの主導で私も参加した研究では、自分が食べた量に対する手ごたえも、他人が見ているかどうかで変わってくることがわかった。[7] 実際には同じ量だったとしても、他人の目があるところで食べたときのほうが、自分一人で食べたときよりも、多かったと感じるのである。だとすれば、孤食ではなく他人の目がある場所で食事をするというのは、食べ過ぎを防ぐ動機づけになる。別の実験でバドミントン選手を調べたときにも、観戦者の数が多ければ多いほど、チームの勝利または敗北に対して自分がもたらした影響を大きく感じることがわかった。観客の多さは、選手が全力を尽くしてプレーをする動機づけになる。人は、誰かが見ているならば最高の自分でありたいと思うのである。

自分を動かすためのヒント

他人の存在は、たとえ物理的にそばにいないとしても、モチベーションに影響を与える。恋をしているときは、相手がそばにいなくても、自分の行動、発言、思考をその人に見られている、聞かれているかのようにふるまう。相手の存在によって、最高の自分でいたいというモチベーションが生じるのだ。友人や家族などに見守られるのも——見守られていると思うだけでも——がんばり続ける動機になる。

目標に向かってブレずに進めるよう、モチベーションを高める社会的環境を整えるにあたり、ヒントとなる質問を次にまとめた。

1 自分の人生にかかわる人たちを思い浮かべてみよう。その人が宣言した目標や行動など、相手の価値観に同調したほうがよいか、それとも補完する行動をしたほうがよいか。場合によってはどちらも必要かもしれない。自分の行動や目標が、相手の行動や目標とどのようにかみ合うか考えよう。

2 自分にとってのロールモデルは誰か。成功を披露するだけなら、よいロールモデルとは言えない。憧れの選手の試合をテレビ観戦しても、それだけで身体が引き締まるわけではない。こちらが成功することを期待してくれる人をロールモデルにしよう。

3 他人に見られることの威力を、パフォーマンス向上にどう利用できるか。充分に練習したタスクを実行するなら、観客の前で演じたり、公の場で取り組んだり、他人に見られることが後押しになる（社会的促進）。だが、新しいタスクを学んでいる最中なら、自分一人で練習してみよう。

第13章　他人とともに目標を追求する

集団で取り組むと手抜きやタダ乗りをしがち

1913年、心理学者ノーマン・トリプレットが自転車競技の選手は他人がいると速くなると気づいたのと同じ頃に、フランスの農業工学者マクシミリアン・リンゲルマンは、他人がただ見ているよりも手伝っているほうが人は一生懸命になるだろうか、と考えた。[1]この思い付きを試してみるため、リンゲルマンは労働者に1本のロープを引っ張らせた。ロープは動力計につながっていて、引っ張る強さを記録する。すると被験者となった男たちは、一人ずつのときは渾身の力で引っ張っていた。ところが数人でいっせいに引っ張るとなると、おのおのがこめる力は弱くなった。

このようなモチベーション減退の様子を、「社会的手抜き」と呼ぶ。誰にでも日常的に起きることだ。湖で、二人乗りのカヤックに乗っていると想像してみてほしい。あなたはおそらく全力では漕がない。一緒に漕ぐ人がいると知っていると、人は手を抜くのである。割り勘で食事をするときにも同じことが起きる。一人で食べるのなら、食べ過ぎだけでなく自分が払う金額も意識して、注文の量に気をつける。ところが、同じテーブルにつく人数が増えると、なぜか結果的に自分が払う金額が増える。会計を割る人数が多ければ多いほど、自身の支払いについて気持ちが甘くなるのだ。学校でのグループプロジェクトや、職場でのチームミーティングでも、同様の手抜きは生じる——一人で問題解決に臨むときのような一生懸命さは発揮しない。他人が参加していると、自分はそんなに根を詰めなくてもよい気がしてくる。会議で活用されるのは、集まった頭脳全体の数割程度だ。

スポーツのチームでも、組織の委員会でも、オーケストラでも、陪審員団でも、あらゆる集団で社会的手抜きは起きる。個人の動作よりも集団全体の動きを意識しているとき、グループを構成する各メンバーは努力の手を少しゆるめる。この現象はかなり頑固で、「社会病」と言われることもあるほどだ。

社会的手抜きに似た現象として「タダ乗り（フリーライディング）」もある。こちらは集団内で全力を出さないだけではなく、意図的に、自分が貢献していない労働の果実をいただくことを指す。税金の支払いをごまかしながら、高速道路や公園など公共財を活用する人は、フリーライダーだ。職場では、自主性が求められる場面で決して手は挙げない。家庭では、皿洗いやゴミ捨てなどの家事は絶対にやらない。そのくせ、労働に伴う給料や恩恵については権利を主張する。

人が集団内で手抜きやタダ乗りをする理由は、第7章で論じた中だるみ問題とつながっている。自分の行動が他人から評価されないなら、ちゃんとやるかどうかを重視しなくなるのだ。そして集団の中に埋もれていれば、往々にして、個人の貢献がもたらす影響を評価することはできない。裏を返すと、自分の行動のインパクトを誰も見張っていない、自分自身も見張っていないせいで手抜きが起きるのだとすれば、個々の貢献を可視化することが解決策となるのではないだろうか。

社会的手抜きとタダ乗り問題への対策

2010年、バイラルマーケティングの専門家ブラッド・ダンフースとアンディ・バレステルは、一般人のためのクラウドファンディング・サイトを立ち上げた。クラウドファンディングと言えば「インディゴーゴー」や「キックスターター」などが有名だが、これらのサイトが創作活動や起業のための資金集めを中心としているのに対し、ダンフースらが目指したのは、ごくふつうの人が「人生の大切な瞬間」のためのお金を集める場所を作ることだった。新婚旅行や卒業記念品購入など、個人的な思いを叶える資金を調達するのだ。二人はサイトに「ゴー・ファンド・ミー(私に出資して)」という名前をつけた。

現在ゴー・ファンド・ミーは、クラウドファンディング・プラットフォームとして幅広い人気を集めている。あるカップルは、飼っているゴールデンレトリバーに化学療法を受けさせる費用として、約1万5000ドルを集めた。カリフォルニア州に住む7歳の少女は、多様性のある登場人物が出てくる本と、多様な肌の色を塗れるクレヨンの箱を買って、地域の学校に寄付するという企画を掲げ、5万ドル以上を調達した。コロラド州で働く教師は、教え子——児童養護施設にいる少年——が命にかかわる腎臓移植手術を受けられるよう、9万2000ドルの資金を集めることに成功した。

実に大きな目標の実現だ。プロジェクト成功の要因はいろいろとあるのだが、ダンフースとバレステルがゴー・ファンド・ミーに仕掛けた二つの特徴が効果的に作用している。一つは、寄付者が自分の名前を公開できること。そしてもう一つは、すべての寄付が（高額でも少額でも）一覧で表示されることだ。

匿名の寄付は少額になりやすい。行動に説明責任が伴いにくいからだ。しかも、集まった総額と自分の出す金額を比べているだけでは、自分の貢献など大海の一滴にすぎないと思える。だが、寄付の一件一件に名前が付されるなら、その寄付に対して説明責任を感じる。寄付者全体が出した総額も意識するが、他人のそれぞれの寄付に対して自分の寄付がどれだけかという点も意識するので、出す額が多くなる。この効果が生じるのは寄付だけではない。仕事でチームプロジェクトに取り組むときでも、誰が何をしたか明確になるほうがメンバーの説明責任の意識は強まり、自分の貢献がプロジェクトの成否にかかわると感じて、力を尽くそうとする。

では、個人の貢献が特定可能で、なおかつ自分が貢献の一番乗りだったとしたら、どうだろう。社会的手抜きを防ぐ対策としては、自分の貢献が他人を刺激するというのも効果的だ。この状況では、自分が貢献すればするほど、周囲の人も「貢献しなくちゃ」と感じてくれる。自分が手本を示したおかげで、同じグループに属しているメンバーが刺激を受けて、いっそう努力をしてくれる。自分がロールモデルになっていると感じると、人はその影響力を最大限に発揮するべく、努力に励む動機を抱くのだ。

ソーシャルメディアで環境活動家が生物多様性の保全について訴える投稿をしたり、政治活動家が投票について訴えたりするのも、自分の呼びかけで他人を理念に参加させたいという願望があるのだろう。他人を動かせるという可能性だけでも効果はある。自分の貢献を公開すると考えて、それが他人にもたらすインパクトが念頭に浮かぶと、お金を、時間を、労力を注ぐことへのモチベーションが高まるのである。

ほかにも、社会的手抜きの防止策として、大きなグループを複数の小グループに分けるという手もある。社会心理学者ビブ・ラタネらが、この発想を実際に試した。[2] 被験者はグループになって、手を叩いて大声を出す。応援する観客がどのくらいの音を出せるか調べるため――と被験者には伝えられていたが、実際には、集団の規模が社会的手抜きにおよぼす影響を調べるのが狙いだ。音の大きさをグループの大小で比較したところ、グループの人数が１人から６人に増えるにつれ、個々人が出す音は小さくなっていくことが確認された。カヤックを漕ぐときと同じく、拍手をして叫ぶという動作を一緒にする人が多いほど、個人の努力は控えめになったのだ。企業において、小さなスタートアップよりも大会社で社会的手抜きが深刻になるのも当然である。大きなチームで作業をしているなら、少人数ごとのサブチームに分割するほうが、おそらくよい結果となる。
　さらに別の対策として、貢献をパーソナルなこと、いわゆる「自分事」だと感じさせることができるなら、社会的手抜きは起きにくい。必ずそうなるというわけではないが、贈与というのは、贈り手自身の一部を届ける行為だ。極端な例は輸血や臓器提供で、他人を助けるために身体の一部を贈与している。血液を与える際の身体的負担を定量化し、それと同程度の負担を懐に与える額で寄付をする場合で比較をしたら、血液で提供するときのほうが、人は貢献の意義を自分事だと感じる。血や内臓ほど直接的ではなくても、象徴的に贈り主の一部を伝える贈与もある。たとえば名前だ。嘆願書や仕事の書類に、署名という形で、自分の名前を授けている。名前は集団内の個人を特定すると同時に、文化および家族のアイデンティティも伝える。そのため、人は自分の名前を付した対象に強く肩入れし、誠実に取り組もうとする。

　私とク・ミンジョンの研究で、こうした傾向を想定して、ペンを贈与させる実験をしたことがある。[3] まず、被験者となった学生にプレゼントとしてボールペンを渡し、それから、学用品が足りない子どもにそのペンを寄付することを提案した。ただし、あるグループには、ペンを渡した直後のタイミングで寄付の話をする。別のグループには、研究室に到着後すぐさまペンをプレゼントし、それから別の作業に取り組ませ、終わって帰る時点で寄付の話を持ち掛けた。しばらくペンを手元に置いていた学生は、所有意識が芽生える時間があったので、それは自分のものだという感覚を抱いた。ペンが自分のものになると、そのペンを寄付するというのは、本人にとってより意味のある行為になった。ペンが手元にある時間が長かった学生ほど、学用品を子どもに寄付するという理念に強い意欲を示す傾向が見られた。

理念や大義を自分事と感じると、その理念や大義が自分自身のアイデンティティを語るという意識が生じ、守らねばならないという思いが強くなるのだ。これと似た理由で、他人と共有する目標に対してユニークな貢献――自分しかできない貢献や、自分独自の専門知識やスキルを要する貢献――ができる機会に出会うと、人はそのために積極的に労力を注ぐ気になる。手作りクッキーの販売がチャリティの定番なのも、それが理由の一つだ。自分だけが知っている秘伝レシピの絶品ファッジブラウニーは、ぜひとも披露したくなる。この心理は、二人乗りのカヤックで手を抜きがちになる理由でもある。二人でオールを漕ぐ作業は自分だけの貢献でもなければ、自分らしい貢献でもない。そのため自然と力はこもらなくなる。

集団内の連携のための手抜き

ここまでの議論では、社会的手抜きをゆゆしき「社会病」として説明してきた。だが、他人と一緒にする作業で手を抜くというのは、必ずしも悪いことではない。社会的手抜きとタダ乗りを阻止すべく介入せねばならぬ、という発想は、その根底に一つの思い込みがあるのだ。他人の努力をあてにしてサボる人がいると集団にとっての結果が悪くなる、と想定している。だが、利己的な動機で手抜きをすることは確かにあるにせよ、それが理由ではない場合もある。ときには、周囲とうまく連携するために、人はあえて手を抜くことを選ぶ。

たとえば、集団で行なう仕事を交互に担い、互いの労力の連携をとる場合だ。ことわざで「船頭多くして船山にのぼる」と言うように、集団にとっての最善を考えたとき、全員が同じ作業にいっせいに猛進するのが理想的とは限らない。誰かが努力しているなら、残りの仲間は待機して、疲れたら交代して引き受け、最初の人が休めるようにするのも得策だ。

交代できるという点だけではない。集団の中で一部が働き、一部が手を抜いたほうが好ましい理由はほかにもいくつかある。次に説明するような状況で手を抜くのは、利己的だからではなく、連携のためだ。

利己的ではない手抜き①——労働の分担

私の家で食器洗浄機が壊れたとき、私は修理サービスを呼ばない。私は床に掃除機もかけないし、飼い犬を動物病院に連れていかない。子どもを学校に迎えにも行かない。これらはすべて私の配偶者がすることだ。私が面倒くさがりなのか、と言われれば、そうかもしれないけれど(誰だって面倒はきらいだ)、だからといってこの関係がおかしいという話にはならない。夫婦はたいてい家事を分担して、一部の用事はどちらかの担当として固定する。私は今挙げたような家事はしないが、衣類の購入と洗濯なら私の担当だ。私がいなかったら、夫も息子も裸で歩き回るんじゃないか——裸ではないとしても、たぶん汚れた服をずっと着たままだろうと思っている。子どもを登校時に送っていくのも私の役目だし、学校の保健室からかかってくる電話の連絡先になっているのも私だ。

近しい間柄の人間同士は、ある程度の範囲で互いを補い合うものだ。たとえば夫婦で責任を分担する。社会心理学者ダニエル・ウェグナーらは、二人組で暗記テストに挑戦させるという実験で、実際の夫婦と赤の他人同士を比較した。[4] テレビ番組のネタや科学の雑学などのクイズを出題し、正解を教えてから、どれくらい覚えられたかテストする。すると、本当の夫婦のチームのほうが、赤の他人二人のチームよりも、好成績を出した。

成功の秘訣は、夫婦の効率的な労働分担だ。ウェグナーの実験で被験者となった夫婦は、クイズの答えを学習する際に、おのおのが関心のある分野に意識を集中していた。残りの分野はパートナーが覚えるものと想定して、ほとんど注意を払わなかった。たとえば私が科学オタクで、夫がテレビをよく見る人なら、夫婦で自然と暗記を分担し、私が科学関連の雑学を記憶する一方で、夫はテレビ番組のネタに集中する。ところが赤の他人同士を組ませたチームでは、そうした自然な分担が生まれなかった。二人とも最大限に暗記しようと必死になるのだ。二人が暗記した知識はかなりの範囲で重複しており、チームとして暗記できた数は少なかったのである。

もちろん分担にもデメリットはある。たとえば私は家庭の金銭面にかかわる用事にはほとんどノータッチだ。仕事では経済や金融に関する研究にも数多く接するが、家計管理は夫にまかせっぱなし。新車購入のような大きな決断には参加するけれど、日常的な税金のこと、銀行口座のこと、住宅ローンのことには関与しない。夫がすべてやってくれている。

家計管理を任せられるおかげで、私がほかの仕事（この本の執筆を含め）に集中できるのは確かだが、それには代償も伴っている。ずっとお金関係にかかわらないでいると、だんだんお金に疎くなっていくのだ。いわゆる「金融リテラシー」が乏しくなる。金融リテラシーのある人は、現代生活にかかわる複雑なお金の判断をするための基本知識が備わっている。お金の使い方について賢明な決断ができる。誰でも社会人としての生活を通じて金融知識を得ていくが、それも必要に迫られるからこそ身につくものだ。エイドリアン・ワードとジョン・リンチの研究では、家庭をもつ人の金融知識が増えるのは、夫婦の金銭的判断を担っている場合に限られることがわかった。[5]蚊帳の外にいると、どんどんお金に疎くなってしまうのである。

責任をパートナーに丸投げしていれば——お金のことでも、そうでなくても——当面はそのことを知る必要はないかもしれないが、将来的に賢明な判断を下すことへのハードルは自然と高くなっていく。配偶者に家事を任せきりでは、自分は料理の仕方も知らない、どこで買い物をすればいいかも知らない、ペットのかかりつけ病院はどこかという単純な情報すら知らないままになるかもしれない。

だとすれば、夫婦の関係性と家事の責任を総合的にうまく回していくためには、ある程度の分担をしつつ、片方が担当する作業をもう片方が補う形で関与しあうのがよいだろう。配偶者が料理をするなら、自分も一緒に台所に立って別の料理を始めるのではなく、皿洗いを引き受ける。ただし、この形式で柔軟に連携していたつもりでも、別れてしまったり先立たれてしまったりすれば、やはり分担のデメリットが生じる。分担するのは円満な関係継続のコツであるとはいえ、生活にかかわる知識を何であれ完全に丸投げするべきではないだろう。銀行口座の情報を付箋に書いて貼っておくような金融リテラシーで、任せているからいいんだ、と油断していてはいけない。

利己的ではない手抜き②――チームの利益の最大化

あなたは職場でお腹が空いたとき、同僚が引き出しにストックしているお菓子を黙って食べてしまうだろうか。その同僚が大親友だったとしたら、どうだろう。判断は変わるだろうか。あるいは、あなたが昇進や昇給を受けるにあたり、別の人に給料が下がることを承服させる必要があるとしたら、その道を選ぶだろうか。相手が配偶者だとしたら？　あなたのキャリアチェンジにあわせて、家族に引越を了解させなければならないとしたら？

ほとんどの人は、よほど親しい友人でない限り、他人の持ち物を許可なく奪うのはためらうものだ。そして、相手が人生を誓い合った関係でもない限りは、自分のキャリア追求のために相手のキャリアを妥協してもらう可能性など考えもしない。だが、きわめて親しい関係ならば、利己的に見える行動であっても、その動機は利己的ではないことが多い。友人や配偶者を踏み台にしてもいいと思っているかのようにふるまう理由は、あくまで相手との関係性において、自分の行動がチームとしての自分たちにもたらす効果を意識しているからだ。片方に生じる損よりも大きな得を他方が得るなら、それはチームとしてはプラスになっているので、よいことだと考えるのである。

このような一見すると利己的に思える行動の背景には、「友好的搾取（フレンドリー・テイキング）」と呼ばれるモチベーションの法則がはたらいている。誰かに損をさせることで集団の総合的な利益が最大化するならば、人は関係の遠い知人よりも、親しい友人から搾取することを選ぶ。こうした搾取をフリーライディングとは呼ばずに「フレンドリー」と呼ぶ理由は、根底に善意があるからだ。

第12章で論じたように、人は自分のアイデンティティと親しい友人のアイデンティティが重なっていると感じるので、リソースを配分するにあたり、自分と相手を合わせた全体が総合的に得になることを意識する。そのため、友人を犠牲にすることで、友人一人がこうむる損害を補って余りある恩恵が二人に生じる場合には、友人に割を食ってもらうことを選ぶのだ。先ほどのシナリオで言うとすれば、同僚の菓子をちょうだいしたり、配偶者に転職してもらったりすることによって、友人や配偶者が失うものはあるにせよ、それ以上の利益がチームとして、もしくは夫婦として手に入るという確信があるとき、あなたは菓子を食べるし、配偶者に転職をさせる。

どんな搾取も必ず友好的というわけではない。見知らぬ他人を踏みつけにして友人やご近所を尊重するなら、それは単に自分に近い存在のほうが大事だからだ。純粋に利己的な理由で友人を踏みつけにすることもあるだろう。あくまでも、搾取によって自分たち全体が助かるという計算があり、それゆえに自分に近しい存在に損をさせることを選ぶときに限って、友好的搾取と呼べる。

たとえば雨の中を歩いているとき、夫がレインジャケットを脱いで着せてくれたなら、私はそれを受け入れる。私にとって私が濡れないかどうかは大問題だが、夫にとって夫自身が濡れることはそれほどの一大事ではない、とわかっているからだ。夫はジャケットを脱ぎ、少しだけ損をする。私はジャケットを着て、大きく得をする。私が得たメリットは、夫がこうむったデメリットを上回っているので、私たち夫婦は結果的にそれで得をしている。

この効果を制御下の実験でも試すため、私は涂艶苹《トゥー・イエンピン》およびアレックス・ショーとともに研究室にチョコレートトリュフを用意し、ぜひ友達を連れて二人組でおいでください、と呼びかけた。[6] 被験者は、このおいしい実験に登録するにあたり、2種類のパッケージから一つを選ぶ。パッケージAには「あなたのためのチョコレート7個と、友人のためのチョコレート3個（合計10個）」が入っている。パッケージBには「あなたのためのチョコレート2個、友人のためのチョコレート4個（合計6個）」が入っている。被験者が割り当てを変更して選ぶことはできない。自分が多くもらう選択肢か、友人が多くもらう選択肢か、どちらかを選ばなければならない。

私たちの予想どおり、被験者と友人との関係性が近いほど、自分のほうが得をするパッケージAを選んだ。そのほうがチームにとっての合計数が最大化する。利己的な行動に思えるが、友人に損をさせたかったからではなく、友情が確立しているからこその選択だった。近しい関係性ならば、人は「どちらが多く得るか」よりも、「私たちが合計でどれだけ得るか」という点に意識を集中する。大事な友人が損をする個数よりも、二人あわせて得をする個数が多いならば、そのほうがチーム（大事な友人と自分）にとってよいことなのだ。

別の研究でも、自分と親友のための報酬を選ぶ場面で、被験者がもっぱら二人の総合的な利益に注意を払うことが確認されている。どちらがどれだけ得るかわからなくても気にしないことも多い。夫婦の片方が他方よりも大幅に多く稼ぐことになったとしても、世帯収入の最大化を優先する理由は、この傾向で説明がつきそうだ。一人の昇進のために配偶者が仕事を辞め、引越を承服するというシナリオは、まさにそのパターンにあてはまる。だが、それが必ずしも円満とは限らないことを忘れてはいけない。稼ぎのポテンシャルをどちらも完全には捨てずにいたほうが、関係の平等性は保たれやすい。おそらくそのほうが長期的にはよいことであるはずだ。

政策立案者が国内における富の分配の公平性よりも、往々にして自国の総合的な経済成長のほうを重視する理由も、総合的利益の最大化に意識を集中すると考えれば説明がつく。この場合も何もかも問題なしというわけにはいかない。国全体にとってよいことが、多くの国民個人にとっては悪いことかもしれないからだ。

人が他人の手柄を奪ってしまうことがあるのも、誰が何を得るか気にしないからだと思えば納得はいく。たとえば私はモチベーションサイエンスを語るにあたり、同分野の研究者に与えるべき正当な評価の言葉を省くことがある。本当は別の研究者が発見し、私は出版された論文を読んだだけなのに、「私たちは発見した」という言い方をする。褒められた態度ではないとわかっているが、個人的に知らない研究者のときよりも、自分が親しくしている仲間の研究者のときのほうが、功労者への言及を省きやすい。親しい仲間の着想は、私の脳内において、私自身の着想と融合している。厳密に言えば私の考えではないのに、「私たち研究者の考え」となる。

集団の総合的利益に対する重視が、著作権違反を正当化する口実に使われる場合もある。誰かの仕事にちゃっかり乗っかる（たとえば、正規の代金を払わずにソフトウェアを使う）ことで、相手に生じる被害よりも自分に生じる利便性が大きいからよいのだと理屈をつける人は、本人の脳内において、集団（この場合の集団は、自分と相手かもしれないし、同じソフトウェアに関心をもつ人々かもしれない）が全体として得をするという認識になっている――実際には、自分ばかりが大きく得をして、著作権保持者には多少なりと損をさせているというのに。人がしばしば他人の努力にタダ乗りするかのような行動に出る理由も、友好的搾取という観点から説明がつく。それが効率のよい解決策なのだ、と自分の中で決めつけているのだ。

利己的ではない手抜き③――人が貢献していないときにこそ、自分が役立ちたい

共有している一つの目標のため、自分以外の人がすでに貢献をしたと知らされる場合と、自分以外の人は誰も貢献していないと知らされる場合、どちらのほうが自分のモチベーションは高まるだろうか。たとえば、プロジェクトのチームメンバーが一生懸命取り組んでいるという話を聞いた場合と、メンバーがたるんでいると聞いた場合では、どちらのほうが自分自身として一生懸命やる気になるか。

第6章で論じたコップの話を思い出す設問だ。コップに水が半分も入っていると思うか、それとも半分しか入っていないと思うか。個人の目標追求という文脈では、自分がこれまでに達成した実績を意識したほうが意欲がわくか、それともこれから取り組むべき課題を意識したほうが意欲がわくかという問いかけをした。では、集団で同じ目標を目指すときのモチベーションという文脈では、どうだろう。チームメンバーの積み上げた実績と積み残した課題、どちらを意識したほうが、自分はチーム作業に力を入れる気になるだろうか。貢献する気にならないとしたら、そ

れは利己的な動機によるものなのか、それとも、メンバーの行動と自分の行動は補完の関係だと思うからなのか。

答えは、第6章での考察と同じだ。積み上げと積み残しのどちらがモチベーションを高めるか、それは当人のコミットメントのレベルによって変わってくる。この場合は集団の目標に対するコミットメントと、集団そのものに対するコミットメントだ。そもそも人は自分個人にとって重要な目標――他人に自分をどう見せられるかという点に影響する目標（病院に勤めるという目標が叶えば、「私は病院で働いているんです」と他人に言える）や、長期的な結果につながる目標（数年越しの自宅改装計画）、あるいは影響範囲の大きい目標（会社の命運のかかった商品開発）――に対し、強い決意（コミットメント）を抱く。それなら集団に対してどれだけ本気になるかというと、それは対象によって異なってくる。たとえば職場の新しいチームなど、自分が最近加わったばかりの集団に対しては、さほど強く肩入れしないものだ。結婚したばかりなら、おそらく配偶者の実家や、配偶者の実家が掲げる目標に対して、自分の実家ほどには自分事として受け止めない。しかし自分自身の実家に対しては、これまでの人生における自分の一部なので、強いコミットメントが生じている。

目標や集団に対する決意が薄いとき、人はたいてい、集団の目標のためにがんばる価値を値踏みする。自分のお金、時間、労力を、集団が設定した目標のために投じる甲斐はあるのか、と考えるのだ。このとき、他人がその目標のためにがんばっているなら、それは当該の目標が重要であり手の届くものだと知らせるシグナルになる。他人がすでに貢献しているなら、自分も貢献する。他人が貢献していないなら、自分もさほどがんばらない。つまり、他人が積み上げた実績が、自分も加わろうという意欲を高めるのだ。新しく働き始めたオフィスの給湯室がきれいに整頓されているなら、自分も使ったマグカップを必ず洗う。周囲の常識から外れたくはないからだ。しかし、給湯室が最初から乱雑だったとしたら、汚れたマグカップをシンクにほったらかしにすることを何とも思わない。

それとは正反対に、目標や集団に対する決意が強いとき、人は目標に対する進捗を推し量ろうとする。自分に強い決意があり、周囲の進捗が充分ではなく、その努力不足をわれこそが補わなければならないと感じると、より多くの時間、お金、労力を注ぐ気になるのだ。この場合、他人の積み残しがモチベーションを強めている。たとえば、家の台所が比較的きれいに保たれているときよりも、家族が台所を荒らしほうだいにしているときのほうが、掃除せねばならないという意欲は高まりやすい。家族の行動に倣うのではなく、家族の行動の欠如を自分が補おうとする。

私とク・ミンジョンの研究で、こうした正反対の心理と目標追求の関係性を観察している。[7]

2007年、HIV流行のせいで孤児となったウガンダの子どもを助けるという慈善活動が発足した際に、「他人が寄付をしているから」という理由と「他人が充分な寄付をしていないから」という理由がどのような影響をもたらすか調べた。慈善団体は二つの層に向けて寄付募集のキャンペーンを実施した。一つは、まだ寄付をしたことのない、つまりコミットメントの弱い一般市民。もう一つは、すでに同団体に対して多くの寄付をした実績のある市民だ。

すると、寄付未経験者は既存の貢献を強調したメッセージ（「これまでにさまざまな経路から

４９２０ドルの寄付が集まりました」）を受け取ったほうが、寄付をしやすいことがわかった。他人がどれくらい寄付をしているか知って、自分も寄付をしたいと考えたのだ。

反対に、日ごろから寄付をしている市民は、寄付の不足を強調したメッセージ（「さまざまな経路から寄付が集まりましたが、まだ５０８０ドルの資金を必要としています」）のほうが、寄付をする確率が高くなっていた。彼らは、どれくらいお金が足りないか知って、それなら寄付をせねばならぬという気になった。他人の貢献不足を自分が補ったのである。

対象への決意が強い人は、他人の仕事にタダ乗りはせず、他人の仕事を補おうとすることが多い。他人が仕事をサボっているなら、サボりに追随するのではなく、介入する。やるべき仕事を自分がやってしまうことを重視する。そういう人は、タダ乗り行為をするように見えるときでも、動機が異なっている。グループの進捗ペースが遅れるときに備えて、自分の労力を温存するのだ。

大義や信念に対するコミットメントだけではない。集団に対するコミットメントの強さも、追随するか補完するかの判断を左右する。たとえば大学生は、一般の若者よりも同じキャンパスにいる学生を手伝うことに対して、より強い意欲を抱く。

私が携わった別の研究で、被験者となった学生グループに、携帯電話やプロテインバーといった商品のマーケティングアイディアを考案させた。[8] あるグループでは同じ大学の学生同士で取り組み、別のグループは他大学の学生同士で作業をする。すると、同大学で組んでいるときの学生は、互いの不足を補おうとする傾向があった。グループのノルマ達成のためにもっと多くのマーケティングアイディアが必要だと強調されたときに、より一生懸命に考えようとする。ところが他大学で組んでいるときは、周囲の実績に乗っかっていこうとする傾向があった。グループとしてすでにいくつもアイディアが出ている点を強調されたときのほうが、より一生懸命にアイディアを出そうとする。創造性の発揮は、当該のタスクに対する本気度を示すバロメーターだ。この場合、集団に貢献したいという意欲が強いときのほうが、ほかのメンバーが苦戦しているときこそ自分が創造的になろうとする。

自分の支援によって助かる相手が、自分にとって近しい間柄である場合は、他人がその人を助けていないと知ったときほど、われこそは助けなければという気になる。それとは正反対のパターンとして、自分の支援によって助かる相手が、自分にとっては距離感のある間柄だった場合には、他人がすでに助けていると知ったときほど、それならば自分も助けようという気になる。

アメリカのカリフォルニア州で起きた山火事の被害者と、ケニアで起きた政治暴動の被害者、それぞれに対する支援の意欲を調べた調査でも、この2パターンが確認された。被害者が同じ国民であるという理由（アメリカ人である自分にとって、山火事の被害者は同国民）、または、被害者が社会的に近しい立場であるという理由（ケニアの犠牲者は、自分と同じように家族のある人々）で、それぞれの被害者を身近に感じた人は、他人がちゃんと支援していないと聞かされたときに、自分が支援せねばならぬという気になるのだった。

反対に、被害者を身近に感じない人は、大勢が支援していると聞かされたときに、それなら自分も支援しようという気になった。被害者を身近に感じる人があえて支援を控える場合、それは利己的な理由からではなく、他人の努力を補いたい——支援が足りなくなったときにこそ支援をしたい――という理由であることが多かった。

本気で向き合っているのに手を差し伸べない――たとえば子どもの宿題を手伝わない――のは、たいていの場合、他人（この例では配偶者）がすでに当該の作業をしているから、という理由がある。共有する目標に向けて努力が不足したタイミングを見逃さず、そのときこそ尽力できるよう、自分の労力を温存しておくのである。強い決意を抱く人は「みんながやっているから」とか「流行だから」というだけの理由で、問題解決に取り組むことはしない。他人がその対象に取り組まなくなったときこそ、確実に自分の労力を注ごうとする。

顕著な傾向として、強いコミットメントを抱く人ほど、象徴的な贈与には関心が薄い。食料品店のレジで精算時に1ドルの寄付を呼びかけられても、対象に思い入れを抱く人は、そのような少額で1回限りの寄付はしない。1ドルでできる貢献などたかが知れているので、これはほぼ象徴としての慈善行為であるからだ。彼らは寄付対象のことを本気で憂慮しているので、自分の支援はぜひ具体的な改善につなげたいと考えている。「私は心配してますよ」と示すためのささやかな寄付ではなく、改革に加わるよう求められたときのほうが、モチベーションを抱く。

そう考えれば、人が真に利己的になるのはまれなことで、集団の労力にタダ乗りを狙ったりなんかしないものだ――という結論になるだろうか？ いや、その発想は肯定できない。もちろん人間は往々にして利己的だ。自分のリソースはなるべく手放したくない。利己心や自己保身の存在を否定するのは、人間としての本質を否定するに近い。だが、人間は利己心から行動することが多い一方で、他人と協力し合う能力も本質的に備わっているものなのだ。

優れた功績の基盤には必ず人と人との協力関係がある。考えるべき問いは、「他人ががんばっていれば自分は手を抜くかどうか」ではなく、「いつ」「どんな理由で」手抜きが起きるかという点なのだ。自分自身を含め、誰かが貢献していないと気づいたなら、モチベーションサイエンスを活かした介入を行ない、本当の意味で自分勝手な社会的手抜きだけをつぶしていく必要がある。

自分を動かすためのヒント

大切な目標というものは、たいてい達成のためにチームワークが欠かせない。だとすれば、チームメンバーとの連携が役に立つパターンと役に立たないパターンを区別できるようにしておきたい。社会的手抜きやタダ乗りを最低限に抑えるにはどうしたらいいか。メンバーが交互に働くほうが効果的になる場合と、全員が同時に取り組んだほうがいい場合は、どう判断するのか。共有する一つの目標に対して、自分が持っているリソースを貢献する意欲を、どう高めていくか。これらの問いの答えは目標によっても違ってくるし、チームによっても違ってくる。

自分自身のモチベーションを維持しつつ、利己心を抑え、チームメンバー間の健全な連携を最大化するために、次に挙げる問いを考えてみよう。

1　他人と一緒に目指している大きな目標は何か。チームワークを要する目標に対し、自分自身のモチベーションがきちんとはたらくよう、モチベーションのあり方を見直すことも検討しよう。

2　社会的手抜きやタダ乗りの発生は、どうすれば最低限に抑えられるか。貢献者を特定可能にすることでメンバー同士が刺激を受けあうようにする、グループ作業を少人数または個人のタスクに分割する、自分事として貢献できるようにするなど。

3　他人と一緒に仕事をするときは、連携の可否が成功のカギとなる。チームを上首尾に連携させるにはどうしたらいいか。特に、次の点を考慮しておきたい。

・労働の分担は適切か。タスクや知識の重複は最小限になっているか。ただし、グループの構成が変化した際に何もできない自分が残されるだけ、という事態は防いでおくこと。
・誰かを近しい関係と感じることで、善意ではあっても利己的なふるまいをしていないか。たとえば配偶者に対しては、他人なら絶対に頼まないような妥協をお願いするだろうか。
・自分の決意が強いときは、他人が積み残した仕事（コップに水は半分しか入っていない）に意識を集中したほうが、モチベーションが高まるのではないか。自分の決意が弱いときは、他人が積み上げた仕事（コップに水は半分も入っている）に集中したほうが、モチベーションが高まるのではないか。

第14章　目標が幸せな人間関係を作る

同じ目標を共有する

第一子を出産した直後から、私は子どものいない友人たちとは少しずつ疎遠になった。映画に行こう、食事に行こう、新しくできたコーヒーショップに行こうと言われても、毎回のように断ってしまう。友人が最近知り合った人と行った初デートの顛末を聞かされても、それがうまくいった話でもダメだった話でも、私は感情移入できなかった。反対に、赤ちゃんがやっと4時間ぶっとおしで寝てくれたとか、食べる量が足りているかどうか心配だという話をしても、特に反応は返ってこない。ゆりかごとベビーベッドを両方買えと呼びかけてくるコマーシャルのばかばかしさ――その二つは基本的に同じものなのに――に私が笑ったときにも、友人たちは何が面白いのかピンと来ていなかった。最終的に、友人たちは私を誘わなくなり、私のほうも、ほぼ長女で埋め尽くされた日常生活について無理に話そうとはしなくなった。

友人たちと私のあいだに生じた溝は、話題に対する単なる関心の欠如というより、もっと根深い問題だった。人生に掲げる目標が、もう同じ道ではなく、それぞれ別の方向に進み始めたのだ。人生の構成が変わるような大きな出来事があると、それを境に友人同士が疎遠になることはめずらしくない。私たちの場合も、目指す目標が変わったことで、お互いに目標をサポートし合うことは難しくなった。

どんな人間関係であっても、その関係が円滑に回るためには、互いの目標を支え合うことが大切だ。だが、どんな人間関係でもほぼ例外なく——友人でも、家族でも、恋人同士でも——支えることよりも支えられることのほうを、それぞれが意識している。「あなたが悪いんじゃないの、私の問題なの」は、恋愛関係を終わらせたいときのズルい常套句だが、これはどんな関係にも当てはまる。モチベーションサイエンスの観点から見れば、人間関係はいつだって自分の問題だ。もっと具体的に言えば、自分の目標に手を貸してくれる人とどのように結びつくか、という問題なのだ。

人生でかかわりのできる人の存在は、人間関係における目標達成——たとえば、配偶者になる人と出会ったことで自分が夫になれる、子どもが生まれたことで父になれる——が叶うかどうかという点だけでなく、それ以外でも、自分が定めた目標すべての成否に影響する。誰でも自分の夢をサポートしてくれる人、夢に至る道を歩みやすくしてくれる人のそばに自分自身を引っ張り、同時に、夢を遠ざける人から自分を引き離そうとするものだ。全員が人間関係において支えられたいのだから、お互いに与え合い与えられ合っている実感がなければ、人と人との関係がうまくいくことはない。

たいていの場合は、自分と相手が似たような目標を共有しているときに、サポートするのは比較的易しくなる。私が「たいていの場合は」と付す理由は、同じ目標を目指す気がなくても支えてあげる、というのも厳密に言えば可能だからだ。ただし、そうした支援はやや難しいのに対し、目標の方向性がそろっているならば、人間関係は円滑に回りやすい。

似たような目標をもつ者同士で友人になれば、望む方向に向けてブレずにがんばり続けるよう励まし合える。小学校で校庭の雲梯《うんてい》で遊ぶのが好きだったなら、きっと同じくらいに雲梯が好きな子と仲良くなっていただろう。高校生になってファッションに興味をもち、しゃれた格好をしたいと思うようになったなら、きっと最新のファッションに詳しい友達と仲良くなって、おしゃれのコツを教えてもらっていただろう。社会に出たら、職場で自分と同じく勤勉と誠実さを大切にする同僚と友情を育む（見るテレビが同じ、読む本が同じというのも、友人になる理由だ）。

やがて時間の流れとともに年齢を重ね興味の対象も変わり、友情が冷めたり疎遠になったりする。大学に進学すれば高校時代の友達と会わなくなるのは自然なことだ。大学では、学問や人生について同じような目標をもつ人と、また新しく友情を育てていく。そうした友人のほうが自分にとって役立つし、自分も友人たちにとって役立つ存在になる。

当然ながら、同じ目標をもつというだけで、支え合える関係性が保証されるわけではない。確率が高くなるというだけだ。あなたが昇進をめぐって競い合っている同僚は、同じ目標を目指しているが、おそらくあなたのキャリアの邪魔をする。この場合、同じ目標をもつ人こそが、もっとも友人にならない存在だ。

反対に、両親はあなたの学業やキャリアにおける目標追求をサポートしてくれるだろうが、両親自身がこれからの人生で目指す道はあなたの目標とはまったく違っている。わが子の大学進学を応援するにあたり、親が大学卒である必要もない。究極的に言えば、あなたの足を引っ張らず、目標追求を助けてくれる関係であるかどうかが重要なのだ。子が作家になりたい、芸術家になりたい、シェフになりたいという夢をもち、親がその夢を鼻であしらうなら、親子関係はきっと冷え込んでいく。

結婚も、お互いにお互いの目標を支え合っていなければ、いずれ破綻してしまう。夫婦で似たような目標をもてればよいのだが、それが必須というわけではない。配偶者は野心あふれる芸術家で、あなたが描ける絵と言えばお花の落書きくらい、という関係もあるだろう。配偶者は仕事熱心なシェフで、あなたの得意料理は目玉焼きであるとか、配偶者は医療従事者で、あなたは血を見ただけでも気絶しそうになるとか。こうした違いがあっても、夫婦で互いの目標追求を支え合うことは可能だ。

人生において自分を助けてくれる人というのは、目標に向かう道から外れないよう応援し、歩みが遅れたときには背中を押してくる存在だ。成功すると信じつつ、成功したら驚き喜ぶ。リソースを提供してくれることもあるだろう――たとえば、配偶者は目玉焼きだけしか作れなくても、料理をするあなたのためにきれいな皿を購入するとか、調理器具の準備や片付けを担当するとか。あなたが目標に邁進できるよう、共同生活の別の部分で大きな責任を引き受けるかもしれない——私が原稿執筆にかかりきりになるあいだ、夫が育児の分担を余計に担ってくれているように。目標追求のために必要なお金を、誰かが肩代わりすることすらあるかもしれない。

目標の変化と人間関係の遷移

私に子どもができたときにそうだったように、目標が変われば、人間関係にも変化が生じる。親になったり転職したりなど、ライフステージが大きく動くときのマクロな変化だけでなく、目標にミクロな変化が起きることもある。

一日の中でも目標は変動する。私の今朝の目標は、息子の勉強を見ることだった。小学2年生のカリキュラムを教えるのは、私たち夫婦にとっては手に余る責務なのだが、パンデミックのせいで自宅学習をしている息子は、当然ながらそんな両親をあてにする。この場合、バーチャルで連絡し合う新しい担任教師は、困ったときの私を助けてくれる存在だ。しかし午後になると、私は自分の大学の仕事に戻る。息子の勉強は終わっているので、息子の担任の先生は、もはや私が頼る相手ではない。午前から午後で私の目標が移行したので、私にとっての支援者も移り変わったのだ。

こうした変動は実に大きい。優先順位が入れ替わるにつれ、人はそのつど助けてくれる人と近づいたり、離れたりする。目標に集中すべきタイミングにあるときや、遅れている自覚があるときは、その目標はモチベーションを注ぐべき優先対象だ。そのため、目標達成に欠かせない支援者との距離を縮める。活動が充分に進捗し、モチベーションを注ぐべき優先順位が下がったら、今まで頼っていた相手との距離は開く。

私とグラーニア・フィッツシモンズとの研究で、目標に向けた進捗が人間関係の強さにどう影響するか検証したことがある。[1] 被験者となった大学生に、知人の名前を二人挙げるよう求めた。そのうち一人は、この人がいるおかげで大学生活がうまくいっている、と感じる相手。もう一人は、学業に関係ない親しい知人だ。ただし一部の被験者には、これまでの学業実績を意識して、挙げるべき知人を考えさせた。別の被験者には、これからの学業目標を意識して、挙げるべき知人を考えさせた。積み上げた進捗を想定した場合と、まだ積み残している課題を想定した場合で、知人二人に対して感じる近しさが変わるかどうか知りたかったのだ。

予想はつくかもしれないが、これからの道のりを意識していた学生は、学業の目標を助けてくれるであろう友人のほうを、より近しいと感じていた。ところが、これまでの成果を意識していた学生は、助けてくれる友人と、目標に関係のない友人、両方に等しい近しさを感じていた。すでに達成したことのほうが念頭にあると、これからの学業成就に対するモチベーションの優先順位が一時的に下がり、その目標を助けてくれる人への親近感が薄れていたというわけだ。

目標をサポートしてくれる人にすりよる傾向は、意外な形をとることもある。たとえば、相手が自分を助けたあとではなく、助ける前のほうが、その人に強く感謝する。手が差し伸べられ、するべきことが完了したあとに恩を感じるのは当然なのだが、その感謝の念は手助けされる前ほど強くはない。これは、自分にとっての相手の必要度合いが、感謝の気持ちを左右するせいだ。目標をぜひとも達成したいと思っていて、ある人が今からそれを助けてくれると思うと、強い感謝の気持ちを抱く。当該の目標を達成したら、新たな目標へと自分の関心が切り替わるので、最初の目標達成を助けてくれたばかりの人に対する感謝は目減りするのである。

私がベンジャミン・コンヴァースとともに行なった実験では、支援の提供前に感謝がピークを迎えることを明らかにするため、クイズ番組『ミリオネアになりたいのは誰だ？』〔訳注 日本での番組名は『クイズ$ミリオネア』〕のスタイルに似せたゲームを用意した。[2] 番組と同じく、「挑戦者」はクイズに答えて賞金を獲得するのだが、1回は「ライフライン」を使って支援を得てもよいことになっている。私たちの実験における挑戦者たちは、ライフラインで情報をもらって勝ち抜けたあとよりも、「ライフライン」に質問し、回答が返ってくる直前のタイミングで、より強く支援者への感謝の気持ちを抱くことがわかった。

逆じゃないだろうか、と直感的には思ってしまう。誰かの引越を手伝うとしたら、梱包の最中ではなく、最後の箱を運び終えたあとのほうが感謝されると予想するのがふつうだ。医療従事者も、治療中より治療後のほうが、患者に喜ばれると期待するだろう。レストランでは、客はサービスを受けている最中にサービスへの感謝の念を抱く――そして多めのチップを払う気になる――のかもしれないが、店側がチップを求めるのは通常はサービス完了後だ。思ったような感謝をされず失望するのがいやなら、感謝のピークが実際にはいつ来るか知っておくといいだろう。

目標を通じた絆の形成

1894年のフランスで、ポーランド出身の若い女性が、一人の男性と出会った。彼女はパリのソルボンヌ大学で物理学と数学の学位を取り終えたばかり。彼はパリ市立工業物理化学高等専門大学の物理学教授だ。のちに化学と物理学と医学に革命を起こす二人が、このときはただ知的かつ情熱的な人間として出会い、恋に落ちたのだった。

彼女の名はマリー、彼の名はピエール・キュリー。学問への情熱を共有して急速に絆を深め、出会った1年後には、ピエールの両親が住むパリ郊外ソー地区の町役場で結婚式をあげた。祝儀でもらったお金は自転車の購入に使った。サイクリングも二人の共通の趣味だったからだ。ピエールが勤める大学の学院長が、老朽化した物置小屋を実験室として使わせてくれたので、来る日も来る日もそこで淡々と研究を続け、ときおり息抜きとして自転車にまたがって、夫婦でぞんぶんにサイクリングを楽しむのだった。

現代の私たちは、元素周期表に載る元素二つ、ポロニウムとラジウムを発見した科学者として二人の名前をよく知っている。特にマリー・キュリーは、重大な科学的功績を成し遂げた初の女性として歴史に数えられる存在だ。1903年には物理学者アンリ・ベクレルとともに携わった放射現象の研究を評価され、ベクレルとキュリー夫妻の三人でノーベル物理学賞を受賞した。マリーも受賞者に含めるよう進言したのは夫ピエールだったという。マリーはその8年後、今度は単独で、2度目のノーベル賞を化学分野で受賞している。

マリー・キュリーとピエール・キュリーがこれほど輝かしい成果を出せたのは、二人が新しい元素発見という一つの目標を通じて固く結ばれていたことが一因だ（ピエールは元素発見のため、自身が進めていた水晶の研究をあきらめた）。だが、夫婦としての絆の強さが生まれたのは、一つではなく複数の目標で結びついていたからこそだった。科学を探究するという目標、サイクリングを楽しむという目標、夫婦のあいだに生まれた娘イレーヌとエーヴを育てるという目標。ほかにも、歴史書や伝記には書かれない目標がきっとたくさんあったに違いない。

目標が人間と人間を結びつけるメカニズムを、この有名な夫婦は生涯を通じていくつも活用していた。第1のメカニズムとして、すでに述べたように、人は似通った目標をもつ者同士で結びつく。自分と同じことを目指す人とはつきあいやすいのだ。マリーとピエールのあいだに出会って即座に絆が生まれた理由は、ともに科学への情熱を抱いていたからだった。あなたとパートナーが出会ったときにも、ハイキングや料理などの同じ趣味があったのではないだろうか。その共通点が最初のきっかけとして二人の心を引き寄せたのだ。

第2のメカニズムとして、相手の目標をサポートし、また自分の目標をサポートされていると感じることで、人は絆を深める（ピエールがノーベル賞受賞者にマリーを含めるよう後押ししたように）。こうした形でお互いの目標追求を支えあうのは、社会的つながり《ソーシャルコネクション》の基盤だ。

毎晩、夕食のテーブルでその日の出来事を聞き、仕事をサボる同僚にそれとなく忠告する方法を一緒に考えるとき、あなたはパートナーのキャリア目標の追求に役立っている。帰宅したあなたの不安そうな様子にパートナーが気づき、やんわり促して締切に関するストレスを打ち明けさせるとき、パートナーはあなたのキャリア目標の達成を助けている。サポートは双方向だ。夫婦の片方だけが支えられていて、相手を支えようとしなかったら、相手が自分と同じように夫婦関係に満足しているとは考えにくい。

似た目標をもつこと、サポートしあうこと、この二つのメカニズムのほかに、第3のメカニズムとして、目標を共有することで結びつきを形成することもある。友人、同僚、家族、パートナーなどと一緒に一つの目標を目指していると、そうした仲間とのあいだに深いつながりを実感するのだ。チームの協力を必要とする目標は、チーム間の団結を強める。マリーとピエールは、古い実験室で休むことなく一緒に研究に取り組み、ポロニウムとラジウムの分離を試みていた。あなたも配偶者と一緒に住宅購入を目指して節約をしたり、ペットの世話をしたり、旅行の計画を立てたりするだろう。どんな目標であれ、成功させるためにはお互いが必要だという事実が、二人の関係を密にする。

逆に言うと、パートナーや友人と心が離れ始めているのに気づき、関係をつなぎとめたいと思ったなら、一緒に目指す新しい目標を見つけるのがよいだろう。パートナーと一緒に絵画教室に入会したり、友人と一緒にフィットネスバイク専門ジムに登録してみたりするのは、絆を深める手段となるかもしれない。

第4のメカニズムとして、他人が成功することを自分の目標とする、あるいは自分が成功することを他人が目標としてくれることによって、その人と自分とのあいだに強い結びつきが生じる場合がある。マリーとピエールは、子をもつ親がほぼ例外なくそうであるように、娘たちが学校でしっかり学んでいくことを望んだ。おそらく科学分野で伸びることを一番期待していただろう。その目標が叶って、長女イレーヌ・ジョリオ＝キュリーは1935年にノーベル化学賞を受賞している（両親と同じく、イレーヌも研究者である夫とともに受賞した）。

妹が新しい仕事で成果を出せることを期待する、親友がフルマラソンを完走することを願うなど、自分以外の誰かが何かを成し遂げることを自分自身の目標として感じると、その相手に対する親近感は強まる。反対に、他人がこちらの成功を目標と思ってくれるときも、その人に対して親近感が強まる。

ただし、こちらが他人の成功を目標としたとき、その相手が好意を抱き返してくれるのは、相手本人が当該の目標に納得しているときに限定される。あなたが弟にもっと本を読むよう求め、妹にもっと運動するよう求めたとき、弟には本を読みたい気持ちがなく、妹に運動したい気持ちがなかったとしたら、おそらく弟や妹は苛立ちを覚え、もしかしたら恨みの感情すら抱くかもしれない。指図や命令をする気なのか、と感じるだろう。あくまでも本人がその目標を掲げているとき、他人がその人の成功を目標としてもかまわないのだという点は、ぜひ忘れないでほしい。私自身が望んでいないことを、あなたが私に期待してきても、私はあなたのことを味方だとは思えない。

このようなさまざまなメカニズムが作用する結果として、個人の目標は個人の目標にとどまらず、友人の目標、家族の目標、パートナーの目標にも影響する。私は自分の目標と夫の目標が似ていることを望むし、自分の目標は夫に応援してもらえるものでありたいと思っている。夫と一緒に目指す目標もあるし、夫が成功することを望むという目標もある。私たちの関係が私たちの目標をあらしめていると言ってもいい。

恋人同士はゴールシステム（目標体系）が一体化するという仮説で、カップルが何をともに望み、何を相手に望むか、分析する研究もある。[3] 大きなチーム、たとえば親戚まで含めた拡大家族や組織でも、ゴールシステムが一体化していると考えることもできるだろう。この場合、チーム全体が一つのゴールシステムのもと、目標を見極め、達成のための手段を特定する。目標と目標が衝突するのか、促進しあうのか、そのゴールシステムのもとで判断する。

ただし、二人以上の人間で一つのゴールシステムをもつことはめずらしくないとしても、それが個々人のゴールシステムが完全に消えてしまうという意味ではない。自分の望むことのすべてが必ず誰かとの関係で決まるわけではないからだ。完全に自分だけの目標もあるし、まったく別の社会的集団とかかわる目標もあるだろう。目標を共有していても、共有する全員に等しく恩恵があるとは限らない。ある人にとってはメインの目標でも、共有する別の誰かにとってはゴールシステムにおける下位の位置づけかもしれない。

私たち夫婦の場合は、前にも書いたように、私のキャリアアップのために別の街へ引っ越す決断をした。夫は転居に合わせて仕事を辞め、今は家事と育児の責任を多めに担わされ、さらにキャリアチェンジの途中にあるパートナーを心理的に支えることが求められている。つまり、キャリアのゴールシステムがもたらす恩恵は、片方に偏って生じていると言わざるを得ない。

過去数十年で男女平等は大きく前進してきたとはいえ、こうしたシナリオは今日においても、たいていは女性のほうに降りかかる問題だ。自分個人の目標を手放し、夫婦としての目標のサポート役に回ることが期待されている、と女性たちは感じている。自分の目標と、夫婦や家族や友人の目標が重なり合うことはあるにせよ、人はゴールシステムのすべてが他人と一致するわけではない。それなのに、家族として一体化したゴールシステムに尽くすために、彼女たちは自分自身のゴールシステムを曲げているのだ。

こんなふうにゴールシステムを依存しあった結果として、おかしな影響が生じてしまうこともある。たとえば目標追求のアウトソースだ。近しい人間関係において、自分の目標達成を周囲が応援してくれていると思うと、自分をがんばらせるのは周囲の役割だと認識し、自分自身のモチベーションが薄れるのである。特に、こちらが成功することを他人が目標として重視している場合には、その効果が生じやすい。子どもは、自分自身の衛生管理という目標を、たいてい親にアウトソースする。子ども側の理屈では、親がシャワーを浴びるよう言ってくるのであれば、シャワーのことを自力で気をつける必要はない。

私たちの研究で、被験者となった大学生に、自分の学業達成はどれだけ保護者のサポートを受けているか（あるいは、プレッシャーを受けているか）思い出させたところ、勉強のモチベーションを自力で発揮しにくくなった。[4]特定の目標に向けて、誰かが自分の背中を押すものだと思っていると、その目標が自分自身の責任だと感じなくなるのである。

平凡な目標を通じた絆の形成

目標を通じて人とつながると聞けば、子育てやキャリアアップなど、何かしらビッグな目標が思い浮かぶかもしれない。私がここまでに論じてきたのも、そうしたビッグな目標がほとんどだ。だが、人はつねに日常生活のささやかな目標を通じて、他人とつながりを作っている。犬の散歩でご近所の人と一緒に歩くなら、それは「飼い犬に運動させる」という小さな目標を通じて生まれたつながりだ。本を貸したり、音楽を推薦したりするときも、社会的つながりが生じる。たとえば私は職場の同僚とはしばしばお茶を介してつながりをもつし、同郷であるイスラエル人とはフムスやタヒニといった中東で好まれる食材〔訳注　フムスはひよこ豆のペースト、タヒニはゴマのペースト〕を介してつながりをもつ。身体に食材を取り込むというのは、生活のごく基本的なニーズだが、食べ物を出してくれた人、もしくは食べ物を一緒に食べた相手は、たいてい自分にとって友人として認識される。英語のcompanion《コンパニオン》（仲間）という単語が、もとをたどると古いフランス語で「パンをちぎってわかちあう人」を意味した*compagnon*《コンパニョン》から来ているのも、そういう意味で自然なことなのだ。中国で「相棒」を意味する伙伴《フオバン》という言葉も、料理を意味する伙《フオ》と、連れを意味する伴《バン》で構成されている。誰かに料理を食べさせる、あるいは一緒に食べるだけでも、その人と結びつきを感じるのである。

幼い子どもも、こうしたベーシックニーズを介して社会的つながりを構築する。3歳児の「ごっこ遊び」を調べたクリスティン・フォーセットとロリー・マークソンの研究では、幼児は幼児自身が好きな食べ物をお人形が「選んで」食べる、という遊びを好むことがわかった。[5] この傾向は大人になっても続く。私が携わった研究では、他人同士で同じものを食べていると互いを信頼しやすく、協力関係を築きやすいことがわかった。[6] 反対に、食品アレルギーや文化的制限のせいで人と同じものを食べられない状況では、食事中に孤独感を覚えやすい。[7] ベーシックニーズという目標を一緒に追求できないせいで、社会的つながりが作れないのだ。

わが子がグルテンアレルギーなら、お誕生日会でケーキやピザを食べられないことを心配するだけでなく、それ以上に、お友達と同じ食べ物を一緒に食べられないことで社会的つながりが欠如する危険性も考慮に入れるべきだろう。10代で飲酒を始めたとしても、おそらく本人は酒の味が好きなわけではないし、酔っぱらいたいわけでもない。すでに飲酒を始めている友達とつながっていたいから、というのが真の理由かもしれない。10代のわが子を酒から遠ざけておきたいなら、別の目標で友達とつながるよう背中を押してやるのがよいのではないか。

人との絆を作るにあたり、多くの場合は、あくまで無意識のうちにこうした気づきを利用するものだ。親は、小さき者に食べさせたり洗ってやったり、ベーシックニーズを満たしてやることで、わが子との絆を強めていく。相手が大人なら食事をふるまったり、旅行中のご近所の植木の世話を引き受けたり、陽射しが強ければ友人に日焼け止めを塗ることを勧め、寒ければスカーフ1枚を羽織れるよう差し出すことで、社会的連帯感を育む。科学で惚れ薬は発明されていないが(少なくとも今はまだ)、目標を利用して誰かとの距離を縮める方法は、科学で解明されているというわけだ。

「知ってもらっている」という気持ちが人間関係の満足度を左右する

この原稿を書いている今、世の中はソーシャルディスタンスの確保と自主隔離が推奨されている。新型コロナウイルスの感染拡大をゆるめられると科学的に証明されている手法だ。だが、世界中の人々が友人や家族と距離をとる状況で、医学の専門家や社会科学者は、社会的孤立の負の影響をあらためて考えている。孤独は健康リスクなのだ。今の私たちはこのことを実感せずにはいられない。

社会的つながりの欠如がもたらす健康リスクを推測する研究として、心理学者ジュリアン・ホルト＝ランスタッドとティモシー・スミスおよびブラッドレー・レイトンは、約１５０件の先行研究でデータ分析を行なった。[8] すると、寿命を縮めるという点で、社会的孤立は喫煙、飲酒、運動不足に匹敵することがわかった。これらの相関研究で因果関係を判断するのは難しい——雨が降っているときには傘が登場する傾向があるが、傘は雨の原因とはならない——のだが、既存のデータを見る限り、体重を少しばかり減らすことよりも、社会的つながりの有無のほうが、健康にとっては重大であると言えそうだ。

すべての社会的つながりに価値があるわけではない。健康への絶大なるメリットを享受したいなら、意味をもった社会的つながりが必要だ。だが、社会的つながりが意味をもつとはどういうことだろう。意義があり、心身の健康に役立つ人付き合いとは、いったいどういうものなのだろう。相手がご近所であれ、同僚、先生、家族、パートナーであれ、真の絆というのは、こちらの目標を支えてくれる人とのつながりのことだ。それが叶う大前提として、相手がこちらのことを知っていて、なおかつ、知ってもらっているとこちらが実感できる関係でなければならない。

相手が自分を知ってくれているという認識があると、その人が自分という人間を「受け止めてくれている」という感覚が生まれる。こちらの行動の理由――他人から見ておかしな行動、愚かな行動をするときでさえ――を理解し、なぜその行動をしようとこちらが思ったのか理解してくれている。こちらのニーズと願いも把握している。ゆえに、そのように自分のことを知ってくれている存在には味方であってほしいし、その人のアドバイスなら受け入れようと思える。相手に知ってもらっているという感覚は、安定した恋愛関係の根幹であるだけでなく、仕事での人間関係の基盤でもあり、医者や教師などとの関係性の基盤でもある。投票したい政治家の決定にもつながる――こちらのニーズを理解していると思える候補者に投票する可能性が高いはずだ。恋愛という点に限って言うならば、知ってもらっているという感覚は必要不可欠とさえ言えるだろう。別れの多くは、この人は私のことをわかってくれない、と感じるせいで生じるものだ。

もちろん、知ってもらえていると感じることと、実際に知ってもらえていることは、イコールではない。クイズを出して正答率が高かったなら話は別だが、おそらく「この人は私のことをよく知っている」という感覚は、相手を買いかぶっている可能性が高いだろう。場合によっては、こちらの存在すら知らない相手に対し、「この人は私のことをよく知っている」と感じるかもしれない。たとえば、芸術家やアスリートやセレブに対して親近感を抱くとき、相手がこちらを知っているなど現実としてありえないとわかっているにもかかわらず、知ってもらっているような気持ちになる。あるいは、存在は確かに知っているとしても、こちらが思っているほど、よく知ってくれてはいない場合もある。人は一般的に、生活の中で縁のあった誰かのことを、期待したほど知ってはいないものだ。

　人がパートナーのことをどれくらい知っていると思い、実際に相手のことをどれくらい知っているか、比較した研究がある。[9] この実験では、クイズ番組『新婚さんクイズ』〔訳注　新婚夫婦がパートナーに関するクイズにどれだけ答えられるか競う〕のような趣向を用意した。研究を主導した心理学者ウィリアム・スワンとマイケル・ギルは、被験者となった夫婦への最初の質問として、たとえば性に関する経緯についてパートナーの回答を推測させた。次に、その推測にどれくらい自信があるか数値で示させた。過去に何人と性的関係をもったか、どれくらいの頻度でコンドームを使ったか、たいてい何度目のデートでセックスをしていたか……これらの質問にパートナーがどう答えるか予想するのだ。

　被験者は、答えを当てるのは簡単だととらえ、自分はパートナーのことをよく知っているという自信を示していた。ところが、往々にしてそれらの予想は外れていた。パートナーのことを知っていると思っていただけで、実際にはそれほどでもなかったのだ。関係が長ければ長いほど、パートナーのことをよく知っているという自信は強まっていたが、それでも推測の多くが間違っていた。

とはいえ、これはお互いさまのことなので、どちらかの思い上がりを責めてはいけない。あなたが大事な人のことをよく知っていると思っていても、実際にはそれほどではないように、相手もあなたのことをよく知っていると思っているが、実際にはそれほどではない。さらに、おそらく二人とも、「この人は私のことをよく知ってくれている」と実際以上に思っている。人は一般的に、自分に対する他人の理解度を過大評価するのだ。[10]

自分に対する他人の理解は往々にして期待しているほどではない、という事実を受け入れるなら、本当はどれだけ知っているかに関係なく、「知ってもらっている」と感じるかどうかが人間関係の満足度を左右するのだとわかるだろう。さらに言うと、「私は相手のことを知っている」と自分が感じるかどうかは、その関係に対する自分の満足度とはあまり関係がない。

この点を理解するために、人の名前をど忘れするという、誰でも身に覚えのある体験を例として考えてみてほしい。私があなたの名前を忘れた、という印象をあなたが受けたとしたら、あなたは、私たちの関係は当初に思ったほど親密ではなかったと感じるだろう。では、あなたのほうが私の名前を忘れていたとしたら、どうだろうか。おそらくあなたの視点では、私の名前を忘れたからといって、その程度のことで人間関係の質は低下しないととらえている。

もう一つ別の思考実験もしてみよう。友人か、兄弟姉妹か、恋人か、誰か一人を想定し、次の三つの質問に対する答えを考えてみてほしい。

1　自分（回答者）はその人の目標や夢をどれくらいよく知っているか。

2　その人は、自分（回答者）の目標や夢をどれくらいよく知っているか。
3　その人との関係に、自分（回答者）はどれくらい満足しているか。

私がジュリアナ・シュローダーとともにこの調査をしたときには、質問1と質問2に対する回答が、それぞれ質問3の答えと連動することが明らかになった。[11] だが、人間関係の知識の2形式――「相手から知ってもらっている」という感覚と、「相手を知っている」（質問1）という感覚――を比べると、「知ってもらっている」（質問2）という感覚（質問2）のほうが、人間関係の近しさの実感（質問3）に対して、より重要となることがわかった。

例外はあるものの、多くの人にとって、支えてもらうことよりも支えることが歴然と優勢となる人間関係というものが、一つだけある。親が子と結ぶ関係のことだ。自分の育てた子どもについて、先ほど挙げた三つの質問――子どものことをどれだけ知っていると思うか、子どもは親のことをどれだけ知っているか、親子関係の満足度はどの程度か――に答えると、自分が子どもを知っていると思う度合い（質問1）のほうが、子どもが親を知っていると思われる度合い（質問2）よりも、はっきりと親子関係の充足度（質問3）と連動していた。私の成人した娘たちの例で考えても、娘たちが私に気持ちを打ち明けてくれるときのほうが、私が話すことを娘たちが聞いてくれていると感じるときよりも、私は親子関係を深く幸せに思うし、満ち足りているという感覚を覚える。

それでも全般的には、あなたが思っているほど人はあなたのことを知っていないし、あなたが思っているほどあなたは人のことを知らない。そしてあなたは、自分が人のことを知ることよりも、「自分を知ってもらっていると感じられるかどうか」を重視している。しかも、これらのことについて、人は自覚がない。そう考えれば、人間関係に関する知識については、誰もがもっと謙虚であるべきだ。そして、人生で縁のある人々の目標をサポートし、その人との深い絆を保っていけるよう、自分のほうが人をきちんと知ろうとする姿勢を意識していなくてはならない。

他人を人間性のない「空の器」と見てしまうことの危険性

人間関係にはもっとビジネスライクなものもある。不動産会社の担当者、オフィスや自宅のお掃除を任せている人、いつも指名する美容師などは、あくまで具体的な目標達成のために接点を作った存在だ。相手がこちらのことを知り、こちらのニーズに応えてくれることを望んでいるが、こちらから相手のことを知ろうとか、相手のニーズを理解しようといった関心はさほど感じないだろう。こうした実用的な目的で接している相手のことを、人はしばしば「空の器」として見る。優れた不動産エージェント、清掃員、美容師という器に注目しているだけで、その人の中身、人間性は見ていない。

たとえば私たち一般人は、医療従事者のことを、人間離れした存在として見てしまうことが多い。私たちが病気になったり、治療を必要としたりしているときに、必ずそこにいて助けてくれる存在だ。彼らも一人の人間であり、苛立ったり疲れたりするのだということを忘れてしまう。

この「空の器」の認識を調べた研究では、かかりつけ医の診療を受ける患者は、相手の医師のことを、痛みや空腹や疲労のようなネガティブな感情も、幸福や安心や希望のようなポジティブな感情も抱けない存在だと評価することがわかった[12]。それなのに、患者である自分の感情を察する力はあるはずだ、と評価する。私の病気を診てくれるお医者さまは、勉強を教えてくれる先生は、うちの掃除をしてくれる清掃員さんは、みんな私のためにそこにいるのであって、その人自身の感情などもたず、しかし私の望みは当然把握できているはずだ、と思い込むのである。

他人を「空の器」と見る極端なバージョンでは、相手を物扱いして、心をもった一人の人間ではなく、こちらの目標を充足するための単なる道具と認識する。たとえば女性に対して、その女性のことを自分はどれくらいセクシーと思うか、という基準で価値を判断する男性は、女性を物扱いしている。こうした男性にとって女性というのは、男性の性的願望を満たすための道具だ。思考と感情をもった一人の人間としては認識していない。

興味深いことに、物扱いされている側の人は、自分自身を他人の目を通じて見るようになり、いわゆる「自己対象化」をする。心理学者バーバラ・フレドリクソンによると、多くの女性が自分を物扱いしてくる人の視点を取り込み、自分で自分をモノとして見ている[13]。他人をビジネスライクな目で見るからといって、必ずしも相手を完全に物扱いするとは限らないのだが、この二つの現象(「空の器」と「物扱い」)は、他人を自分の目標達成の道具として考え、それ以上の関心を払わないという点で、共通した傾向と言える。

サービス提供者の体験を軽視するというのはありがちなことだが、「空の器」の認識は、そこで終わりではない。たとえば組織で管理職に就いていたら、部下を単なる労働者にすぎない存在として扱ってしまうかもしれない。あるいは、マッチングアプリのプロフィールを読んでみたとしたら、おそらく多くの人が自分の面倒を見てくれる人を求めるばかりで、自分が人を支えるという気持ちは薄いことに気づくかもしれない。

人間は誰かを笑わせようとするよりも、自分を笑わせてくれる誰かを探すものだと言われる。マッチングアプリのプロフィールは、本人の希望に焦点を置いて書かれたものがほとんどだ。自分が誰かに愛されたい、自分が誰かに支えられたいという立場から、恋人を募集している。子犬をもらいうけようとするなら「子犬を愛しかわいがる準備があります」とアピールするはずなのに、なぜか恋愛相手を探すときは、「私は愛されている、という気持ちにさせてくれる人とつきあいたいです」とアピールしているのだ。

これは驚きだ――何しろ、マッチングアプリのプロフィールは、いわば個人広告なのだ。自分を売り込み、自分のプロフィールが誰かぴったりの人の関心を引くことを期待している。読んだ人が書き手を魅力的だと思うように書かねばならない。だが、ここまでの考察からわかるとおり、魅力的だと思ってもらうためには、プロフィールの書き手のほうが読み手に尽くしたいという姿勢を見せる必要がある。逆ではダメなのだ。

ためしに「私はお相手にとってこんなふうに理想的な恋人になります」とアピールする文章を書かせてみるといい。書き手の都合だけを書いた文章よりも、ずっと魅力的なプロフィールになる。これはマッチングアプリに限らない。人材を採用する場合や、友達と仲直りしたい場合にも、相手の目標達成を手助けしたい、という考え方で向き合うのが一番よい結果になりやすい。

他人を「空の器」と見ないためにも、私たちは周囲にいる人との交流に、もっと他人視点で臨むことができるはずではないか。他人の役に立ちたいという意識があるほうが、相手にとって魅力的な人間になれる。そうすることで、こちらが魅力的に思う相手との縁を深められる確率も、きっと高くなる。

支えてほしいと思うなら、支える人になる必要があるのだ。この点で生じる失敗は2パターンある。一つは、新しくできた友人や恋人や同僚に対し、こちらからはほとんど手を差し伸べないパターン。おそらく本人は心地いいのだろう。自分のことを知ってもらっているという感覚があり、周囲の助けを得て自分の目標が達成されていく。だが、この関係は長くは続かない。あなたのほうから誰かの目標達成の手助けをしないなら、相手はあなたとの関係から得るものがないからだ。

そしてもう一つのパターンとして、誰かの目標達成の手助けをしているのに、お返しの手助けが得られない状況も考えられる。あなたは与えるばかりで、何も与えられない。家族、配偶者、仕事の同僚と、このような関係になるかもしれない。この関係は非対称的で、それゆえに長期にわたって維持するのは難しい。もっとお返しをしてほしいと望むか、あるいは、関係を断ち切ってしまうことになるだろう。

自分を動かすためのヒント

人は目標を通じて結びつく。そして私たちは、友人や家族や配偶者に対し、自分のことを知っていてもらいたいと望んでいる——知ってもらっていれば、こちらが目指すことの達成を、彼らがきっと支えてくれるからだ。自分のモチベーションがどれくらい他人に支えられているか、それによって、その人との関係性に対する満足度は変わってくる。

だとすれば、自分のゴールシステムに対し、周囲にいる人がどんな役割を担ってくれるのか、しっかり理解を深めることが大切だ。他人の存在は、人間関係に関する目標を満たすためだけに役立つわけではない。人間関係以外の目的を達成するにあたっても、周囲の人の手を借りている。

たとえばスポーツジムでのパーソナルトレーナーは「身体を鍛える」というあなたの目標に手を貸しているし、あなたの配偶者は「昇進する」というあなたの目標に手を貸している。お返しに、相手のゴールシステムに対してあなた自身がどんな役割を担えるのか、真剣に考えなくてはならない。精神的・学問的成長のためにあなたが助けてくれている、と向こうは思ってくれるだろうか。あなたのおかげで健康を維持できている、と向こうは思ってくれるだろうか。

そして最後にもう一つ、人間関係しだいで目標の成否が左右されうるのは事実だが、その一方で、純粋に人間関係を深めることを狙いとして、目標を作ることもできる。人間関係があればこそ実現する目標を立てるのだ。新しいスキル（たとえば、ロッククライミングとか、パン焼きとか）を習得する、人生に新しい意味（たとえば、社会正義の推進）を見出すなど、さまざまな道があるだろう。まずは次の質問を自分の胸に問いかけてみてほしい。

1　人生で縁のある人のことを、どれくらいよく知っているか。彼らの目標、ニーズ、夢を知っているか。彼らのゴールシステムを、どうすればうまく引っ張ってあげられるか。よくわからないなら、まずは相手に質問をしてみよう。観察をしてみよう。そして意識して記憶にとどめておこう。

2　人生で縁のある人は、あなたのゴールシステムを知ってくれているだろうか。あなた自身が自分の望みを隠したり、ごまかしたりしてきたとは考えられないか。

3　あなたはパートナーの目標を支えるために何をしているか。パートナーは、あなたがあなたの目標を達成するために、どんな手を差し伸べてくれているか。改善しなければならない点はどこにあるか。

4　新しい趣味など、人間関係の糊になるような目標を作れないか。支え合う関係が築かれる目標を作るといいだろう。

謝辞

本書の執筆は、一時期は母娘の共同プロジェクトだった。娘シラの助けを借りて私が第一稿を執筆し、それから娘が数々の重大なフィードバックと校正の手を入れてくれた。メディカルスクールの勉強や試験に向き合いながらモチベーションを保っている彼女自身の姿も、私にとってどれだけ刺激になっていたことか。もう一人の娘マヤと息子のトメルの支えも大きい。マヤが天体物理学の博士号取得に向けて自分自身をかりたてる様子には励まされたし、トメルが1年生を終えて2年生に進んでいく過程は、人のモチベーション発達について私に多くの学びを授けてくれた。そして、私に寄り添う一番の親友にして夫であるアロンが、家族全員をまとめあげている。彼の愛情と支えが私をいつも勇気づけていた。家族の存在がなければ、私がこれほど心血を注いで本書を書き上げることができたとは思えない。家族に心から感謝している。

研究者としての私を支える仲間たちにもお礼の言葉を送りたい。本書で紹介した研究の多くは、私がぜひ「生涯の友」と呼びたい多数の優秀な科学者たちが実現してきたものだ。私にモチベーション研究の扉を開いたメンター二人、ヤーコブ・トローペとアリエ・クルグランスキには深い感謝の念を抱いている。そして私のもとで学んでくれた研究者たち、特に張影《チャン・イン》、ク・ミンジョン、チェ・ジニ、クリスティアン・マーセス、ベンジャミン・コンヴァース、戴先熾《ダイ・シェンチー》、ステイシー・フィンケルシュタイン、マフェリマ・トゥーレ＝ティレリー、沈璐希《シェン・ルーシー》、涂艳苹《トゥー・イエンピン》、ジュリアナ・シュローダー、ケイトリン・ウーリー、ジャニナ・シュタインメッツ、フランクリン・シャディ、ローレン・エスクレイズ＝ウィンクラー、アナベル・ロバーツに感謝している。私の重要な発見のほとんどは、彼ら・彼女らと一緒に研究をしてきたおかげで得ることができた。

　本書に掲載した着想について何時間も議論を重ねたシカゴ大学とイェール大学の同僚たちにもお礼を申し上げたい。たいていは知らず知らずのうちに私の論を磨き上げてくれた。

　最後に、出版エージェントとして私の担当になり、この本を書くよう背中を押したマックス・ブロックマンには、ひとかたならぬ恩を感じている。味気ない私の原稿にカサンドラ・ブラボーが彩りを添え、編集者のトレイシー・ベーハーが主旨のフォーカスを保たせてくれた。

索　引

【欧字】

TOTE　　34, 124

【ア行】

アイデンティティ　　185, 226, 249–53, 304, 315, 327–28, 333
アッシュ，ソロモン　　306, 308
アームストロング，ニール　　300, 303
アームストロング，ランス　　240–42
アリエリー，ダン　　37–38, 316
アルヴェス，ハンス　　199
アルマン，マチアス　　238
『アンナ・カレーニナ』　　199
イェーガー，デイヴィッド　　192
意志力　　15, 278
偽りの希望シンドローム　　48
インセンティブ　　12–13, 28, 52–54, 56–61, 63–78, 90, 94, 260
ウィリアムズ，セリーナ　　168, 171
ウェイソン選択課題　　180
ウェグナー，ダニエル　　22, 330
上武康亮　　48
ウェルズ・ファーゴ　　45–46
ヴォース，キャスリーン　　266
ウツソン，ヨーン　　35–36
ウッド，ウェンディ　　269
ウーリー，ケイトリン　　81, 91, 94–95
ウルミンスキー，オレグ　　113, 249
ウンケルバッハ，クリスチャン　　199
エジソン，トーマス　　197
エスクレイズ＝ウィンクラー，ローレン　　170, 172, 175, 193
エッティンゲン，ガブリエル　　20
エベレスト　　10–12, 16
エンゲージメント　　118, 120
エンパシーギャップ（共感や感情移入のずれ）　　102
オーストリッチ効果　　174
オデュッセウス　　237, 258
オペラント条件付け　　89
オール・オア・ナッシング型　　114, 116, 152, 161–62, 230

【カ行】

概念的な目標　　16, 19–20
外発的報酬　　53, 60–61, 78, 85, 92
回避型目標　　21–27, 29, 44, 57–58, 122, 124, 127, 236
下位目標　　108, 167, 208, 212–13, 231–32
学習性無力感　　183, 203
確証バイアス　　179
過剰正当化効果　　60, 63, 92
カーネマン，ダニエル　　33
カービー，テリー　　278
カーラン，ディーン　　259
間欠的なスケジュール　　74
キヴェツ，ラン　　113

帰結主義者　228
記述的答え　249
希薄化　63, 65, 77, 89–90, 218
希薄化の法則　64–66, 89
規範的答え　248
規範的同調　308
義務論者　228
キャロル，ルイス　14
キュリー，ピエール　352–53
キュリー，マリー　352–53
共有現実　310
ギル，マイケル　362
キルケゴール，セーレン　206–7
金銭的インセンティブ　54, 65, 68, 70
金銭的報酬　67
クーシャキ，マリアム　312
クペッツ，カタリナ　214
ク・ミンジョン　123, 138, 141, 327, 338
クーメン，レベッカ　293
グラムシ，アントニオ　171
グラント，アダム　81
グリュナイゼン，セバスティアン　293
グリーン，レオナルド　289
クルーガー，トビアス　199
クルグランスキ，アリエ　66, 214
計画錯誤　35–36, 38
ゲイツ，ビル　194
決意表明　144–46
ケリック，ジョン・エドモンド　287
限界価値　115, 161–62, 229–30
限界効用逓減　115
行動経済学　37, 54
行動主義　53–54, 73–74
行動接近システム（Behavioral Approach System：BAS）　23
行動抑制（回避）システム（Behavioral Inhibition (avoidance) System：BIS）　23
コクラン，ウィノナ　48
コスト　16, 18, 116–17, 243
コッホ，アレックス　199
固定型マインドセット　185
ゴー／ノーゴー課題　238–39
ゴー・ファンド・ミー　324–25
コミットメント　44, 118–23, 130, 135–36, 141, 183–84, 215, 221, 337–39, 341
コミットメントによる一貫性促進　135
ゴルヴィツァー，ペーター　269
ゴールコンフリクト　235–36, 241–42, 251, 269–70
ゴールシステム（目標体系）　8, 207–8, 210–13, 215, 231–32, 356–57, 369–70
コンヴァース，ベンジャミン　351

【サ行】

サイバネティックス理論　124
サイモンソン，イタマール　219, 226
サイモンソン，ヤエル　219
ザッカーバーグ，マーク　194
サンクコスト　117–18
シー，クリストファー　76

ジェファーソン，トマス　290
シェルドン，オリバー　244
沈璐希（シェン・ルーシー）　76
シカゴ大学　3, 69, 110, 123, 132, 140, 242
自我消耗　266
思考抑制　22–23
自己対象化　366
自己知覚理論　121
自己調整のダイナミクス　134
自制心　15, 98, 208, 235–42, 244, 246–47, 249, 251–55, 260, 262–64, 266–70, 273, 278, 291
事前判断　294
自他の重なり（セルフ―アザー・オーバーラップ）　304
ジネ，ザビエル　259
社会関係資本（ソーシャルキャピタル）　15
社会的圧力　307
社会的つながり　212–13, 358–60
社会的手抜き　323, 325–28, 342–43
社会的ネットワーク　302
シャディ，フランクリン　17, 226, 281
自由選択パラダイム　88
シュタインメッツ，ジャニナ　319
シュローダー，ジュリアナ　364
ショー，アレックス　334
上位目標　208, 231–32, 235, 241, 252
「小範囲の法則」　163–64
情報的同調　308
情報の非対称性　195, 198
初頭効果　158
ジョリオ゠キュリー，イレーヌ　355
新近性効果　158
進捗実績　133–34, 137–38, 148
進捗によるバランス促進　135
進捗の監視　107–8, 126, 130, 174
進捗表明　144–46
進捗不足　124–26, 128–30, 134–35, 137–38, 143, 145, 148
ジンマン，ジョナサン　259
心理的重なり　304, 311, 313
心理的リアクタンス　44
心理的連結性　248, 291
スキナー，B・F　24, 74
鈴木鎮一　22
酸っぱいブドウ効果　263
スティルマン，ポール　268
スミス，ティモシー　360
スワン，ウィリアム　362
成果最大化の法則　211, 213, 217–18, 232
成長型マインドセット　185, 187, 191–92
生得的動機　86
セイラー，リチャード　17
セイレーン　237
接近型目標　21, 23–24, 26–27, 29, 127, 236
セリグマン，マーティン　181–83
セルフコントロール　235, 237–38, 256, 259, 261, 263, 266–68, 270, 273

セルフトーク　264, 271
セルフモチベーション　4, 53, 164
選択待機　290, 292, 294
双曲割引　288
相補性　313, 316
即時小報酬　282, 289
ソーシャルサポート　7, 299, 301-2
損失回避　33, 169-70

【タ行】

戴先熾（ダイ・シェンチー）　282, 290
大数の法則　287
戴恒晨（ダイ・ホンチェン）　165
代理学習　175
多角化効果　224
妥協　211-12, 222-30, 233, 245, 332, 343
妥協効果　225
タスク　12, 16, 18-19, 22-23, 29, 198, 319, 321, 340, 343
タダ乗り（フリーライディング）　323-24, 328, 336, 339, 341-43
ダックワース，アンジェラ　193, 278
タブー・トレードオフ　227-28
多目的型の手段　212-13, 219, 221, 232
ダンフース，ブラッド　324-25
単目的型の手段　218, 221
遅延大報酬　282, 289
蓄積型　114-16, 161-62, 229
张影（チャン・イン）　38, 66, 129, 245, 256
郑毓煌（チョン・ユーホアン）　113
追従　306-7
ツカヤマ，イーライ　278
ティーンエイジャー　239, 316
適応モチベーション　118
適合性　25
テッサー，エイブラハム　48
テトロック，フィリップ　227
デ・リダー，デニス　237
テンプテーション・バンドリング（誘惑の抱き合わせ）　94
涂艳苹（トゥー・イェンピン）　313, 334
トウェイン，マーク　79-80
ドゥエック，キャロル　184
トヴェルスキー，エイモス　33
等結果性の手段　215
同調　305-14, 321
どうにでもなれ効果　48
トゥーレ゠ティレリー，マフェリマ　158, 252
『トム・ソーヤーの冒険』　79
トリプレット，ノーマン　318, 322
トルストイ，レフ　199
トローペ，ヤーコブ　258, 262

【ナ行】

内発的動機づけ　60, 81, 85-86, 88, 99, 101-3
内発的モチベーション　13, 80-94, 96-104
中だるみ　108, 160, 165-67
中だるみ問題　7, 252, 324
『ニューヨーク・タイムズ』　196

忍耐力　101, 137–38, 273–74, 276, 278, 281, 284–94
認知的不協和　120, 135, 263
ネガティブなフィードバック　109, 170–71, 173, 175, 183–91, 198, 203–4
ノウリス，スティーブン　219

【ハ行】

バウマイスター，ロイ　266
バーガー，ジョナ　251
バーテルズ，ダニエル　249
バー＝ヒレル，マヤ　157
パーフィット，デレク　248
パブロフ，イワン　53, 89
ハーマン，エスター　293
バラエティ・シーキング　224
『ハリー・ポッターと炎のゴブレット』　163
ハル，クラーク　111
バレステル，アンディ　324–25
反面教師　316–17
反目標（アンチ・ゴール）　22–24, 29
ヒギンズ，トーリー　25
広い判断フレーム　244–45, 247, 255
ファーガソン，メリッサ　268
フィッツシモンズ，グラーニア　350
フィードバック　7, 27, 109, 128–29, 170–75, 183–91, 198, 203–4
フィンケルシュタイン，ステイシー　187, 189
フェイバー，ティム　214
フェスティンガー，レオン　120
フォーセット，クリスティン　359
フォンダ，ジェーン　219
不確定なインセンティブ　75–76
服従　307
『不思議の国のアリス』　14
フジタ・ケンタロウ　19
「フット・イン・ザ・ドア」の説得テクニック　122
負の強化　24, 123
プリコミット　36
プリコミットメント　37, 237, 257–59, 261, 271
フリードマン，ジョナサン　121
フレイザー，スコット　121
フレッシュスタート効果　165
フレドリクソン，バーバラ　366
ブレーム，ジャック　44
プロスペクト理論　169
平均以上効果　97–98
ベクレル，アンリ　352
ベケット，サミュエル　168
ベーシックニーズ　359
ベネフィット　18
ベム，ダリル　121
黄思綺（ホアン・スーチー）　129
ポケモンGO　92–94
ポジティブなフィードバック　109, 171–72, 187
ホフマン，ヴィルヘルム　235
ホルト＝ランスタッド，ジュリアン　360

【マ行】

マイマラン，ミハル　61
マクスウェル，ジョン　168–69
マークソン，ロリー　359
マシュマロテスト　264, 273–74, 278–79, 287, 293
マーセス，クリスティアン　262
満足遅延耐性　274
ミシェル，ウォルター　264, 273–74, 278
『ミュンヒハウゼン物語』　1
ミラー，ジョージ　34
ミラー，デイル　223
ミルクマン，キャサリン　165
ミルグラム，スタンレー　307
無意識　39, 142, 158, 165, 266–69, 271, 279, 359
ムロチェク，ダニエル　238
メイク・イット・ファン（楽しくする）・ストラテジー　93
メイヤー，スティーブン　181
メドベージェフ，ダニラ　268
免罪符（ライセンシング）効果　223
メンタルフリップ　176–77
目標勾配効果　111, 285
目標設定　11–12, 28–29, 82, 102–3, 208
モナン，ブノワ　223
モラルジレンマ　228, 242

【ヤ行】

野心　139–40, 142, 348
ヤン，ネイサン　48
友好的搾取（フレンドリー・テイキング）　332–33, 336
優先順位　7, 154, 212, 222, 224–29, 233, 261, 349–50
ヨブ，ヴェロニカ　238

【ラ行】

ラクリン，ハワード　289
ラスペ，ルドルフ　1
ラタネ，ビブ　326
ランド，リンゼー　251
リース，ジェイソン　165
リンゲルマン，マクシミリアン　322
リンチ，ジョン　331
レイトン，ブラッドレー　360
レッパー，マーク　59–61, 64, 66
連続的なスケジュール　74
ロバーツ，アナベル　281
ロールモデル　299, 302, 305, 315–17, 321, 326

【ワ行】

ワッデン，トーマス　20
ワード，エイドリアン　331
割引率　276

第1部　目標を選ぶ

第1章　目標はタスクではない

1　Subarctic survival exercise, by: Human Synergistics, Inc.

2　Thaler, R. H. (2015). *Misbehaving: The Making of Behavioral Economics*. New York: W. W. Norton.（『行動経済学の逆襲（上・下）』リチャード・セイラー著、遠藤真美訳、ハヤカワ文庫、2019年）

3　Shaddy, F., and Fishbach, A. (2018). Eyes on the prize: The preference to invest resources in goals over means. *Journal of Personality and Social Psychology*, 115(4), 624–637.

4　Fujita, K., Trope, Y., Liberman, N., and Levin-Sagi, M. (2006). Construal levels and self-control. *Journal of Personality and Social Psychology*, 90(3), 351–367.

5　Oettingen, G., and Wadden, T. A. (1991). Expectation, fantasy, and weight loss: Is the impact of positive thinking always positive? *Cognitive Therapy and Research*, 15(2), 167–175.

6　Wegner, D. M. (1994). Ironic processes of mental control. *Psychological Review*, 101(1), 34–52.

7　Carver, C. S., and White, T. L. (1994). Behavioral inhibition, behavioral activation, and affective responses to impending reward and punishment: The BIS/BAS scales. *Journal of Personality and Social Psychology*, 67(2), 319–333.

8　Keltner, D., Gruenfeld, D. H., and Anderson, C. (2003). Power, approach, and inhibition. *Psychological Review*, 110(2), 265–284.

9　Higgins, E. T. (2000). Making a good decision: Value from fit. *American Psychologist*, 55(11), 1217–1230.

10　Higgins, E. T. (1997). Beyond pleasure and pain. *American Psychologist*, 52(12), 1280–1300.

第2章　目標に数字を入れる

1　Heath, C., Larrick, R. P., and Wu, G. (1999). Goals as reference points. *Cognitive Psychology*, 38(1), 79–109.

2　Kahneman, D., and Tversky, A. (1979). Prospect theory: An analysis of decision under risk. *Econometrica*, 47(2), 263–291.

3 Allen, E. J., Dechow, P. M., Pope, D. G., and Wu, G. (2017). Reference-dependent preferences: Evidence from marathon runners. *Management Science*, 63(6), 1657–1672.
4 Drèze, X., and Nunes, J. C. (2011). Recurring goals and learning: The impact of successful reward attainment on purchase behavior. *Journal of Marketing Research*, 48(2), 268–281.
5 Miller, G. A., Galanter, E., and Pribram, K. A. (1960). *Plans and the Structure of Behavior*. New York: Holt, Rinehart, and Winston. (『プランと行動の構造：心理サイバネティクス序説』G・A・ミラーほか著、十島雍蔵ほか訳、誠信書房、1980年)
6 Ariely, D., and Wertenbroch, K. (2002). Procrastination, deadlines, and performance: Self-control by precommitment. *Psychological Science*, 13(3), 219–224.
7 Zhang, Y., and Fishbach, A. (2010). Counteracting obstacles with optimistic predictions. *Journal of Experimental Psychology: General*, 139, 16–31.
8 Brehm, J. W., Wright, R. A., Solomon, S., Silka, L., and Greenberg, J. (1983). Perceived difficulty, energization, and the magnitude of goal valence. *Journal of Experimental Social Psychology*, 19(1), 21–48.
9 https://www.livestrong.com/article/320124-how-many-calories-does-the-average-person-use-per-step/. https://www.mayoclinic.org/healthy-lifestyle/weight-loss/in-depth/calories/art-20048065.
10 Bleich, S. N., Herring, B. J., Flagg, D. D., and Gary-Webb, T. L. (2012). Reduction in purchases of sugar-sweetened beverages among low-income black adolescents after exposure to caloric information. *American Journal of Public Health*, 102(2), 329–335.
11 Thorndike, A. N., Sonnenberg, L., Riis, J., Barraclough, S., and Levy, D. E. (2012). A 2-phase intervention to improve healthy food and beverage choices. *American Journal of Public Healt*h, 102(3), 527–533.
12 Brehm, J. W. (1966). *A Theory of Psychological Reactance*. New York: Academic Press.
13 Ordóñez, L. D., Schweitzer, M. E., Galinsky, A. D., and Bazerman, M. H. (2009). Goals gone wild: The systematic side effects of overprescribing goal setting. *Academy of Management Perspectives*, 23(1), 6–16.
14 Camerer, C., Babcock, L., Loewenstein, G., and Thaler, R. (1997). Labor supply of New York City cabdrivers: One day at a time. *Quarterly Journal of Economics*, 112(2), 407–441.
15 Uetake, K., and Yang, N. (2017). Success Breeds Success: Weight Loss Dynamics in the Presence of Short-Term and Long-Term Goals. *Working Papers 170002*, Canadian Centre for Health Economics (Toronto).
16 Cochran, W., and Tesser, A. (1996). The "what the hell" effect: Some effects of goal proximity and goal framing on performance. In L. L. Martin and A. Tesser (Eds.), *Striving and Feeling: Interactions Among Goals, Affect, and Self-Regulation* (99–120). Hillsdale, NJ: Lawrence Erlbaum Associates, Inc.
17 Polivy, J., and Herman, C. P. (2000). The false-hope syndrome: Unfulfilled expectations

of self-change. *Current Directions in Psychological Science*, 9(4), 128–131.

18 Oettingen, G., and Sevincer, A. T. (2018). Fantasy about the future as friend and foe. In G. Oettingen, A. T. Sevincer, and P. Gollwitzer (Eds.), *The Psychology of Thinking About the Future* (127–149). New York: Guilford Press.

第3章 インセンティブの仕組みを知る

1 Kerr, S. (1995). On the folly of rewarding A, while hoping for B. *Academy of Management Perspectives*, 9(1), 7–14.

2 古代ギリシャの詩人ソフォクレスは、紀元前440年頃の戯曲『アンティゴネー』で、「悪い知らせの運び手を歓迎する方などおりません」と書いた。(『アンティゴネー』ソポクレース作、中務哲郎訳、岩波文庫、2014年。上記の訳は本書訳者による。これを含め、本書の本文および注における先行文献からの翻訳は、特に断りがない限り、専門用語の採用を除いてすべて本書訳者による)

3 Lepper, M. R., Greene, D., and Nisbett, R. E. (1973). Undermining children's intrinsic interest with extrinsic reward: A test of the "overjustification" hypothesis. *Journal of Personality and Social Psychology*, 28(1), 129–137.

4 Higgins, E. T., Lee, J., Kwon, J., and Trope, Y. (1995). When combining intrinsic motivations undermines interest: A test of activity engagement theory. *Journal of Personality and Social Psychology*, 68(5), 749–767.

5 Maimaran, M., and Fishbach, A. (2014). If it's useful and you know it, do you eat? Preschoolers refrain from instrumental food. *Journal of Consumer Research*, 41(3), 642–655.

6 Turnwald, B. P., Bertoldo, J. D., Perry, M. A., Policastro, P., Timmons, M., Bosso, C., ... and Crum, A. J. (2019). Increasing vegetable intake by emphasizing tasty and enjoyable attributes: A randomized controlled multisite intervention for taste-focused labeling. *Psychological Science* 30(11), 1603–1615.

7 Zhang, Y., Fishbach, A., and Kruglanski, A. W. (2007). The dilution model: How additional goals undermine the perceived instrumentality of a shared path. *Journal of Personality and Social Psychology*, 92(3), 389–401.

8 Kruglanski, A. W., Riter, A., Arazi, D., Agassi, R., Montegio, J., Peri, I., and Peretz, M. (1975). Effect of task-intrinsic rewards upon extrinsic and intrinsic motivation. *Journal of Personality and Social Psychology*, 31(4), 699–705.

9 Shen, L., Fishbach, A., and Hsee, C. K. (2015). The motivating-uncertainty effect: Uncertainty increases resource investment in the process of reward pursuit. *Journal of Consumer Research*, 41(5), 1301–1315.

第4章　楽しみと内発的モチベーション

1　Grant, A. M. (2008). Does intrinsic motivation fuel the prosocial fire? Motivational synergy in predicting persistence, performance, and productivity. *Journal of Applied Psychology*, 93(1), 48.

2　Grant, A. M., and Berry, J. W. (2011). The necessity of others is the mother of invention: Intrinsic and prosocial motivations, perspective taking, and creativity. *Academy of Management Journal*, 54(1), 73–96.

3　Woolley, K., and Fishbach, A. (2017). Immediate rewards predict adherence to long-term goals. *Personality and Social Psychology Bulletin*, 43(2), 151–162.

4　Ryan, R. M., and Deci, E. L. (2000). Self-determination theory and the facilitation of intrinsic motivation, social development, and well-being. *American Psychologist*, 55(1), 68–78.

5　Woolley, K., and Fishbach, A. (2018). It's about time: Earlier rewards increase intrinsic motivation. *Journal of Personality and Social Psychology*, 114(6), 877–890.

6　Althoff, T., White, R. W., and Horvitz, E. (2016). Influence of Pokémon Go on physical activity: Study and implications. *Journal of Medical Internet Research*, 18(12), e315.

7　Milkman, K. L., Minson, J. A., and Volpp, K. G. (2013). Holding the Hunger Games hostage at the gym: An evaluation of temptation bundling. *Management Science*, 60(2), 283–299.

8　Woolley, K., and Fishbach, A. (2016). For the fun of it: Harnessing immediate rewards to increase persistence on long-term goals. *Journal of Consumer Research*, 42(6), 952–966.

9　Sedikides, C., Meek, R., Alicke, M. D., and Taylor, S. (2014). Behind bars but above the bar: Prisoners consider themselves more prosocial than non-prisoners. *British Journal of Social Psychology*, 53(2), 396–403.

10　Heath, C. (1999). On the social psychology of agency relationships: Lay theories of motivation overemphasize extrinsic incentives. *Organizational Behavior and Human Decision Processes*, 78, 25–62.

11　Woolley, K., and Fishbach, A. (2018). Underestimating the importance of expressing intrinsic motivation in job interviews. *Organizational Behavior and Human Decision Processes*, 148, 1–11.

12　Woolley, K., and Fishbach, A. (2015). The experience matters more than you think: People value intrinsic incentives more inside than outside an activity. *Journal of Personality and Social Psychology*, 109(6), 968–982.

第2部　モチベーションを持続する

第5章　進捗とモチベーションの関係

1　Hull, C. L. (1932). The goal-gradient hypothesis and maze learning. *Psychological Review*, 39(1), 25–43.

2　Shapiro, D., Dundar, A., Huie, F., Wakhungu, P. K., Bhimdiwala, A., and Wilson, S. E. (December 2018). Completing College: A National View of Student Completion Rates — Fall 2012 Cohort (Signature Report No. 16). Herndon, VA: National Student Clearinghouse Research Center.

3　Kivetz, R., Urminsky, O., and Zheng, Y. (2006). The goal-gradient hypothesis resurrected: Purchase acceleration, illusionary goal progress, and customer retention. *Journal of Marketing Research*, 43(1), 39–58.

4　Arkes, H. R., and Blumer, C. (1985). The psychology of sunk costs. *Organizational Behavior and Human Decision Processes*, 35, 124–140.

5　Thaler, R. H. (1999). Mental accounting matters. *Journal of Behavioral Decision Making*, 12, 183–206.

6　Sweis, B. M., Abram, S. V., Schmidt, B. J., Seeland, K. D., MacDonald, A. W., Thomas, M. J., and Redish, A. D. (2018). Sensitivity to “sunk costs” in mice, rats, and humans. *Science*, 361(6398), 178–181.

7　Festinger, L. (1957). *A Theory of Cognitive Dissonance*. Palo Alto, CA: Stanford University Press.（『認知的不協和の理論：社会心理学序説』フェスティンガー著、末永俊郎監訳、誠信書房、1965年）

8　https://news.gallup.com/poll/244709/pro-choice-pro-life-2018-demographic-tables.aspx.

9　Bem, D. J. (1972). Self-perception theory. In *Advances in Experimental Social Psychology* (Vol. 6, 1–62). Cambridge, MA: Academic Press.

10　Freedman, J. L., and Fraser, S. C. (1966). Compliance without pressure: The foot-in-the-door technique. *Journal of Personality and Social Psychology*, 4(2), 195–202.

11　Koo, M., and Fishbach, A. (2008). Dynamics of self-regulation: How (un)accomplished goal actions affect motivation. *Journal of Personality and Social Psychology*, 94(2), 183–195.

12　Wiener, N. (1948). *Cybernetics: Control and Communication in the Animal and the Machine*. Cambridge, MA: MIT Press.（『サイバネティックス：動物と機械における制御と通信』ウィーナー著、池原止戈夫・彌永昌吉・室賀三郎・戸田巖訳、岩波文庫、2011年）

13　Carver, C. S., and Scheier, M. F. (2012). Cybernetic control processes and the self-regulation of behavior. In R. M. Ryan (Ed.), Oxford Library of Psychology. *The Oxford Handbook of Human Motivation* (28–42). New York: Oxford University Press.

14 Louro, M. J., Pieters, R., and Zeelenberg, M. (2007). Dynamics of multiple-goal pursuit. *Journal of Personality and Social Psychology*, 93(2), 174.

15 Huang, S. C., and Zhang, Y. (2011). Motivational consequences of perceived velocity in consumer goal pursuit. *Journal of Marketing Research*, 48(6), 1045–1056.

第6章 進捗実績と進捗不足のどちらで動機づけするか

1 ここに挙げた例は、MITの経済学教授 ドラジエン・プレレッチとの会話から。

2 Koo, M., and Fishbach, A. (2010). A silver lining of standing in line: Queuing increases value of products. *Journal of Marketing Research*, 47, 713–724.

3 Koo, M., and Fishbach, A. (2010). Climbing the goal ladder: How upcoming actions increase level of aspiration. *Journal of Personality and Social Psychology*, 99(1), 1–13.

4 Kruglanski, A. W., Thompson, E. P., Higgins, E. T., Atash, M. N., Pierro, A., Shah, J. Y., and Spiegel, S. (2000). To "do the right thing" or to "just do it": Locomotion and assessment as distinct self-regulatory imperatives. *Journal of Personality and Social Psychology*, 79(5), 793–815.

5 Gollwitzer, P. M., Heckhausen, H., and Ratajczak, H. (1990). From weighing to willing: Approaching a change decision through pre- or postdecisional mentation. *Organizational Behavior and Human Decision Processes*, 45(1), 41–65.

第7章 中だるみ問題を解決する

1 Bar-Hillel, M. (2015). Position effects in choice from simultaneous displays: A conundrum solved. *Perspectives on Psychological Science*, 10(4), 419–433.

2 Greene, R. L. (1986). Sources of recency effects in free-recall. *Psychological Bulletin*, 99 (2), 221–228.

3 Touré-Tillery, M., and Fishbach, A. (2012). The end justifies the means, but only in the middle. *Journal of Experimental Psychology: General*, 141(3), 570–583.

4 Koo, M., and Fishbach, A. (2012). The small-area hypothesis: Effects of progress monitoring on goal adherence. *Journal of Consumer Research*, 39(3), 493–509.

5 Dai, H., Milkman, K. L., and Riis, J. (2014). The fresh start effect: Temporal landmarks motivate aspirational behavior. *Management Science*, 60(10), 2563–2582.

6 Cherchye, L., De Rock, B., Griffith, R., O'Connell, M., Smith, K., and Vermeulen, F. (2020). A new year, a new you? A two-selves model of within-individual variation in food purchases. *European Economic Review*, 127.

第8章 ネガティブなフィードバックから学ぶ――失敗にこそ価値がある

1 Kahneman, D., and Tversky, A. (1979). Prospect Theory: An analysis of decision under risk. *Econometrica*, 47(2), 263–291.

2 Eskreis-Winkler, L., and Fishbach, A. (2019). Not learning from failure — The greatest failure of all. *Psychological Science*, 30(12), 1733–1744.

3 Gramsci, A. (1977). *Selections from political writings* (1910–1920) (Q. Hoare, Ed., J. Mathews, Trans.). London: Lawrence and Wishart. (「イタリアとスペイン」『革命論集』所収、アントニオ・グラムシ著、上村忠男編訳、講談社学術文庫、2017年)

4 Eskreis-Winkler, L., and Fishbach, A. (2019). Not learning from failure — The greatest failure of all. *Psychological Science*, 30(12), 1733–1744.

5 Gervais, S., and Odean, T. (2001). Learning to be overconfident. *Review of Financial Studies*, 14(1), 1–27.

6 Diamond, E. (1976). Ostrich effect. *Harper's*, 252, 105–106.

7 Webb, T. L., Chang, B. P., and Benn, Y. (2013). "The Ostrich Problem": Motivated avoidance or rejection of and information about goal progress. *Social and Personality Psychology Compass*, 7(11), 794–807.

8 Sicherman, N., Loewenstein, G., Seppi, D. J., and Utkus, S. P. (2015). Financial attention. *Review of Financial Studies*, 29(4), 863–897.

9 Eskreis-Winkler, L., and Fishbach, A. (2020). Hidden failures. *Organizational Behavior and Human Decision Processes*, 157, 57–67.

10 Seligman, M. E., and Maier, S. F. (1967). Failure to escape traumatic shock. *Journal of Experimental Psychology*, 74(1), 1–9.

11 Hiroto, D. S., and Seligman, M. E. (1975). Generality of learned helplessness in man. *Journal of Personality and Social Psychology*, 31(2), 311–327.

12 Dweck, C. S. (2008). *Mindset: The New Psychology of Success*. Random House Digital, Inc. (『マインドセット:「やればできる!」の研究』キャロル・S・ドゥエック著、今西康子訳、草思社、2016年)

13 Finkelstein, S. R., and Fishbach, A. (2012). Tell me what I did wrong: Experts seek and respond to negative feedback. *Journal of Consumer Research*, 39, 22–38.

14 Finkelstein, S. R., Fishbach, A., and Tu, Y. (2017). When friends exchange negative feedback. *Motivation and Emotion*, 41, 69–83.

15 Yeager et al. (2019). A national experiment reveals where a growth mindset improves achievement. *Nature*, 573, 364–369.

16 Eskreis-Winkler, L., Fishbach, A., and Duckworth, A. (2018). Dear Abby: Should I give advice or receive it? *Psychological Science*, 29(11), 1797–1806.

17 Eskreis-Winkler, L., and Fishbach, A. (2020). Hidden failures. *Organizational Behavior and Human Decision Processes*, 157, 57–67.

18 Koch, A., Alves, H., Krüger, T., and Unkelbach, C. (2016). A general valence asymmetry in similarity: Good is more alike than bad. *Journal of Experimental Psychology: Learning, Memory, and Cognition*, 42(8), 1171–1192.

19 Rozin, P., and Royzman, E. B. (2001). Negativity bias, negativity dominance, and contagion. *Personality and Social Psychology Review*, 5(4), 296–320.
20 Eskreis-Winkler, L., and Fishbach, A. (2020). Predicting success. Working paper.

第3部　目標と目標がぶつかるとき

1 https://news.gallup.com/poll/187982/americans-perceived-time-crunch-no-worse-past.aspx.

第9章　目標の皿回し

1 Köpetz, C., Faber, T., Fishbach, A., and Kruglanski, A. W. (2011). The multifinality constraints effect: How goal multiplicity narrows the means set to a focal end. *Journal of Personality and Social Psychology*, 100(5), 810–826.
2 Etkin, J., and Ratner, R. K. (2012). The dynamic impact of variety among means on motivation. *Journal of Consumer Research*, 38(6), 1076–1092.
3 Simonson, I., Nowlis, S. M., and Simonson, Y. (1993). The effect of irrelevant preference arguments on consumer choice. *Journal of Consumer Psychology*, 2(3), 287–306.
4 Schumpe, B. M., Bélanger, J. J., Dugas, M., Erb, H. P., and Kruglanski, A. W. (2018). Counterfinality: On the increased perceived instrumentality of means to a goal. *Frontiers in Psychology*, 9, 1052.
5 Monin, B., and Miller, D. T. (2001). Moral credentials and the expression of prejudice. *Journal of Personality and Social Psychology*, 81(1), 33–43.
6 Effron, D. A., Cameron, J. S., and Monin, B. (2009). Endorsing Obama licenses favoring whites. *Journal of Experimental Social Psychology*, 45(3), 590–593.
7 Shaddy, F., Fishbach, A., and Simonson, I. (2021). Trade-offs in choice. *Annual Review of Psychology*, 72, 181–206.
8 Tetlock, P. E., Kristel, O. V., Elson, S. B., Green, M. C., and Lerner, J. S. (2000). The psychology of the unthinkable: Taboo trade-offs, forbidden base rates, and heretical counterfactuals. *Journal of Personality and Social Psychology*, 78(5), 853–870.

第10章　誘惑とセルフコントロール

1 Hofmann, W., Baumeister, R. F., Förster, G., and Vohs, K. D. (2012). Everyday temptations: An experience sampling study of desire, conflict, and self-control. *Journal of Personality and Social Psychology*, 102(6), 1318–1335.
2 de Ridder, D. T., Lensvelt-Mulders, G., Finkenauer, C., Stok, F. M., and Baumeister, R. F. (2012). Taking stock of self-control: A meta-analysis of how trait self-control relates to a wide range of behaviors. *Personality and Social Psychology Review*, 16(1), 76–99.
3 Allemand, M., Job, V., and Mroczek, D. K. (2019). Self-control development in

adolescence predicts love and work in adulthood. *Journal of Personality and Social Psychology*, 117(3), 621–634.

4 Casey, B. J., and Caudle, K. (2013). The teenage brain: Self control. *Current Directions in Psychological Science*, 22(2), 82–87.

5 Sheldon, O. J., and Fishbach, A. (2015). Anticipating and resisting the temptation to behave unethically. *Personality and Social Psychology Bulletin*, 41(7), 962–975.

6 Fishbach, A., and Zhang, Y. (2008). Together or apart: When goals and temptations complement versus compete. *Journal of Personality and Social Psychology*, 94(4), 547–559.

7 Parfit, D. (1984). *Reasons and Persons*. Oxford: Oxford University Press. (『理由と人格：非人格性の倫理へ』デレク・パーフィット著、森村進訳、勁草書房、1998年)

8 Bartels, D. M., and Urminsky, O. (2011). On intertemporal selfishness: How the perceived instability of identity underlies impatient consumption. *Journal of Consumer Research*, 38(1), 182–198.

9 Berger, J., and Rand, L. (2008). Shifting signals to help health: Using identity signaling to reduce risky health behaviors. *Journal of Consumer Research*, 35(3), 509–518.

10 Touré-Tillery, M., and Fishbach, A. (2015). It was(n't) me: Exercising restraint when choices appear self-diagnostic. *Journal of Personality and Social Psychology*, 109(6), 1117–1131.

11 Oyserman, D., Fryberg, S. A., and Yoder, N. (2007). Identity-based motivation and health. *Journal of Personality and Social Psychology*, 93(6), 1011–1027.

12 Zhang, Y., and Fishbach, A. (2010). Counteracting obstacles with optimistic predictions. *Journal of Experimental Psychology: General*, 139(1), 16–31.

13 Trope, Y., and Fishbach, A. (2000). Counteractive self-control in overcoming temptation. *Journal of Personality and Social Psychology*, 79(4), 493–506.

14 Giné, X., Karlan, D., and Zinman, J. (2010). Put your money where your butt is: A commitment contract for smoking cessation. *American Economic Journal: Applied Economics*, 2(4), 213–235.

15 Myrseth, K. O., Fishbach, A., and Trope, Y. (2009). Counteractive self-control: When making temptation available makes temptation less tempting. *Psychological Science*, 20(2), 159–163.

16 Kross, E., Bruehlman-Senecal, E., Park, J., Burson, A., Dougherty, A., Shablack, H., ... and Ayduk, O. (2014). Self-talk as a regulatory mechanism: How you do it matters. *Journal of Personality and Social Psychology*, 106(2), 304–324.

17 Mischel, W., and Baker, N. (1975). Cognitive appraisals and transformations in delay behavior. *Journal of Personality and Social Psychology*, 31(2), 254.

18 Zhang, Y., and Fishbach, A. (2010). Counteracting obstacles with optimistic predictions.

Journal of Experimental Psychology: General, 139(1), 16–31.

19 Baumeister, R. F., Tice, D. M., and Vohs, K. D. (2018). The strength model of self-regulation: Conclusions from the second decade of willpower research. *Perspectives on Psychological Science*, 13(2), 141–145.〔訳注　自我消耗の効果については否定的な指摘もあり、再現性が確認されないという論文が2021年にも出ている〕

20 Dai, H., Milkman, K. L., Hofmann, D. A., and Staats, B. R. (2015). The impact of time at work and time off from work on rule compliance: The case of hand hygiene in healthcare. *Journal of Applied Psychology*, 100(3), 846–862.

21 Linder, J. A., Doctor, J. N., Friedberg, M. W., Nieva, H. R., Birks, C., Meeker, D., and Fox, C. R. (2014). Time of day and the decision to prescribe antibiotics. *JAMA Internal Medicine*, 174(12), 2029–2031.

22 Fishbach, A., Friedman, R. S., and Kruglanski, A. W. (2003). Leading us not unto temptation: Momentary allurements elicit overriding goal activation. *Journal of Personality and Social Psychology*, 84(2), 296–309.

23 Stillman, P. E., Medvedev, D., and Ferguson, M. J. (2017). Resisting temptation: Tracking how self-control conflicts are successfully resolved in real time. *Psychological Science*, 28(9), 1240–1258.

24 Wood, W., and Neal, D. T. (2007). A new look at habits and the habit-goal interface. *Psychological Review*, 114(4), 843–863.

25 Gollwitzer, P. M. (1999). Implementation intentions: Strong effects of simple plans. *American Psychologist*, 54(7), 493–503.

第11章　忍耐力を発揮する

1 Mischel, W., Shoda, Y., and Rodriguez, M. L. (1989). Delay of gratification in children. *Science*, 244(4907), 933–938.

2 Watts, T. W., Duncan, G. J., and Quan, H. (2018). Revisiting the marshmallow test: A conceptual replication investigating links between early delay of gratification and later outcomes. *Psychological Science*, 29(7), 1159–1177.

3 Duckworth, A. L., Tsukayama, E., and Kirby, T. A. (2013). Is it really self-control? Examining the predictive power of the delay of gratification task. *Personality and Social Psychology Bulletin*, 39(7), 843–855.

4 Benjamin, D. J., Laibson, D., Mischel, W., Peake, P. K., Shoda, Y., Wellsjo, A. S., and Wilson, N. L. (2020). Predicting mid-life capital formation with pre-school delay of gratification and life-course measures of self-regulation. *Journal of Economic Behavior and Organization*, 179, 743–756.

5 McGuire, J. T., and Kable, J. W. (2013). Rational temporal predictions can underlie apparent failures to delay gratification. *Psychological Review*, 120(2), 395–410.

6 Roberts, A., Shaddy, F., and Fishbach, A. (2020). Love is patient: People are more willing to wait for things they like. *Journal of Experimental Psychology: General.*

7 Dai, X., and Fishbach, A. (2014). How non-consumption shapes desire. *Journal of Consumer Research*, 41(4), 936–952.

8 Roberts, A., Imas, A., and Fishbach, A. Can't wait to lose: The desire for goal closure increases impatience to incur costs. Working paper.

9 Ainslie, G. (1975). Specious reward: a behavioral theory of impulsiveness and impulse control. *Psychological Bulletin*, 82(4), 463–496.

10 Rachlin, H., and Green, L. (1972). Commitment, choice and self-control. *Journal of the Experimental Analysis of Behavior*, 17(1), 15–22.

11 Dai, X., and Fishbach, A. (2013). When waiting to choose increases patience. *Organizational Behavior and Human Decision Processes*, 121, 256–266.

12 Hershfield, H. E., Goldstein, D. G., Sharpe, W. F., Fox, J., Yeykeelis, L., Carstensen, L. L., and Bailenson, J. N. (2011). Increasing saving behavior through age-progressed renderings of the future self. *Journal of Marketing Research*, 48, S23–S37.

13 Rutchick, A. M., Slepian, M. L., Reyes, M. O., Pleskus, L. N., and Hershfield, H. E. (2018). Future self-continuity is associated with improved health and increases exercise behavior. *Journal of Experimental Psychology: Applied*, 24(1), 72–80.

14 Koomen, R., Grueneisen, S., and Herrmann, E. (2020). Children delay gratification for cooperative ends. *Psychological Science*, 31(2), 139–148.

第4部　ソーシャルサポート

1 Holt-Lunstad, J., Smith, T. B., Baker, M., Harris, T., and Stephenson, D. (2015). Loneliness and social isolation as risk factors for mortality: A meta-analytic review. *Perspectives on Psychological Science*, 10(2), 227–237.

第12章　他人の存在のもとで目標を追求する

1 Asch, S. E. (1956). Studies of independence and conformity: I. A minority of one against a unanimous majority. *Psychological Monographs: General and Applied*, 70(9), 1–70.

2 Keysers, C., Wicker, B., Gazzola, V., Anton, J. L., Fogassi, L., and Gallese, V. (2004). A touching sight: SII/PV activation during the observation and experience of touch. *Neuron*, 42(2), 335–346.

3 Kouchaki, M. (2011). Vicarious moral licensing: The influence of others' past moral actions on moral behavior. *Journal of Personality and Social Psychology*, 101(4), 702–715.

4 Tu, Y., and Fishbach, A. (2015). Words speak louder: Conforming to preferences more than actions. *Journal of Personality and Social Psychology*, 109(2), 193–209.

5 Ariely, D., and Levav, J. (2000). Sequential choice in group settings: Taking the road less

traveled and less enjoyed. *Journal of Consumer Research*, 27(3), 279–290.
6 Triplett, N. (1898). The dynamogenic factors in pacemaking and competition. *American Journal of Psychology*, 9(4), 507–533.
7 Steinmetz, J., Xu, Q., Fishbach, A., and Zhang, Y. (2016). Being Observed Magnifies Action. *Journal of Personality and Social Psychology*, 111(6), 852–865.

第13章　他人とともに目標を追求する

1 Ringelmann, M. (1913). "Recherches sur les moteurs animés: Travail de l'homme" [Research on animate sources of power: The work of man], *Annales de l'Institut National Agronomique*, 2nd series, vol. 12, 1–40.
2 Latané, B., Williams, K., and Harkins, S. (1979). Many hands make light the work: The causes and consequences of social loafing. *Journal of Personality and Social Psychology*, 37(6), 822–832.
3 Koo, M., and Fishbach, A. (2016). Giving the self: Increasing commitment and generosity through giving something that represents one's essence. *Social Psychological and Personality Science*, 7(4), 339–348.
4 Wegner, D. M., Erber, R., and Raymond, P. (1991). Transactive memory in close relationships. *Journal of Personality and Social Psychology*, 61(6), 923–929.
5 Ward, A. F., and Lynch, J. G. Jr. (2019). On a need-to-know basis: How the distribution of responsibility between couples shapes financial literacy and financial outcomes. *Journal of Consumer Research*, 45(5), 1013–1036.
6 Tu, Y., Shaw, A., and Fishbach, A. (2016). The friendly taking effect: How interpersonal closeness leads to seemingly selfish yet jointly maximizing choice. *Journal of Consumer Research*, 42(5), 669–687.
7 Koo, M., and Fishbach, A. (2008). Dynamics of self-regulation: How (un)accomplished goal actions affect motivation. *Journal of Personality and Social Psychology*, 94(2), 183–195.
8 Fishbach, A., Henderson, D. H., and Koo, M. (2011). Pursuing goals with others: Group identification and motivation resulting from things done versus things left undone. *Journal of Experimental Psychology: General*, 140(3), 520–534.

第14章　目標が幸せな人間関係を作る

1 Fitzsimons, G. M., and Fishbach, A. (2010). Shifting closeness: Interpersonal effects of personal goal progress. *Journal of Personality and Social Psychology*, 98(4), 535–549.
2 Converse, B. A., and Fishbach, A. (2012). Instrumentality boosts appreciation: Helpers are more appreciated while they are useful. *Psychological Science*, 23(6), 560–566.
3 Fitzsimons, G. M., Finkel, E. J., and Vandellen, M. R. (2015). Transactive goal dynamics.

Psychological Review, 122(4), 648–673.

4 Fishbach, A., and Trope, Y. (2005). The substitutability of external control and self-control. *Journal of Experimental Social Psychology*, 41(3), 256–270.

5 Fawcett, C. A., and Markson, L. (2010). Similarity predicts liking in 3-year-old children. *Journal of Experimental Child Psychology*, 105(4), 345–358.

6 Woolley, K., and Fishbach, A. (2019). Shared plates, shared minds: Consuming from a shared plate promotes cooperation. *Psychological Science*, 30(4), 541–552.

7 Woolley, K., Fishbach, A., and Wang, M. (2020). Food restriction and the experience of social isolation. *Journal of Personality and Social Psychology*, 119(3), 657–671.

8 Holt-Lunstad, J., Smith, T. B., and Layton, J. B. (2010). Social relationships and mortality risk: a meta–analytic review. *PLOS Medicine*, 7(7), e1000316.

9 Swann, W. B., and Gill, M. J. (1997). Confidence and accuracy in person perception: Do we know what we think we know about our relationship partners? *Journal of Personality and Social Psychology*, 73(4), 747–757.

10 Kenny, D. A., and DePaulo, B. M. (1993). Do people know how others view them? An empirical and theoretical account. *Psychological Bulletin*, 114(1), 145.

11 Schroeder, J., and Fishbach, A. (2020). It's not you, it's me: Feeling known enhances relationship satisfaction more than knowing.

12 Schroeder, J., and Fishbach, A. (2015). The "empty vessel" physician: physicians' instrumentality makes them seem personally empty. *Social Psychological and Personality Science*, 6(8), 940–949.

13 Fredrickson, B. L., and Roberts, T. A. (1997). Objectification theory: Toward understanding women's lived experiences and mental health risks. *Psychology of Women Quarterly*, 21(2), 173–206.

【著者・訳者紹介】

アイエレット・フィッシュバック（Ayelet Fishbach, PhD）

シカゴ大学ブース・スクール・オブ・ビジネスの受賞歴のある心理学者で、モチベーションサイエンス学会の元会長。100以上の科学論文を多くの心理学やビジネスの学会誌に発表している。人間のモチベーションについての革新的な研究により、実験社会心理学会の最高論文賞や、キャリア・トラジェクトリー・アワード、フルブライト教育基金賞などを受賞。フィッシュバック博士の科学的な発見は、『ニューヨーク・タイムズ』や『ウォールストリート・ジャーナル』、CNN、NPRなどのメディアで頻繁に取り上げられている。

上原裕美子（うえはら　ゆみこ）

東京都生まれ、筑波大学第二学群比較文化学類卒業。訳書にハーフォード『統計で騙されない10の方法』（日本経済新聞出版）、サスキンド『WORLD WITHOUT WORK』（みすず書房）、ハース『The World（ザ・ワールド）』（日本経済新聞出版）、ザキ『スタンフォード大学の共感の授業』（ダイヤモンド社）、カリス／ポールソン／ダリサ／デマリア『なぜ、脱成長なのか』（共訳、NHK出版）、ザカリア『パンデミック後の世界 10の教訓』（日本経済新聞出版）、リー『RCT大全』（みすず書房）、クラーク『ラマレラ 最後のクジラの民』（NHK出版）ほか多数。

科学的に証明された 自分を動かす方法

なぜか目標を達成できてしまう、とてつもなく強力なモチベーションサイエンス

2023年2月23日発行

著　者——アイエレット・フィッシュバック
訳　者——上原裕美子
発行者——田北浩章
発行所——東洋経済新報社
〒103-8345　東京都中央区日本橋本石町 1-2-1
電話＝東洋経済コールセンター　03(6386)1040
https://toyokeizai.net/

装　丁………橋爪朋世
D T P………アイランドコレクション
印　刷………図書印刷
編集担当……九法　崇

Printed in Japan　　ISBN 978-4-492-04725-5